高职高专"十三五"规划教材

物流管理系列

运输管理与集装箱实务

张变亚 主编

化学工业出版社

·北京·

本书融运输管理基础知识与集装箱业务操作于一体，基于工作过程导向，编写力求选材创新、实用性强，体现"项目载体，任务驱动，行动引领"的理念，突出培养学生的职业素养，注重实际操作，能够让学生全程参与、全程实践，实现"做中学、做中教"。本书依照运输活动的基本过程和规律，围绕工作环节和具体业务流程，系统地介绍了运输管理基础知识，水路、公路、铁路、航空货物运输实务，集装箱运输概论，集装箱水路、公路、铁路运输实务，并通过职业技能训练，培养提高应用能力。

本书适合作为职业教育院校物流管理、运输管理等相关专业的教材，也可供航运企业、物流企业相关从业人员作为参考学习书目。

图书在版编目（CIP）数据

运输管理与集装箱实务/张变亚主编．—北京：化学工业出版社，2019.1

ISBN 978-7-122-33479-4

Ⅰ.①运… Ⅱ.①张… Ⅲ.①集装箱运输-运输管理-高等职业教育-教材 Ⅳ.①U169.6

中国版本图书馆CIP数据核字（2018）第286642号

责任编辑：王　可　蔡洪伟　于　卉　　　　　　装帧设计：张　辉
责任校对：边　涛

出版发行：化学工业出版社（北京市东城区青年湖南街13号　邮政编码100011）
印　　装：北京新华印刷有限公司
787mm×1092mm　1/16　印张13¾　字数338千字　2019年3月北京第1版第1次印刷

购书咨询：010-64518888　　　售后服务：010-64518899
网　　址：http://www.cip.com.cn
凡购买本书，如有缺损质量问题，本社销售中心负责调换。

定　价：38.00元　　　　　　　　　　　　　　　　　　　　　　版权所有　违者必究

前　言

运输业处于不断发展变化的社会经济环境中，其管理方式与技术水平也会发生变革和改进。作为物流系统的核心功能之一，运输组织方式是否合理、操作技术是否先进、管理手段是否科学，直接决定了物流系统是否能够合理配置生产力要素、发挥降低社会成本等作用。运输管理在社会经济和物流系统中的突出作用是显而易见的，作为运输和物流行业的专业技术人员，不断研究、掌握运输管理的新理念、新技术、新方法是做好运输管理工作的前提和基础。

集装箱运输是一种现代化的运输方式，近几十年来发展极快，已成为国际物流的主要运输方式。因此，掌握集装箱运输的相关知识对于从事物流及其相关行业的人士来讲是非常必要的。

本书针对高职高专院校培养应用型人才的特点，从运输管理的基础知识与集装箱运输实务出发，采用项目—任务的模式组织教学，详细介绍不同货物的运输方式以及集装箱运输各个子系统的工作流程，重点培养学生的实际操作能力，能更好地满足高等职业教育的培养目标和教学要求。本教材的主要特点如下。

1. 结构合理，内容精练

以物流运输企业的实际业务为参照，坚持理论够用为度，依照原理先行、实务跟进、案例同步、实操到位的原则设计教材结构，内容论述清晰、语言简练、操作步骤明确。

2. 通过项目引例导入工作任务，提高学生的学习兴趣

提供与本任务教学内容相关的案例进行任务导入和互动，在老师的指导下让学生根据自己的经验体会各岗位工作任务，之后对本任务进行实践。

3. 体例新颖，编排合理

各项目包括"开章语""知识目标""能力目标""内容架构图""项目

引例""职业技能训练""同步测试"几部分。这种体例使读者阅读前能理清总体思路、把握重点，学习时能身临其境、除疑解惑，学完后能检验成效。

4. 素材选取丰富多样，易于学习实践

项目中会根据需要穿插"相关链接""拓展提高""实例分析"等栏目，不仅增强了教材的生动性，而且拓宽了学生的知识视野。

本书由张变亚任主编并负责统稿，董继荣、刘贵生任副主编，王燕、赵丽、梁婵卓参与编写。具体分工为：张变亚编写项目一、项目六、项目七、项目八、项目九，刘贵生编写项目二中的任务一与任务二，梁婵卓编写项目二中的任务三，董继荣编写项目三，王燕编写项目四，赵丽编写项目五。

由于笔者水平有限，书中难免存在疏漏与不足，恳请业内专家学者和广大读者批评指正，以日臻完善。

编　者

2019 年 3 月

目 录

项目一 运输管理基础知识 —————————————— 1

【开章语】 ·· 1
【知识目标】 ·· 1
【能力目标】 ·· 1
【内容架构】 ·· 1
【项目引例】 ·· 1
  任务一　运输认知 ·· 2
  任务二　运输系统的构成 ·· 5
  任务三　运输方式与运输合理化 ································ 7
  任务四　运输市场与定价 ······································· 11
职业技能训练 ··· 16
同步测试 ··· 17

项目二 水路货物运输实务 —————————————— 19

【开章语】 ··· 19
【知识目标】 ··· 19
【能力目标】 ··· 19
【内容架构】 ··· 19
【项目引例】 ··· 19
  任务一　水路货物运输概述 ····································· 20
  任务二　班轮运输 ··· 24
  任务三　租船运输 ··· 30
职业技能训练 ··· 38
同步测试 ··· 38

项目三 公路货物运输实务 —————————————— 40

【开章语】 ……………………………………………… 40
【知识目标】 ……………………………………………… 40
【能力目标】 ……………………………………………… 40
【内容架构】 ……………………………………………… 40
【项目引例】 ……………………………………………… 40
    任务一 公路货物运输概述 …………………………… 41
    任务二 整车货物运输组织 …………………………… 46
    任务三 零担货物运输组织 …………………………… 50
    任务四 特种货物运输组织 …………………………… 55
    任务五 公路货物运输费用 …………………………… 60
职业技能训练 ……………………………………………… 65
同步测试 …………………………………………………… 65

项目四 铁路货物运输实务 —————————————— 68

【开章语】 ……………………………………………… 68
【知识目标】 ……………………………………………… 68
【能力目标】 ……………………………………………… 68
【内容架构】 ……………………………………………… 68
【项目引例】 ……………………………………………… 69
    任务一 铁路货物运输概述 …………………………… 69
    任务二 铁路货物运输方式 …………………………… 73
    任务三 铁路货物运输流程 …………………………… 76
    任务四 铁路货物运输费用 …………………………… 84
职业技能训练 ……………………………………………… 92
同步测试 …………………………………………………… 92

项目五 航空货物运输实务 —————————————— 95

【开章语】 ……………………………………………… 95
【知识目标】 ……………………………………………… 95

【能力目标】	95
【内容架构】	96
【项目引例】	96
任务一 航空货物运输概述	96
任务二 航空货物运输流程	100
任务三 航空货物运输费用	103
职业技能训练	108
同步测试	108

项目六 集装箱运输概论 —— 110

【开章语】	110
【知识目标】	110
【能力目标】	110
【内容架构】	110
【项目引例】	110
任务一 集装箱运输的起源	111
任务二 集装箱运输系统	116
任务三 国际标准集装箱	120
职业技能训练	136
同步测试	136

项目七 集装箱水路运输实务 —— 138

【开章语】	138
【知识目标】	138
【能力目标】	138
【内容架构】	138
【项目引例】	138
任务一 集装箱水路运输实务	139
任务二 集装箱码头装卸实务	154
任务三 集装箱码头堆场箱务管理	165

职业技能训练 …………………………………………………… 169
同步测试 ………………………………………………………… 170

项目八　集装箱公路运输实务 —— 172

【开章语】 ………………………………………………………… 172
【知识目标】 ……………………………………………………… 172
【能力目标】 ……………………………………………………… 172
【内容架构】 ……………………………………………………… 172
【项目引例】 ……………………………………………………… 172
  任务一　公路集装箱运输概述 ………………………………… 173
  任务二　集装箱公路运输中转站组织 ………………………… 181
  任务三　集装箱货运站运作实务 ……………………………… 186
职业技能训练 …………………………………………………… 193
同步测试 ………………………………………………………… 194

项目九　集装箱铁路运输实务 —— 195

【开章语】 ………………………………………………………… 195
【知识目标】 ……………………………………………………… 195
【能力目标】 ……………………………………………………… 195
【内容架构】 ……………………………………………………… 195
【项目引例】 ……………………………………………………… 195
  任务一　集装箱铁路运输组织 ………………………………… 196
  任务二　集装箱铁路运输设备与设施 ………………………… 199
  任务三　集装箱铁路运输工艺流程 …………………………… 203
职业技能训练 …………………………………………………… 208
同步测试 ………………………………………………………… 209

参考文献 —— 211

项目一
运输管理基础知识

【开章语】

李先生在杭州开办了一家豆制品厂,产品主要销往市内的超市和农贸市场,所有的产品都由该厂负责送到客户指定地点,为此,李先生购置了两辆小型货车负责送货,谈到运输与办厂的关系,他感慨道:"离开运输,我就无法经营自己的小厂。"和李先生一样,我们都能认识到,在人类走向文明的进程中,运输及运输方式的变革发挥了毋庸置疑的重要作用,从历史、经济、社会和政治各个角度看,运输毫无疑问是世界上最重要的产业之一。

现代运输系统是如此发达,高效的运输系统支持着如海尔和沃尔玛这类制造商和零售商的物流运作。社会越进步,生活越复杂,运输系统中的各种要素就越必不可少,而对运输的管理也会越来越规范和科学。

【知识目标】

1. 熟悉运输合理化的要素、各种运输方式的技术经济特点;
2. 掌握运输的功能与原理;
3. 掌握运输、运输需求、运输供给和运输市场的概念;
4. 了解运输费率的种类及运输定价的基本方法。

【能力目标】

1. 能分析运输与物流的关系;
2. 会应用本章的基本概念;
3. 掌握实现运输合理化的措施。

【内容架构】

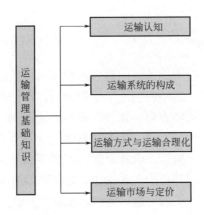

【项目引例】

"一带一路"共建繁荣——交通运输业乘风飞起

中央电视台《新闻联播》从2016年4月13日晚起推出系列报道《"一带一路"共建繁荣》,

全面介绍走进"一带一路"沿线国家及建设的新动向，介绍中国与沿线国家在政策、基础设施、贸易等各方面寻求和实现互联互通所作的种种努力。

2006—2016年我国与"一带一路"沿线国家贸易额年均增长19%，对沿线国家直接投资年均增长46%，均明显高于同期我国对外贸易、对外直接投资总体年均增速。据亚洲开发银行测算，2020年以前亚洲地区每年基础设施投资需求高达7300亿美元，预计整个基建投资超8万亿美元，未来5年，中国将进口10万亿美元的商品，出境游客数量约5亿人次，在构建全方位、多层级、复合型的互联互通网络中，将掀起一轮区域贸易和投资的高潮。

基础设施先行，交通运输是重中之重。基础设施互联互通是"一带一路"建设的优先领域，我们认为交通领域是互联互通基础中的基础，"一带一路"建设的路线图中明确提到抓住交通基础设施的关键通道、关键节点和重点工程，优先打通缺失路段，畅通瓶颈路段，配套完善道路安全防护设施和交通管理设施设备，提升道路通达水平。推动口岸基础设施建设，畅通陆水联运通道。拓展建立民航全面合作的平台和机制，加快提升航空基础设施水平。2015年5月以来，中国各部委陆续落实相关工作，积极推动"一带一路"建设。目前，多个省份均在组织编制推进"一带一路"交通建设实施方案，各地方公布的拟建、在建交通领域基础设施规模已达到1.04万亿元。

紧跟"一带一路"建设的路线图，把握核心建设区，交通运输核心受益。丝绸之路经济带重点畅通中国经中亚、俄罗斯至欧洲（波罗的海）；中国经中亚、西亚至波斯湾、地中海；中国至东南亚、南亚、印度洋；共同打造新亚欧大陆桥、中蒙俄、中国—中亚—西亚、中国—中南半岛等国际经济合作走廊。因此"一带"是陆路的全面互联互通，尤其是铁路（还包含高铁）和高速公路，而"21世纪海上丝绸之路"以重点港口为节点，从中国沿海港口过南海到印度洋，延伸至欧洲，从中国沿海港口过南海到南太平洋，重点强调的是海运的联通，而在互联互通过程中的商贸旅游等交往中，航空运输业同样受益。

"一带一路"国际合作贯通中亚、南亚、东南亚、西亚等区域，连接亚太和欧洲两大经济圈，是世界上跨度最大、最具发展潜力的经济合作带。

任务一　运输认知

一、运输的概念与功能

运输是指人或者物借助于运力创造时间效应和空间效应的活动。当产品因从一个地方转移到另一个地方而价值增加时，运输就创造了空间效用；时间效用则是指这种服务在需要的时候发生。所谓运力，是指由运输设施、路线、设备、工具和人力组成的，具有从事运输活动能力的系统。关于人的运输称为客运，关于货物的运输称为货运。本教材所讨论的运输专指货运，其中包括集货、分配、搬运、中转、装入、卸下、分散等一系列活动。

物质产品的生产是为了满足社会的各种需求，物质产品在未进入消费领域之前，它的使用价值只是一种潜在的可能性。一般说来，物质产品的生产地和消费地是不一致的，即存在位置背离，只有消除这种位置背离，物质产品的使用价值才能实现。也就是说，物质产品只有通过运输才能进入消费，从而达到实现物质产品的使用价值、满足社会各种需求的目的，所以运输的功能主要体现在以下两个方面。

（一）产品转移

无论产品是属于哪种形式，是原材料、零部件、装配件，还是在制品或流通中的商品，不管是在制造过程中被移到下一阶段，还是移动到终端客户，运输都是必不可少的。运输的主要功能就是使产品在价值链中移动，即通过改变产品的地点与位置，消除产品的生产与消费之间的空间位置上的背离，或将产品从效用价值低的地方转移到效用价值高的地方，创造出产品的空间效用。另外，因为运输的主要目的是以最少的时间完成从原产地到规定地点的转移，使产品在需要的时间内到达目的地，创造出产品的时间效用。因此，可以说运输过程是一个增值过程，是通过空间效用和时间效用来提高产品价值的。

（二）产品储存

如果转移中的产品需要储存，且在短时间内又将重新转移，而卸货和装货的成本费用会超过储存在运输工具中的费用。这时可以将运输工具作为暂时储存场所。所以运输也具有临时的储存功能。通常以下几种情况下需要将运输工具作为临时储存场所：一是货物处于转移中，运输的目的地发生改变，产品需要临时储存，这时，采取改道是产品临时储存的一种方法；二是起始地或目的地仓库储存能力有限的情况下，将货物装上运输工具，采用迂回线路运往目的地。当然，用运输工具储存货物可能是昂贵的，但如果综合考虑总成本，包括运输中的装卸成本、储存能力的限制、装卸的损耗或延长时间等，那么，选择运输工具作短时储存往往是合理的，有时甚至是必要的。

二、运输的特点

运输包括公路运输、铁路运输、水路运输、航空运输、管道运输等多种运输方式，各种运输方式有其各自的特点，但它们都具有运输的一般特点。相较于其他产业部门，运输由于其生产方式的特殊性，使其具有有别于其他产业的特点。

（一）运输作业中价值创造不改变产品的物理化学性质

运输生产是一种特殊的物质生产方式，它不同于普通的工农业生产，不改变产品的物理性质和化学性质。运输通过移动货物和空间位置来实现资源的有效利用，进而实现价值增值。

（二）运输作业具有流动性

制造业和流通业的生产经营活动一般在一个固定的工业园区和商业网点进行，运输业的过程则是流动的，具有点多、面广、机动、分散的特点。这种流动性大大增加了运输作业的复杂性和运输管理的难度。

（三）运输作业创造"场所效应"

通过运输活动，实现货物的场所变化和位移，将货物从价值低的区域转移到价值高的区域，充分发挥"物"的潜力，实现资源的优化配置，使物品的使用价值和价值得到最大实现。

（四）运输费用在物流成本的构成中所占比例最大，是物流成本控制的重点

在整个物流成本结构中，运输费用所占比例要高于其他物流环节所占比例，因此也是物流成本管理的重点。

（五）运输具有即时性

即运输服务不可储存，运输服务产生过程就是运输服务消费过程。

三、运输与物流的关系

（一）运输与物流的联系

1. 运输是物流系统的基础功能之一

物流是将货物由供应者向需求者的物理性转移，是创造时间效用和空间效用的经济活动，包括包装、搬运、储存、流通加工、运输、配送和信息处理等活动领域。物流系统是通过运输来完成对客户所需的原材料、半成品和制成品的地理定位的，运输承担了改变空间状态的主要任务。

2. 运输合理化是物流系统合理化的关键

在经济发展和市场竞争的一定时期，企业注重的是内部管理，以降低成本提高质量来提高经济效益，增强竞争优势。统计资料表明，运输成本是物流成本的最大组成部分，占到50%以上。所以运输的合理化是物流组织的重要内容，是降低供应链成本、提高效率的主要手段。

（二）物流与运输的区别

1. 物流是超出运输范畴的系统化管理

物流管理系统的建立和运转，是以服务于生产、流通、消费过程的全部过程为出发点的。物流系统根据生产企业的供应渠道和生产过程以及销售渠道，从生产和流通企业中取得的价值远远大于运输的收益。

2. 物流不同于运输只注重实物的流动，它还同时关注着信息流和增值流的同步联动

信息流不仅通过电子或纸质媒介反映产品的运送、收取，更重要的是反映市场作出的物流质量的评价。增值流是指物流所创造的形态效用（通过生产、制造或组装过程实现商品的增值）、地点效用（原材料、半成品或成品从供方到需方的位置转移）和时间效用（商品或服务在客户要求的时间内准时送到）。

3. 物流的出发点是以生产和流通企业的利益为中心，运输只是物流管理控制的必要环节，处于从属地位

有物流必有运输，而运输也远不只物流。运输企业要开展物流，必须主动地服务于工商企业产品的生产和销售，服务于产品的市场竞争和利益，主动开展物流市场调查、市场预测，到工商企业中做好推销、宣传等工作，根据工商企业的需要，为其提供全方位的物流服务。

4. 物流的管理观念比运输更先进

现代物流对用户追求高质量、无极限的服务，即在服务过程中，凡是用户不满意的地方都进行改进完善，凡是用户嫌麻烦的事情都尽量去做，一切以满足用户的需要为服务目标，主动开展物流市场调查、市场预测，积极做好推销、宣传工作，并且在不断改进服务质量的附加工作中，寻求与发现新的服务项目或服务产品，为企业带来更多的商机和更高的回报。

因此，从服务理念上来说，物流突破了运输的服务理念，再高质量的运输也不可能具有服务的延伸性，因而获取的附加值也远大于运输的回报。

5. 物流比运输更重视先进技术的应用

因为现代物流追求的是服务质量的不断提高，物流系统综合功能的不断完善，总成本的不断降低和服务的网络化、规模化，因此，使用GPS（Global Positioning System，全球卫星定位系统）对物流的全过程进行实时监控、实时货物跟踪和实时调度是很有必要的。为了与用户特别是与长期合作的主要用户保持密切联系，建立EDI（Electronic Data Interchange，电子数据交换）系统也是现代物流向专业化方向发展的必备条件。而自动装卸机械、自动化立体仓库、自动堆垛机和先进适用的信息系统更是现代物流朝着专业化、一体化、规模化、网络化发展的必然趋势，这些是无论怎样完善的运输系统都无法相比的。

相关链接

物流的基本功能要素如表1-1所示。

表1-1 物流的基本功能要素

功能要素	功能
运输	使用设施和工具，将物品从一地点向另一地点运送的物流活动
储存	是对物资的保护、管理和储藏，可以调节产品供给与需求的不同步
搬运	将物品以人力或机械装入运输设备或卸下，以及同一场所内物品的水平搬运
包装	物流中的包装主要指工业包装或外包装，以及在物流过程中的换装、分装、再包装等活动
流通加工	物品从生产地到使用地的过程中，根据需要施加包装、分割、计量、分拣、刷标志、拴标签、组装等简单作业
配送	根据客户要求，对物品进行拣选、加工、包装、分割组配等作业，并按时送达指定地点
物流信息	对与物流有关的计划、预测、动态信息及有关生产、市场、成本等方面的信息进行收集和处理，使物流活动能有效、顺利地进行

任务二 运输系统的构成

一、运输系统的含义

运输系统是指与运输活动相关的各种因素组成的整体。划分方式不同，形成的运输系统也不同。如按照所处领域不同，有生产领域的运输系统和流通领域的运输系统；如按照运输性质不同，有自营运输系统、营业运输系统、公共运输系统；如按照运输方式不同，有公路运输系统、铁路运输系统、水路运输系统、航空运输系统、管道运输系统等。

二、运输系统的构成要素

（一）运输线路

运输线路是运输系统中的基础设施，是运输工具定向移动的通道。在现代的运输系统中，主要的运输线路有公路、铁路、航线和管道。公路和铁路是陆上运输线路，除了引导运输工具定向行驶外，还需要承受运输工具、货物和人的重量；航线分空运航线和水运航线，主要起引导运输工具定向行驶的作用，并为运输工具、货物等提供一定的浮力；管道是相对特殊的运输线路，由于是密闭的，所以既是运输工具，又具有引导货物流动的作用。

（二）运输节点

运输节点是指以连接不同运输方式为主要职能、处于运输线路上的、承担货物的集散、运输业务的办理、运输工具的保养和维修的基地与场所。如公路运输线上的货运站、停车场，铁路运输线上的货运站、区段站，水路运输线上的港口、码头，航空运输线上的空港，管道运输线上的管道站等，都属于运输节点。

（三）运输工具

运输工具是指在运输线路上用于载重货物并使其发生位移的各种设备装置，它们是运输能够进行的基础设备。根据从事运送活动的独立程度，可以把运输工具分为：①仅提供动力，不具有装载货物容器的运输工具，如铁路机车、牵引车、拖轮等，如图1-1所示；②没有动力，但具有装载货物容器的从动运输工具，如车皮、挂车、驳船等，如图1-2所示；③既提供动力，又具有装载货物容器的独立运输工具，如飞机、油轮等。前两种运输工具必须配合使用才能完成运输任务。

铁路机车

牵引车

拖轮

图1-1 铁路机车、牵引车与拖轮

车皮

挂车

驳船

图1-2 车皮、挂车与驳船

管道运输是一种相对独特的运输方式，它的动力装置与载货容器的组合比较特殊，载货容器为干管，动力装置为动力泵站，设备总是固定在特定的空间内，不像其他运输工具那样可以凭借自身的移动带动货物移动，所以可以把动力泵站和干管视为运输工具，如图1-3所示。

（四）运输对象与运输参与者

货物是物流运输活动的对象，但是货物本身不能作出是否参与运输的决定，所以运输活动是否进行需要由运输参与者作出决定。运输活动的具体参与者主要包括货物所有者、承运人、货物代办人等。

1. 货物所有者

货物所有者指的是货物托运人和收货人，托运人和收货人有时是同一主体，有时是两方。货物所有者希望在方便获取运输信息的情况下，以尽可能少的费用支出，在规定的时间内，将货物安全地从托运地运送到指定的收货地。

2. 货物承运人

货物承运人是指使用运输工具从事货物运输并与托运人订立货物运输合同的经营者。承运人应根据承运货物的需要，按货物的不同特性，提供技术良好、经济适用的运输工具，并能根据委托人的要求合理地组织运输和配送。承运人可以是各类运输公司、物流公司或者运输代理人等。

图 1-3　管道运输动力泵站与干管

3. 货物运输代理人（简称货运代理人）

货运代理人是指以自己的名义承揽货物并分别与托运人、承运人订立货物运输合同的经营者。货运代理人以承运人身份签署运单时，应承担承运人责任；以托运人身份托运货物时，应承担托运人的责任。货运代理人的优势在于能把不同托运人小批量的货物集中到一起，委托给承运人运输，并可以把运输到目的地的大批量货物按运单拆分开，送交给不同的收货人。

任务三　运输方式与运输合理化

一、运输方式及其技术经济特征

运输决策的一个重要内容是根据运输商品对运输时间与运输条件的具体要求，选择适当的运输方式和运输工具，使企业能用最少的时间，走最短的路线，花最少的费用，安全地把商品从产地运送到销售地。

货物运输的方式很多，对于各种运输方式的技术经济特征可以主要从以下几方面考察。

（一）运输速度

运输速度是指单位时间内的运输距离。决定各种运输方式运输速度的一个主要因素是各种运输载体能达到的最高技术速度。目前我国各种运输方式的技术速度分别是：航空最快达到 900～1000km/h；铁路 80～300km/h；公路 80～120km/h；水路运输速度慢、准时性差，海运 10～30n mile/h（节），河运 8～20km/h。在运输实践中，由于考虑交通环境、安全、经济等原因，各种运输方式的服务速度是低于运输载体的技术速度的。

（二）运输成本

运输成本是由多个项目构成的，而不同运输方式的构成比例又不同。铁路运输的固定成本很高，但变动成本相对较低，使得近距离的运费较高，对于批量大、运输距离长的货物，运费比较低，适合进行长距离、大运输量、时间性强、可靠性要求高的货物运输。道路运输固定成本低，变动成本相对较高，中小批量商品在一般公路进行近距离运输，在高速公路进行中长距离运输时，运费较低。水路运输成本低，沿海运输成本只有铁路的40%，长江干线运输只有铁路的84%，在运输大宗货物或散装货物时，采用专用的船舶运输，可以取得更好的技术经济效果，但搬运和装卸费用高，装卸作业量大。航空运输成本高，适用于价值高、重量轻、易损的商品和鲜活商品、急需商品的运输。管道运输耗能少、成本低、效益好、专用性强，适合于大批量不间断的气体、液体和部分固体粉末物的运输。

（三）运输能力

由于技术及经济的原因，各种运输方式的运载工具都有其适当的容量范围，从而决定了运输线路的运输能力。水路运输是运输能力最强的运输方式，从几千吨到几十万吨的船舶都有，世界上最大的油船已超过50万t。其次是铁路运输，铁路货车运载量一般为60～100t，一般的货物运输列车的运输能力通常在3000t左右，重载列车可装20000t以上的货物；管道运输的运输量也很大，国外一条直径720mm的输煤管道，一年可输送煤炭2000万t，几乎相当于一条单线铁路的单方向的输送能力。公路运载工具的容量最小，通常载重量是5～10t。航空运输的运输能力也相对较小。

（四）运输灵活性

运输灵活性是指一种运输方式在任意给定两点间的服务能力。公路运输灵活性最大，因为它能直接连接起点和终点，可以选择不同的行车路线，灵活制定营运时间表，服务便利，实现门到门运输，市场覆盖率高。水路运输营运范围受到江河湖海地理分布的限制。航空运输需要航空港设施。铁路运输需要站场设施，只能在固定线路上实现运输，且要与其他运输手段配合衔接。管道运输不易随便扩展管道，服务的地理区域十分有限，灵活性相对较差。

（五）经济性

经济性是指单位运输距离所支付费用的多少。运输的经济性与运输距离有紧密的关系，不同的运输方式的运输距离与成本之间的关系有一定的差异。铁路的运输距离增加的幅度要大于成本上升的幅度，而公路则相反。从国际惯例来看，300km以内被称为短距离运输，该距离内的货运量应该尽量分流给公路运输，300～500km以内主要选择铁路运输，500km以上则选择水路运输。各种运输方式技术经济特点见表1-2。

表1-2 几种运输方式技术经济特点的对比

运输方式	技术经济特点	适运对象
公路	固定成本低、变动成本相对高，占用土地多，机动灵活，适应性强，短途运输速度快，空气污染严重	短途、零担运输，其他运输方式的集散运输
铁路	初始投资大、运输容量大，成本低廉，占用土地多，连续性强，可靠性好	大宗货物、散件杂货等的中长途运输
水路	运输能力大，成本低廉，速度慢，连续性差，能源消耗及土地占用较少，灵活性不强	中长途大宗货物运输，国际海上货物运输
航空	速度快，成本高，空气和噪声污染重	中长途、贵重货物、保鲜货物运输
管道	占用土地少，运输能力大，成本低廉，能不间断连续送，灵活性差	长期稳定的流体、气体、固体浆化物的运输

二、运输合理化

（一）不合理化运输

不合理运输是在现有条件下可以达到的运输水平而未达到，从而造成了运力浪费、运输时间增加、运费超支等问题的运输形式。目前我国存在的主要不合理化的运输形式如下。

1. 返程或起程空驶

空车无货载行驶，可以说是不合理运输的最严重形式。在实际运输组织中，有时候必须调运空车，从管理上不能将其看成不合理运输。但是，因调运不当、货源计划不周，不采用运输社会化而形成的空驶，是不合理运输的表现。

2. 对流运输

对流运输又称相向运输或交错运输，指同一种货物，或彼此间可以互相代用而又不影响管理、技术及效益的货物，在同一线路上或平行线路上作相对方向的运送，而与对方运程的全部或一部分发生重叠交错的运输称对流运输。已经制定了合理流向图的产品，一般必须按合理流向的方向运输，如果与合理流向图指定的方向相反，也属对流运输。

3. 迂回运输

迂回运输是舍近取远的一种运输。可以选取短距离进行运输而不办，却选择路程较长路线进行运输的一种不合理形式。迂回运输有一定复杂性，不能简单处之，只有当计划不周、地理不熟、组织不当而发生的迂回，才属于不合理运输，如果最短距离有交通阻塞、道路情况不好或有对噪声、排气等特殊限制而不能使用时发生的迂回，不能称不合理运输。

4. 重复运输

本来可以直接将货物运到目的地，但是在未达目的地之处或目的地之外的其他场所将货卸下，再重复装运送达目的地，这是重复运输的一种形式。另一种形式是，同品种货物在同一地点一面运进，同时又向外运出。重复运输的最大弊端是增加了非必要的中间环节，这就延缓了流通速度，增加了费用，增大了货损。

5. 倒流运输

倒流运输是指货物从销地或中转地向产地或起运地回流的一种运输现象。其不合理程度要甚于对流运输，原因在于，往返两程的运输都是不必要的，形成了双程的浪费。倒流运输也可以被看成是隐蔽对流的一种特殊形式。

6. 过远运输

过远运输是指调运物资舍近求远，近处有资源不调而从远处调，这就造成可采取近程运输而未采取，拉长了货物运距的浪费现象。

7. 运力选择不当

未选择各种运输工具优势而不正确地利用运输工具造成的不合理现象，常见的有弃水走陆、铁路和大型船舶的过近运输、运输工具承载能力选择不当等。

（二）运输合理化的要素

运输合理化的影响因素很多，起决定性作用的有以下五方面的因素，称作合理运输的"五要素"。

1. 运输距离

运输过程中，运输时间、运输货损、运费、车辆或船舶周转等运输的若干技术经济指标，都与运输距离有一定的比例关系，运输距离长短是运输是否合理的一个最基本的因素。

2. 运输环节

每增加一个运输环节，势必要增加运输的附属活动，如装卸、包装等，各项技术经济指标也会因此发生变化，因此减少运输环节对合理运输有一定的促进作用。

3. 运输工具

各种运输工具都有其优势领域，对运输工具进行优化选择，最大限度地发挥运输工具的特点和作用，是运输合理化的重要的一环。

4. 运输时间

在全部物流时间中运输时间占绝大部分，尤其是远程运输，因此，运输时间的缩短对整个流通时间的缩短有决定性的作用。此外，运输时间缩短，还有利于加速运输工具的周转，充分发挥运力效能，提高运输线路通过能力，对运输合理化有很大贡献。

5. 运输费用

运费在全部物流费用中占很大的比例，运费高低在很大程度上决定整个物流系统的竞争能力。实际上，运输费用的降低，无论对货主还是对物流经营企业来讲，都是运输合理化的一个重要目标。

（三）运输合理化措施

1. 合理选择运输方式

各种运输方式都有其各自的适用范围和不同的技术经济特征，选择时应进行比较和综合分析。首先要考虑运输成本的高低和运行速度的快慢，甚至还要考虑商品的性质、数量的大小、运距的远近、货主需要的缓急及风险程度。

2. 合理选择运输工具

根据不同商品的性质、数量选择不同类型、额定吨位及对温度、湿度等有要求的运输工具。

3. 正确选择运输路线

运输路线的选择，一般应尽量安排直达、快速运输，尽可能缩短运输时间。否则可安排沿路和循环运输，以提高运输工具的容积利用率和里程利用率。

4. 提高货物包装质量并改进配送中的包装方法

货物运输线路的长短、装卸次数的多少都会影响到商品的完好程度，所以应合理地选择包装物料，以提高包装质量。另外，有些商品的运输线路较短，且要采取特殊放置方法（如烫好的衣服应垂挂），则应改变相应的包装。货物包装的改进，对减少货物损失、降低运费支出以及降低商品成本有明显的效果。

5. 提高运输工具的装载技术

一方面最大限度地利用车船载重吨位和装载容积，另一方面可采用零担货物拼整车发运的办法。

任务四 运输市场与定价

一、运输需求与供给

（一）运输需求概念和特点

运输需求是指在一定的时期和价格水平下，社会经济生活在货物与旅客空间位移方面所提供的具有支付能力的需要。

运输需求必须具备两个条件，即具有实现位移的愿望和具有支付能力，缺少任一条件，都不能构成现实的运输需求。

运输需求与市场经济条件下的一般商品需求相比有其特殊性，主要表现在以下几个方面。

1. 运输需求的派生性

市场需求有本源需求与派生需求，本源需求就是消费者对最终产品的需求，而派生需求则是由于对某一最终产品的需求而引起的对生产它的某一种生产要素的需求。运输活动是产品生产过程在流通领域的继续，它与产品的调配和交易活动紧密相连，因此运输业是工农业生产活动中派生出来的需求。

2. 个别需求的异质性

就整个市场而言，对运输总体的需求是由性质不同、要求各异的个别需求构成的，这些个别需求，在运输过程中必须采取相应的措施，才能适应这些性质不同、要求各异的个别需求。它们在经济方面的要求也各不相同，有的要求运价低廉，有的要求送达速度快，因此，掌握和研究这些需求的异质性，是搞好运输市场经营的重要条件。

3. 总体需求的规律性

虽然不同货物的运输要求千差万别，但总体来说还是有一定的规律性，如需求与经济的相关性、货流的规律性等。

（二）运输供给的概念和特点

运输供给是指在一定时期和价格水平下，运输生产者愿意并且能够提供的运输服务的数量。运输供给必须具备两个条件，即运输生产者出售服务的愿望和生产运输服务的能力，缺少任一条件，都不能形成有效的运输供给。运输业是一种特殊产业，其产品的供给具有不同于其他产业的特点。

1. 产品的非储存性

运输产品的生产和消费是同时进行的，即运输产品不能脱离生产过程而单独存在，所以不能像工业、农业那样可以将产品储存起来，具有非储存性的特点。运输业是通过储存运力来适应市场需求变化的，而运输能力大小多按运输高峰的需求设计，具有一定的超前量。运输能力的超前建设与运输能力的储备对运输市场来说，既可适应市场需求增长的机遇，又可能因市场供过于求而产生风险，因此，保持合理的运力规模是提高运输工具利用率和满足市场需求的重要保证。

2. 供给的不平衡性

运输供给的不平衡性既表现在时间上也表现在空间上。运输需求的季节性不平衡，导致运输供给出现高峰与低谷。由于经济和贸易发展的不平衡性以及各地产业的不同特点，运输供给在不同国家和地区之间也呈现出一定的不平衡性。

运输供给的不平衡性还表现在运输方向上，比如矿区对外运矿的运力需求远远大于其他生产及生活资料的向内运输，加上有些运输需求对运输工具的特殊要求等，导致回程运力浪费。由于供给与需求之间在时间空间的差异性所造成的生产与消费的差异，使运输供给必须承担运力损失、空载行驶等经济上的风险。所以，运输活动的经济效果取决于供需在时间与空间的正确结合，这就要求运输生产者掌握市场信息，搞好生产的组织和调整，运用科学的方法提高经营管理水平。

3. 部分可替代性

运输供给由铁路、公路、水运、航空、管道等多种运输方式和多个运输生产者的生产能力构成。有时存在着可分别由几种运输方式的多个运输生产者完成同一运输对象的空间位移，即运输供给之间存在着替代性。这种替代性构成了运输业者之间的竞争的基础。

同时，运输产品在时间上、空间上的限制，以及人们对运输服务的经济性、方便性和舒适性的要求等，使得不同运输方式间或同一运输方式中替代性受到限制，这种限制又使每种运输方式间或同种运输方式中的具有差别的运输服务都可能在某一领域的运输供给上形成一定程度的垄断。因此，运输供给具有部分可替代性，它的替代性和不可替代性是同时存在的，而且是有条件限制的，运输市场的供给之间存在竞争也存在垄断。

二、运输市场的特征

运输需求和运输供给构成了运输市场，狭义的运输市场是指运输劳务交换的场所，该场所为旅客、货主、运输业者、运输代理者提供交易的空间。广义的运输市场则包括运输参与各方在交易中所产生的经济活动和经济关系的总和，即运输市场不仅是运输劳务交换的场所，而且还包括运输活动的参与者之间、运输部门与其他部门之间的经济关系。

运输市场是多层次、多要素的集合体，其参与者可以分为需求方、供给方、中介方和政府方四个方面。我国运输市场除具有社会主义市场经济共同的特点外，作为市场体系中的一个专业市场，又具有以下几项个性特征。

（一）运输商品生产、消费的同步性

运输商品的生产过程、消费过程是融合在一起的，在运输生产过程中，劳动者主要不是作用于运输对象，而是作用于交通工具，货物是和运输工具一起运行的，并且随着交通工具的场所变动而改变所在位置。由于运输所创造的产品在生产过程中同时被消费掉，因此不存在任何可以存储、转移或调拨的运输"产成品"。同时运输产品又具有矢量的特征，不同的到站和发站之间的运输形成不同的运输产品，它们之间不能相互替代。因此运输劳务的供给只能表现在特定时空的运输能力之中，不能靠储存或调拨运输产品方式调节市场供求关系。

（二）运输市场的非固定性

运输市场所提供的运输产品具有运输服务特性，它不像其他工农业产品市场那样有固定的场所和区域来生产、销售商品。运输活动在开始提供时只是一种"承诺"，即以货票、运

输合同等作为契约保证，随着运输生产过程的开始进行，通过一定时间和空间的延伸，在运输生产结束时，才将货物位移的实现所形成的运输劳务全部提供给运输需求者。整个市场交换行为，并不局限于一时一地，而是具有较强的广泛性、连续性和区域性。

（三）运输需求的多样性及波动性

运输企业以运输劳务的形式服务于社会，服务于运输需求的各个组织或个人。由于运输需求者的经济条件、需求习惯、需求意向等多方面存在比较大的差异，必然会对运输劳务或运输活动运输活动过程提出各种不同的要求，从而使运输需求呈现出多样性的特点。由于工农业生产有季节性的特点，因此货物运输需求也有季节性的波动。特别是水果、蔬菜等农产品的运输需求季节性十分明显。由于运输产品无法储存，运输市场供需平衡较难实现。

（四）运输市场容易形成垄断

运输市场容易形成垄断的特征表现在两个方面：一方面，运输业的一定发展阶段，某种运输方式往往会在运输市场上形成较强的垄断势力，这主要是因为自然条件和一定生产力水平下某一运输方式具有技术上的明显优势等原因造成的；另一方面是指运输业具有自然垄断的特性，这使得运输市场容易形成垄断。通常把因历史原因、政策原因和需要巨大初期投资原因等使其他竞争者不易进入市场，而容易形成垄断的行业称为具有自然垄断特征的行业。运输市场上出现的市场垄断力量使运输市场偏离完全竞争市场的要求，因此各国政府都对运输市场加强了监管。

三、运输成本

运输生产的进行，要不断消耗燃料、润滑剂、运行所需物资和零配件，要提取运输工具折旧，支付生产人员工资，还要支付运输权获取和维持费用以及企业管理费等。这些费用是以货币形式表现的在生产过程中所消耗的物化劳动和活化劳动的支出，构成了企业的运输成本。

运输服务涉及许多成本，如人工成本、燃油成本、维护成本、端点成本、线路成本、管理成本及其他成本。虽然成本分析主要是承运人关心的事，但由于成本结构影响到运输洽谈的能力，因此在托运人眼里也很重要。运输成本通常可以被划分成以下各种类别。

（一）固定成本与可变成本

1. 固定成本

固定成本指短期内不随服务量或运量的变化而变化，但又必须得到补偿的那些费用。固定成本包括获取运输权的成本和维护成本、端点设施成本、运输设备成本和承运人管理成本。之所以把它们归属于固定成本，是因为无论有无运量这些成本都客观存在。

2. 可变成本

可变成本指随服务量或运量的变化而变化的费用，只有在进行运输、产生运输服务时才产生的费用。具体而言，可变成本通常包括线路运输成本与端点中与运量相关的成本，如燃油和人工成本、运输工具的维护成本、装卸成本、收货、存货和发货成本等。

对固定成本和可变成本的分类并非是一成不变的，如果考察的时间足够长，运量足够大，所有成本都有部分固定特征和部分可变特征。将成本划分到这一类或那一类只是角度不同的问题。但为了对运输服务进行定价,就有必要将在承运人"正常"运量范围内没有变化的成本视作固定成本,其他成本视作可变成本。

(二)联合成本与公共成本

1. 联合成本

联合成本是指决定提供某种特定的运输服务而产生的不可避免的费用。例如,当承运人决定发一卡车的货物从地点 A 运往地点 B 时,意味着这项决定中已产生了从地点 B 至地点 A 的回程运输的"联合"成本。于是,这种联合成本要么必须由最初从地点 A 至地点 B 的运输弥补,要么必须找一位有回程货的托运人得以弥补。联合成本对于运输收费有很大的影响,因为承运人索要的运价中必须包括隐含的联合成本,要考虑托运人有无适当的回程货物,或者这种回程运输由原先的托运人来弥补。

2. 公共成本

这类成本是承运人代表所有的托运人或某个分市场的托运人支付的费用。公共成本,诸如端点站或管理部门之类的费用,具有企业一般管理费用的特征,通常是按照运输工具的台数、载重量或装运量之类的数目分摊给托运人来承担。我国行政管理部门的各类收费大都属于此列,最终这些费用都要加在运输成本中。

(三)端点成本与线路成本

1. 端点成本

在运输过程的起点与终点产生的费用。包括固定成本和与运量有关的装卸、收货、存货和发货成本。

2. 线路成本

线路成本指在运输线路上产生的费用。线路成本通常包括工资、燃油、润滑油和运输工具的维护成本,线路成本的两个重要决定性因素是运距和运量。

四、运输费率

运输费率是指在两地间运输某种具体产品时的每单位运输里程或每单位运输重量的运价。运输费率一般由承运人制定并罗列于费率本中。

具体运输方式的运输费率取决于商品种类、重量、运输距离、服务水平和其他选择性要求。如较坚固的商品费率比易碎商品的费率低,低密度商品单位质量费率比高密度商品高。远距离运输的费率比近距离的低。货主对服务水平的要求增加了额外费用,例如,3 天送达比 5 天送达费率高。选择性要求包括对某次运输的货物集货和配货、部分配送、多据点集货等。不同行业、同一行业的不同公司可能使用不同类型的费率形式,这取决于提供的服务类型、费用的分配、为达到特定的目标而采取的定价策略类型。运输费率的基本形式有如下几种。

(一)基于重量的费率

这种费率随着运输货物的重量变化,而不是随距离变化。例如邮政费率、快信费率等。这种费率简单、易用。采取这种费率的服务费用主要和搬运费用有关,费率在特定的重量点处变化。这种情况下一般有一个最小费用。如果根据货物重量算出的费用小于最低费用,按最低费用收费。

（二）基于距离的费率

这种费率随距离和重量变化而变化，对一给定的重量以线性或非线性形式变化，如整车运费率。因为这种运输的主要费用与燃料和人力有关，而燃料费随距离的增加而增加，人员费用随时间的增加而增加，所以大多数长途运输费率直接随距离变化。

（三）和需求相关的费率

这种费率既不取决于重量，也不取决于距离，只是和外部市场需求有关。

（四）契约费率

这种费率是在货主和承运商之间进行协商的费率。它们一般根据允许的容积、运货时间、服务可靠性、对承运商的印象、商品类型、运输线路等进行协商。

（五）等级费率

等级费率是根据运输距离、商品类型而定。根据商品价值危险程度、不利因素、搬运要求将运输货物分级。不同的运输方式都有不同的运输费率表。等级费率不包括提供选择性服务（如要求集货、存储等）的费率。对物流从业人员，应更可能获得企业所装运的全部货物的费率等级。尽管铁路货物分级表和公路货物分级表中存在差别，但各系统的分级标准都是由类似的规则指导的。不过，铁路的规则比汽车货运的规则更全面也更详细。对于运输部门的成员来说，彻底了解这些分级系统也是有益的。

（六）特殊费率

特殊费率是指一定的时期、对某些特殊地区或商品实行的费率，它可能比正常费率高或低。特定起点到某终点的费率或某些特殊商品费率都是特殊费率的例子。大宗货运费率一般比非整车装载的费率低。较轻但体积庞大的货物运输费率比正常的或密度小的货物运输费率高。服务水平低的货物运输费率比服务水平高的货物运输费用低。额外服务也将使正常运输费率提高，如半途中要改变目的地、到达目的地后改变收货人、变更卸货地、变更收货人、运输中途存储及在中间站点部分货物进行装卸等，都会使运输费率提高。

五、运输定价

（一）行程费用

在运输定价中计算行程费用非常关键，行程费用一般由三种费用组成，每种都有不同的特征：第一种是基于载重量的费用，第二种是时间费用，第三种是距离费用。计算公式如下：

行程费用 = 每次装载费用 + 每小时功能费用 × 运行时间 + 每千米功能费用 × 千米数

每次装载费用使用历史费用数据和载货数据进行估计；每小时的功能费用以驾驶员工资、利息、折旧及租金、设施费用之和除以人员、设备花费的总时间计算；每千米功能费用用燃油费用、设备维修费用之和除以载货和空载运输的总里程计算。

（二）特殊费用

1. 行程空载费

行程中空载费用的分配及体积或密度系数的调整是特殊运输费用问题中的两个重要方

面。空驶费用的分配可按下述 3 种方法折算：

（1）把后面的空程距离加到本次载货运输距离上；

（2）把前面的空程距离加到本次载货运输距离上；

（3）前后两次空程距离的 50% 分别加到本次载货运输距离上。

2. 混合发载费用

对于车辆的混合发载问题（如货物的一部分是重货，另一些是泡货），要对不同的货物进行不同的费用分配。可以按照下面的步骤安排这种情况：

（1）计算标准密度（车的容积除以载货汽车有效载重量）；

（2）将产品体积通过标准密度转化为重量；

（3）用标准密度下的重量和实际重量相比较，选其中最大的作为收费依据。

（三）运输定价方法

为客户提供的运输服务的定价，可以应用以下 3 种定价方法。

1. 基于成本的运输定价

基于成本的运输定价方法，又包括了下面 3 种方式。

（1）向客户收取发生运输服务的实际成本费用。这种情况大都发生在使用公司内部自己的运输部门提供运输服务。客户支付运输的实际费用，结果往往造成运输部门把无效的运营费用和不合理的运输费用也全部转嫁给了客户。

（2）按标准费用收取。在这种情况下，无效的运营费用不会转嫁给客户。

（3）收取边际费用。在这种情况下，固定费用作为日常开支不考虑，只收取变动费用。当运能很大时，这种方法比较有效。

2. 基于市场的运输定价

基于市场的定价一般可按以下两种方式执行。

（1）按市场上相竞争的承运人相似服务的费用收取。市场价格可能比实际价格高，也可能比实际价格低，如市场中过剩的运输能力可能会降低运输价格，这就需要经常进行检测。

（2）按调整后的市场价格进行收费，如果运输组织效率高，调整后的市场价格就会降低，反之就高。

3. 二者相结合的运输定价

这种定价方法包括以下两种执行方式。

（1）在运输组织和客户之间先签署一个协议价格。为了使协议更有效，必须有一个可以比较的市场价格，客户也有选择其他承运人的灵活性。

（2）根据运输组织的目标利润定价。在这种方法中，价格等于实际或标准费用加上部门的目标利润。

职业技能训练

【训练目标】

通过实地调查和查找资料，加强对货物运输的认识，感受货物运输与经济发展的关系；

掌握一些调研方法和途径，培养研究问题的兴趣和分析问题的能力。

【实训资料】

选择一个观测点（如：公路、铁路通航河道等运输线路旁、货运站、港口、物流公司、物流园区等）对一定时间内观察了解到的货运工具、货物、信息、交易等情况进行记录，统计相关数据，必要时进行拍照、录像。

【实训要求】

1. 以小组为单位，每组成员4人左右，选出小组负责人，确定人员分工。
2. 各组编制调研提纲和方法步骤，提交指导教师审查，通过后组织实施。
3. 以组为单位提交调查分析报告、照片、视频等资料。
4. 组织各组间的交流讨论活动。

同步测试

一、单项选择题

1. 下列哪一项不属于运输的特点？（   ）
   A. 运输服务的公共性　　　　　　　B. 运输改变服务对象的本质属性
   C. 运输产品的同一性　　　　　　　D. 运输产品具有非储存性
2. 运输具有哪两大功能？（   ）
   a. 货物装卸   b. 货物位移   c. 货物配送   d. 货物包装   e. 货物存储
   A. ab　　　　　B. de　　　　　C. ac　　　　　D. be
3. 运输产品是（   ）。
   A. 有形产品　　B. 无形产品　　C. 商品　　　　D. 劳动品
4. 运输产品因（   ）不能被储存用来满足其他时间和空间发生的运输需求。
   A. 运输的储存性　　　　　　　　　B. 运输的特殊性
   C. 运输的无形性　　　　　　　　　D. 运输的非储存性
5. 对流运输是指（   ）。
   A. 不经过最短线路绕道而行、舍近求远的一种不合理运输
   B. 同一种货物在同一线路或平行线路上作相对方向的运送
   C. 被运输货物含杂质过多，使运输能力浪费于不必要物资的运转
   D. 货物从销售地或中转地向产地或起运地回流的一种运输现象
6. 直拨运输是指（   ）。
   A. 按照货物合理流向，选择最短路线组织的运输
   B. 将货物从产地或起运地直接运到销售地或用户的运输
   C. 根据一定生产区的产品相对固定某一消费区组织的运输
   D. 对当地生产或外地调运的货物，不运进流通批发仓库，直接将货物运送到用户的运输
7. 下面最适合实现"门—门"运输的运输方式是（   ）。

A. 管道运输　　　　B. 航空运输　　　C. 公路运输　　　　D. 水路运输

8. 下列选项中，属于运力选择不当的不合理现象是（　　）。
   A. 无效运输　　　　　　　　　　　B. 迂回运输
   C. 重复运输　　　　　　　　　　　D. 铁路、水路大型船舶的过近运输

9. 提高运输合理化的主要措施中不正确的是（　　）。
   A. 采用小吨位运输工具　　　　　　B. 合理选择运输工具
   C. 合理选择运输方式　　　　　　　D. 发展直达运输

10. 仅提供动力，不具有装载货物容器的运输工具是（　　）。
    A. 车皮　　　　　　B. 挂车　　　　　C. 驳船　　　　　　D. 铁路机车

二、多项选择题

1. 研究运输的意义是（　　）。
   A. 提高运输服务水准　　　　　　　B. 提高运输的现代化水平
   C. 降低运输全过程的总费用　　　　D. 实现物流过程的一体化管理
   E. 促进运输经营观念和组织方式等的变革

2. 公路根据使用任务、功能和适应的交通量分为（　　）。
   A. 一级公路　　　　B. 二级公路　　　C. 三级公路　　　　D. 四级公路
   E. 高速公路

3. 厢式货车按开门方式可分为（　　）。
   A. 后开门厢式货车　　　　　　　　B. 前开门厢式货车
   C. 侧开门厢式货车　　　　　　　　D. 顶开门厢式货车
   E. 底开门厢式货车

4. 运输合理化的主要因素是（　　）。
   A. 运输距离　　　　　　　　　　　B. 运输环节
   C. 运输工具　　　　　　　　　　　D. 运输时间
   E. 运输费用

5. 合装整车运输具体有哪几种方法？（　　）
   A. 零担货物拼装整车直达运输　　　B. 零担货物拼装整车接力直运或中转分运
   C. 整车分卸　　　　　　　　　　　D. 整装零担
   E. 拼装零担

项目二

水路货物运输实务

【开章语】

以前 A 公司都委托 B 班轮公司进行货物运输，由于此次出口的货物量比较大，A 公司内部对于是否采取班轮运输发生了分歧。有的认为还是由 B 班轮公司进行班轮运输服务，以便货物及时运出；有的则建议采用租船运输方式，节省运费。如果你是 A 公司负责人，你将做出什么样的决策？依据是什么？选择租船运输时需要注意哪些因素？这些问题将在本章的知识内容中得到解决。

【知识目标】

1. 了解水路运输的特点、租船业务流程、海运主要货运单证；
2. 熟悉水路运输的基本条件、影响航次时间的主要因素；
3. 掌握班轮运输的内容、租船运输的种类、海运流程、海运提单的种类；
4. 掌握航道、航线、班轮运输、租船运输、提单等基本概念。

【能力目标】

1. 会正确应用本章的基本概念；
2. 具有处理海运进出口货物常规业务工作的能力；
3. 能进行定期船订舱作业；
4. 能计算简单的班轮运费。

【内容架构】

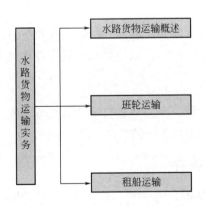

【项目引例】

嘉兴港的海河联运

嘉兴内河作业区、连接航道、船闸、候泊锚地等基础设施建设相对滞后，集疏运通道不畅，影响了港口吞吐能力的进一步提升。2013 年 11 月，嘉兴港开通"长兴航线"。"长兴航线"是嘉兴港继杭州东洲码头后开通的又一条海河联运集装箱航线，初步计划 3 天一个往返航程，未来根据货源情况相应加大航班密度。嘉兴港将通过海河联运为滨海开发助力，力争完成打造大平台、集聚大产业、建设大港口、发展大物流的目标。

任务一 水路货物运输概述

一、水路运输的概念与特点

水路运输是利用船舶等水运工具，在江、河、湖、海及人工运河等水道运输旅客、货物的一种运输方式。目前国际贸易总运量中有近90%以上的货物是利用海上运输完成的，海上运输是国际贸易中最重要的运输方式，海上运输与其他各种运输方式相比具有其本身的特点。

（一）运输量大

随着造船技术的日渐发展，船舶朝着大型化方向发展，巨型客轮已超过8万t，巨型油轮已超过60万t，一般的杂货轮也多在五六万吨以上。

（二）通过能力强

海上运输是利用天然航道完成的，这些航道四通八达，将世界各地的港口连接在一起，如果遇政治、经济、贸易及自然等条件的变化，可随时改变航线。

（三）运费低廉

一方面，海上运输不像公路或铁路运输那样需要大量投资用于修筑公路或铁路，另一方面，船舶运载量大，使用时间长，运输距离远，与其他运输方式相比，海运的单位运输成本最低。海上运费约为铁路运费的1/5、公路运费的1/10、航空运费的1/30。

（四）速度较低

货船体积大，水流阻力高，风力影响大，一般船速多在10～20n mile/h（节）之间，最快的集装箱船舶可达35n mile/h（节），水上运输的营运速度低于其他运输方式。

（五）风险较大

船舶航行海上进行货物运输，受自然条件和气候的影响较大，因此遇险的可能性也大，据统计，每年全世界遇险的船舶约300艘。

二、水路运输的基本条件

水路运输的基础条件是从船、港、货、线4个方面反映出来的。船舶是航运经营人从事运输服务的生产工具，港口是船货结合的集散地和衔接点，货物是运输服务的劳动对象，航线是船舶运行的活动场所，因此，船、港、货、线构成了水路运输的基本要素，缺一不可。

(一)船舶

1. 按货轮的功能（或船型）不同划分

（1）杂货船以装运零星件杂货为主，有 2～8 个舱口，甲板上有带围壁的舱口，上有水密舱盖，一般能自动启动关闭，航速约在 13n mile/h（节）左右。

（2）散装船。多用于装运煤炭、粮食、矿砂。这种船大都为单甲板，在舱内设有挡板以防货物移动，其航速在 15n mile/h（节）左右。

（3）多用途船。这类货轮根据运营上的需要，可以改变其运载功能。

（4）冷藏船。船上有制冷设备，温度可调节，以适应不同货物的需要。这种船吨位不大，多在 2000～6000t，航速在 15n mile/h（节）左右。

（5）油轮。又叫油槽船，其船体分隔成若干个油舱，均为一层，并有纵向舱壁，以防未满载时，液体随船倾倒造成翻船。主机设在船尾，有油管通向油舱，最大的油船载重在 50 万 t 以上，航速约 16n mile/h（节）。

（6）木材船。船舱宽大，无中层夹板，舱口大，甲板上亦可装载木材，有各种系木设备和起重设备，载重为 7000～15000t。

（7）集装船箱。甲板平直，无梁拱于舷弧，舱内设格栅结构，航速在 20～26n mile/h（节），最快的可达 35n mile/h（节）。

（8）滚装船。船的一侧或船的尾部可以打开并有伸缩跳板，装卸时，货物由拖车拖带（或自行开车）驶进驶出船舱，其装载速度较快。

（9）载驳船，又称子母船，每条母船可载子船 70～100 条不等，每条子船载重 300～600t 不等。母船载重多在 50000～60000t，最小的为 2 万余吨，最大的为 20 余万吨。在港口设备不齐全、港口拥挤或港口内地之间无合适的运输工具而又需要依靠江河运输的情况下，就可利用这种船，子船可以吊上吊下或驶进驶出。

2. 按货物的载重量不同划分

（1）巴拿马型船。这类船的载重量在 60000～80000t 之间，船宽为 32.2m。

（2）超巴拿马型船。指船宽超过 32.3m 的大型集装箱船，如第五代集装箱船的船宽为 39.8m，第六代的船宽为 42.8m。

（3）灵便型船。这类船的载重量在 30000～50000t 之间，可做在沿海、近洋和远洋运输谷物、煤炭、化肥及金属原料等散装货物的船。

相关链接

巴拿马运河

巴拿马运河全长 81.3km，宽 150～304m，航道最浅处 13.5m。由于运河 38km 河段在海拔 26m 的加通湖中，湖和两端的水道之间建有类似葛洲坝的船闸，以便航船从低水位上升到高水位。从东到西通过巴拿马运河的顺序是，大西洋——嘎东船闸（3级）——加通湖——狭窄的盖拉德河道——彼得罗米基船闸（1级）、米拉弗洛莱斯船闸——美洲大桥——太平洋。

进入嘎东船闸第一闸室，船闸两侧的轨道机车马上用钢缆带住了大船。每一侧两辆轨道机车，分别带住船头、船尾，以控制航船与闸室壁之间的距离。每级闸室长 305m，宽 33.5m。这样轮船两舷离闸室壁只 1m 左右。世界上许多巨轮采用 31m

的船宽，专门为通过巴拿马运河，这种船型也叫巴拿马型。

巴拿马运河每天通过38～42艘大船，其中中国船3～4艘，在通过巴拿马运河航船总数中占第三位。第二位是日本，第一位是美国。

（二）港口

港口是水上运输的另一重要设施。港口是指具有一定面积的水域和陆域，供船舶出入和停泊、货物及旅客集散的场所。

港口的作用，是既为水路运输服务，又为内陆运输服务。货物运输无论从船舶转入陆运工具，还是陆运工具转入船舶，都离不开港口的服务工作。一个现代化的港口，实际也是城市海陆空立体交通的枢纽，是"综合运输体系"的中心。

1. 商港的种类

（1）按地理位置分

① 海湾港。指地濒海湾，又据海口，常能获得港内水深地势的港口。海湾港具有同一港湾容纳数港的特色，如大连、秦皇岛等。

② 河口港。位于河流入海口处的港口，如上海、伦敦、汉堡等。

③ 内河港。指位于内河沿岸的港口，居水陆交通的据点，一般与海港有航道相通，如南京、芜湖等。

（2）按用途目的分

① 存储港。一般地处水路联络的要道，交通十分方便，同时又是工商业中心，港口设施完备，便于货物的存储、转运，为内陆和港口货物集散的枢纽。

② 转运港。位于水陆交通衔接处，一方面将陆运货物集中，转由海路运出，另一方面将海上运入货物转由陆路疏运，而港口本身对货物需要不多，主要经办转运业务。

③ 经过港。地处航道要冲，为往来船舶必经之地，途经船舶如有需要，可作短暂停泊，以便添加燃料、补充食物或淡水。

2. 港口的通过能力

港口通过能力是指在一定的时期和条件下，利用现有的工人、装卸机械与工艺所能装卸货物的最大数量。应从以下几个方面了解和掌握有关港口的通过能力。

（1）港口水域面积。主要是了解该港同时能接纳并进行装卸作业的船舶艘数。

（2）港口水深。主要是了解该港所能接纳的船舶吨位。

（3）港口的泊位数。主要是了解该港同时能接纳并进行装卸作业的船舶数。

（4）港口作业效率。主要是了解船舶将在该港的泊港时间。一般需综合以下各种情况才能作出较正确的估算：①装卸机械的生产能力；②同时作业的舱口数或作业线数；③作业人员的工作效率；④业务人员的管理水平等。

（5）港口库场的堆存能力。由于海船、河船、火车、汽车的装载量差别很大，货物交接手续有快有慢、简繁不一，因此，需要换装或联运的货物往往需在港口储存集疏。

（6）港口后方的集疏运能力。港口后方有无一定的交通网和一定的集疏运能力，不仅将影响港口的通过能力，同时也影响船舶的周转时间。

（三）货物

水路运输的货物包括原料、材料、工农业产品、商品以及其他产品。它们的形态和性质各不相同，对运输、装卸、保管也各有不同的要求。从水路运输的要求出发，可以从货物的形态、性质、重量、运量等不同的角度进行分类。

（四）水上航道

现代的水上航道已不仅指天然航道，而且应包括人工航道、进出港航道以及保证航行安全的航行导标系统和现代通信导航系统在内的工程综合体。

1. 海上航道

海上航道属于自然航道，其通过能力几乎不受限制。但是，随着船舶吨位的增加，有些海峡或狭窄水道会对通航船舶产生一定的限制。例如，位于马来半岛与印度尼西亚的苏门答腊岛之间的马六甲海峡，由新加坡、马来西亚和印度尼西亚三国共同管辖。为确保航行安全、防止海域污染，三国限定通过海峡的油船吨位不超过220000t，龙骨下水深必须保持3.35m以上。

2. 内河航道

内河航道大部分是利用天然水道加上引航的导标设施构成的。船舶航行应了解有关航道的一些主要特征，例如航道的宽度、深度、弯曲半径、水流速度、过船建筑物尺度以及航道的气象条件和地理环境等。必须掌握以下通航条件。

（1）通航水深。其中包括潮汐变化、季节性水位变化、枯洪期水深等。

（2）通行时间。其中包括是否全天通行、哪些区段不能夜航等。

（3）通行方式。应了解航道是单向过船还是双向过船等。

（4）通行限制。应了解：有无固定障碍物，如桥梁或水上建筑等；有无活动障碍物，如施工船舶或浮动设施等。

3. 人工航道

人工航道又称运河，是由人工开凿，主要用于船舶通航的河流。国际航运中，主要的人工航道有苏伊士运河、巴拿马运河等。应掌握和了解这些著名的国际通航运河的自然环境条件，其中包括通航水深、通行船舶尺度限制、通行方式以及通航时间等。

（1）苏伊士运河。通航水深：16m；通行船舶：最大的船舶为满载150000t或空载370000t的油船；通行方式：单向成批发船和定点会船；通过时间：10～15h。

（2）巴拿马运河。通航水深：13.5～26.5m；通行船舶：6万吨级以下或宽度不超过32m的船只；通过时间：16h左右。

三、船舶航线与航次的概念

（一）航线

航线有广义和狭义的定义。广义的航线是指船舶航行起讫点的线路。狭义的航线是船舶航行在海洋中的具体航迹线，也包括画在海图上的计划航线。

1. 按性质划分

（1）推荐航线：航海者根据航区不同季节、风、洋流、雾等情况，长期航行实践形成的习惯航线，有航海图书推荐给航海者。

（2）协定航线：某些海运国家或海运单位为使船舶避开危险环境而协商在不同季节共同采用的航线。

（3）规定航线：一些国家或地区为了维护航行安全，在某些海区明确过往船舶必须遵循的航线。

2. 按航线所经过的航区划分

按所经过的航区分，航线可以分为大洋航线、近海航线、沿岸航线等。

（二）航次

船舶为完成某一次运输任务，按照约定的航行计划运行，从出发港到目的港为一个航次。班轮运输中航次及其途中的挂靠港都编制在班轮公司的船期表上。

对船舶航次生产活动的认识，可以归纳为以下几个方面。

（1）航次是船舶运输生产活动的基本单元，是航运企业考核船舶运输生产活动的投入与产出的基础。

（2）航次是船舶从事客货运输的一个完整过程，即航次作为一种生产过程，包括了装货准备、装货、海上航行、卸货等完成客货运输任务的各个环节。

（3）船舶一旦投入营运，所完成的航次在时间上是连续的。即：上一个航次的结束，意味着下一个航次的开始，除非船舶进坞维修；如果航次生产活动中遇有空放航程，则应从上航次船舶在卸货港卸货完毕时起算；如果遇有装卸交叉作业，则航次的划分仍应以卸货完毕时为界。

（4）报告期内尚未完成的航次，应纳入下一报告期内计算。即：年度末或报告期末履行的航次生产任务，如果需跨年度或跨报告期才能完成，则该航次从履行时起占用的时间和费用都需要转入下一年度或下一报告期内进行核算。

（5）航次的阶段：①预备航次阶段，指船舶开往装货港的阶段；②装货阶段，指船舶抵达并停靠装货港、等待泊位和装载货物的整个阶段；③航行阶段，指船舶离开装货港开往卸货港的整个阶段；④卸货阶段，指船舶抵达卸货港，等待泊位和停靠码头卸货的整个阶段。

任务二　班轮运输

一、班轮运输

（一）班轮运输的定义

班轮运输又称为定期船运输，是指按照公布的船期表，在特定的航线上，以既定的挂靠港顺序，进行规则的、反复的航行和运输的一种船舶经营方式。

班轮运输又称定期船运输，是指班轮公司将船舶按事先订制的船期表，在特定航线的各挂靠港口之间，为非特定的众多货主提供规则的、反复的货物运输服务，并按运价本或协议运价的规定计收运费的一种水路运输营运方式。

班轮运输通常会涉及班轮公司、船舶代理人、无船（公共）承运人、海上货运代理人、托运人和收货人等有关货物运输的关系人。

（二）班轮运输的特点

班轮运输具有以下特点。

（1）具有"四固定"特点，即固定航线、固定港口、固定船期和相对固定的费率，这是班轮运输的基本特征。

（2）有利于小额贸易货物运输，适用于一般杂货和不足整船的小额贸易货物的运输，班轮只要有舱位，不论数量大小、挂港多少、直运或转运都可接受承运。

（3）责任划分明确，承运人和托运人双方的权利、义务和责任豁免以签发的提单条款为依据，并受国际公约制约。其中，承运人对货物负责的时段是从货物装上船起，到货物卸下船止，即"船舷到船舷"或"钩到钩"。

（4）手续简单，货主方便。托运人只要把货物交给承运人即可，由承运人负责装卸和理舱，班轮运价包括装卸费用且双方不另计滞期费和速遣费。

二、班轮运输的程序

在组织班轮运输时，应根据不同的货物交付方式安排班轮运输程序，并注意运输单证的缮制和交接。

（一）班轮运输程序

（1）揽货和订舱。揽货是指船公司为了使自己经营的班轮运输船舶载重能力和舱容得到充分利用，以获得最大的经济效益，通常都会采取一些措施来招徕客户。揽货工作的好坏直接影响到轮船公司的经营效益。订舱是指货物托运人或其代理人向承运人（即船公司或其代理人）申请货物运输。承运人对这种申请给予承诺的行为。班轮运输不同于租船运输，承运人与托运人之间不需要签订运输合同，而是以口头或传真的形式进行预约。只要承运人对这种预约给予承诺，并作出舱位安排，即表明承、托双方已建立了有关货物运输的关系。

（2）接收托运申请。货主或其代理人向船公司提出订舱申请后，船公司首先考虑其航线、港口、船舶、运输条件等能否满足发货人的要求，然后再决定是否接受托运申请。

（3）接货。船公司由指定的装船代理人在各装货港的指定地点（通常是码头仓库）接受托运人送来的货物，办理交接手续后，将货物集中整理，并按货物的性质、包装、目的港及卸货次序进行适当的分类后等待装船，这个过程就是"接货"。

（4）换取提单。托运人可凭经过签署的场站收据，向船公司或其代理人换取提单，然后去银行结汇。

（5）装船。船舶到港前，船公司和码头计划室对本航线需要装运的货物制订装船计划，待船舶到港后，将货物从仓库运至船边，按照装船计划装船。

（6）海上运输。在海上运输过程中，海上承运人对装船的货物负有安全运输、保管、照料的责任，并依据货物运输提单条款划分与托运人之间的责任、权利和义务。

（7）卸船。与装船时一样，卸货一般也采用"集中卸货，仓库交付"的方式。

（8）交付货物。交付货物时，除了要求收货人必须交出提单外，还必须要求收货人付清运费和其他应付的费用，如船公司和其代理人垫付的保管费、搬运费以及公共海损分摊和海滩救助费等。如果收货人没有付清上述费用，船公司有权根据提单上的留置权条款的规定暂不交付货物，直到收货人付清各项应付的费用后才交付货物。如果收货人拒绝支付应付的各项费用而使货物无法交付时，船公司还可以经卸货港所在地法院批准，对卸下的货物进行拍卖，以卖得的货款抵偿应向收货人收取的费用。

（二）货物交付方式

常见的货物交付方式有以下四种。

（1）船边交付货物。船边交付货物又称现提，是指收货人以提单在船公司卸货港的代理人处换取提货单，凭提货单直接到码头船边提取货物，并办理交接手续的方式。船边交货适用于贵重货物、危险货物、冷冻货物、长大件货物以及其他批量较大的货物。

（2）选港交付货物。选港交付货物是指货物在装船时尚未确定卸货港，待船舶开航后再由货主选定对自己最方便或最有利的卸货港，并在该港口卸货和交付货物。

（3）变更卸货港交付货物。变更卸货港交付货物是指在提单所记载的卸货港以外的其他港口卸货和交付货物。

（4）凭保证书交付货物。在班轮运输中，有时因特殊情况而出现提单到达的时间迟于船舶到港的时间（特别是装货港与卸货港间距离较短）的情况。这种情况的产生往往是由于提单失窃或者是当船舶到港时作为押汇的跟单票据的提单虽已到达进口地银行，但是因为汇票的兑现期限的关系，收货人暂时还拿不到提单。在这种情况下，收货人无法交出提单来换取提货单提取货物。此时常由收货人开具保证书，以保证书交换提货单，然后持提货单提取货物。

三、班轮运输的运费

（一）杂货班轮运费的计算

1. 构成

班轮公司运输货物所收取的运输费用，是按照班轮运价表的规定计收的。班轮运价表一般包括说明及有关规定、货物分级表、航线费率表、附加费表、冷藏货及活性牲畜费率表等。

目前，我国海洋班轮运输公司使用等级运价表，即将承运的货物分成若干等级，每个等级的货物有一个基本费率，称为等级费率表。

班轮运费包括基本运费和附加费两部分。前者是指货物从装运港到卸货港所应收取的基本运费，它是构成全程运费的主要部分；后者是指对一些需要特殊处理的货物，或者因突然事件的发生及客观情况变化等原因而需另外加收的费用。

2. 基本港与非基本港

基本港是指港口设备较好、货运量大、班轮公司按期挂靠的港口。运往基本港的货物，均按基本费率收取运费。非基本港是指班轮公司不常挂靠的港口，去该港的货物要加收附加费。

3. 基本运费按班轮运价表规定的计收标准计算

在班轮运价表中，根据不同的商品，班轮运费的计算标准通常采用下列几种。

（1）按货物毛重（重量吨）计收，运价表中用"W"表示。按此法计算公式为：

$$\text{基本运费} = \text{计重货物的运费吨} \times \text{运费率}$$

（2）按货物体积（尺码吨）计收，运价表中用"M"表示。按此法计算公式为：
$$\text{基本运费} = \text{容积货物的运费吨} \times \text{运费率}$$

上述计费的重量吨和尺码吨统称为运费吨，又称计费吨。按照国际惯例，容积货物是指每公吨的体积大于 $1.1328m^3$ 的货物，而我国的远洋运输运价表中则将每公吨的体积大于 $1m^3$ 的货物定为容积货物。

（3）按毛重或体积计收，由船公司选择其中收费较高的作为计费吨，运价表中以"W/M"表示。

（4）按货物价格计收，又称为从价运费。运价表中用"A.V"表示。从价运费一般按货物的 FOB 价格的一定百分比收取。按此法计算的基本运费等于离岸价格（FOB）乘以从价费率，一般为 1%～5%。

4. 附加费

指在基本运费的基础上，加收一定百分比，或者是按每运费吨加收一个绝对值计算。

附加费的计算一般有两种规定：一是以基本运费率的百分比表示；二是用绝对数字表示，取每运费吨增收若干元。

根据一般费率表规定：不同的商品如混装在一个包装内（集装箱除外），则全部货物按其中收费高的商品计收运费。同一种货物因包装不同而计费标准不同，但托运时如未申明具体包装形式，全部货物均要按运价高的包装计收运费。同一提单内有两种以上不同计价标准的货物，托运时如未分列货名和数量，计价标准和运价全部要按高者计算。这是在包装和托运时应注意的。

5. 班轮运费的计算方式

班轮运费的具体计算方法：首先，根据货物的英文名称，从货物分级表中，查出有关货物的计算等级及其计算标准；然后，从航线费率表中查出有关货物的基本费率；最后，加上各项需支付的附加费率，所得的总和就是有关货物的单位运费（每重量吨或每尺码吨的运费），再乘以计费重量吨或尺码吨，即得该批货物的运费总额。如果是从价运费，则按规定的百分率乘 FOB 货值即可。计算公式如下：

$$F = F_b + \Sigma S$$

式中，F 为运费总额；F_b 为基本运费；S 为某一项附加费。

基本运费就是所运货物的数量（重量或体积）与规定的基本费率的乘积，即：

$$F_b = f \times Q$$

式中，f 为基本费率；Q 为货运量（运费吨）。

附加费是指各项附加费的总和。在多数情况下，附加费按基本运费的一定百分比计算，计算公式为：

$$\Sigma S = (S_1 + S_2 + \cdots + S_n) \times F_b$$

【案例分析】

上海运往肯尼亚蒙巴萨港的门锁（小五金）一批计 100 箱。每箱体积为 20cm×30cm×40cm。每箱重量为 25kg。当时燃油附加费为 40%，蒙巴萨港拥挤附加费为 10%。中国—东非航线等级费率表如表 2-1 所示。

具体计算方法如下：

（1）查阅表2-1。门锁属于小五金及工具类，其计收标准为W/M，等级为10级。
（2）计算货物的体积和重量。

表2-1　中国—东非航线等级费率　　　　　　单位：港元

货名	计算标准	等级（class）	费率（rate）
农业机械	W/M	9	404.00
棉布及棉织品	M	10	443.00
小五金及工具	W/M	10	443.00
玩具	M	20	1120.00

基本港：路易港（毛里求斯）、达累斯萨拉姆（坦桑尼亚）、蒙巴萨（肯尼亚）等

100箱的体积为：$20×30×40×100=2.4（m^3）$
100箱的重量为：25×100=2.5（t）
由于$2.4m^3$的计费吨小于2.5t，因此计收标准为重量。
（3）查阅表2-1，10级资费为443港元，则基本运费为：443×2.5=1107.5（港元）
（4）附加费用为：1107.5×（40%+10%）=553.75（港元）
（5）上海运往肯尼亚蒙巴萨港100箱门锁，其应付运费为：1107.50+553.75=1661.25（港元）

（二）集装箱班轮运费的计算

集装箱班轮运费的计算基本分为两个大类：一类是采用件杂货运费计算方法，即以每运费吨为单位（俗称散货价）；另一类是以每个集装箱为计费单位（俗称包箱价）。

1. 件杂货基本费率和附加费

（1）基本费率。参照传统件杂货运价，以运费吨为计算单位，多数航线上采用等级费率。

（2）附加费。指除传统杂货所收的常规附加费外，还要加收一些与集装箱货物运输有关的附加费。

2. 包箱费率（box rate）

这种费率以每个集装箱为计费单位，常用于集装箱交货的情况，即CFS-CY（站—场）或CY-CY（场—场）条款，常见的包箱费率有以下三种形式。

（1）FAK包箱费率（freight for all kinds）。即对每一个集装箱不细分箱内货类，不计货量（在重要限额之内）统一收取的运价。

（2）FCS包装费率（freight for class）。按不同货物等级制定的包箱费率，集装箱普通货物的等级划分与杂货运输分法一样，仍是1~20级，但是集装箱货物的费率级差大大小于杂货费率级差，一般低级的集装箱收费高于传统运输，高价货集装箱低于传统运输；同一等级的货物，重货集装箱运价高于体积货运价。在这种费率下，拼箱货运费计算与传统运输一样，根据货物名称查得等级，计算标准，然后去套用相应的费率，乘以运费吨，即得运费。

（3）FCB 包装箱率（freight for basis），这是按不同货物等级或货类以及计算标准制定的费率。

四、班轮运输的单证管理

在班轮运输中，为了方便货物的交接，区分货方与船方之间的责任，需要用到许多单证。主要单证是基本一致的，并能在国际航运中通用。

1. 在装货港编制使用的单证

（1）托运单（Booking Note，B/N），又称订舱单。托运单是承运人或其代理人在接受发货人或货物托运人的订舱时，根据发货人或货物托运人的口头或书面申请，为安排货物运输而制定的单证。托运单一经托运人确认，便作为承、托双方订舱的凭证。

（2）装货单（Shipping Order，S/O）。装货单是由托运人按照订舱单的内容填制，交船公司或其代理人签章后，据以要求船公司将承运货物装船的凭证。

（3）收货单（Mate Receipt，M/R），又称大副收据。收货单是指某一票货物装上船后，由船上大副签署给托运人的作为证明船方已经收到该票货物并已装上船的凭证。托运人取得了经大副签署的收货单后，即可凭以向承运人或其代理人换取已装船提单。大副在签署收货单时，会认真检查装船货物的外表状况、货物标志、货物数量等情况。

（4）提单（Bill of Lading，B/L）。传统件杂货运输的货运提单是在货物实际装船完毕后经船方在收货单上签署，表明货物已装船，发货人凭经船方签署的收货单去船公司或其代理人处换取已装船提单。集装箱提单以码头收据换取，它同传统件杂货船舶运输下签发的提单不同，是一张收货待运提单。

（5）装货清单（Loading List，L/L）。装货清单是本航次船舶待装货物的汇总清单，由船公司或其代理人根据装货单的留底联将待装货物按目的港和货物性质归类，按照挂靠港顺序排列，编制出一张总表。

（6）出口载货清单（Export Manifest，E/M）。全称"国际航行船舶出口载货清单"，又称"舱单"；载货清单是本航次全船实际载运货物的汇总清单，它反映船舶实际载货情况。

（7）装箱单。装箱单是在载运集装箱时使用的单证，装箱单上应详细记载集装箱和货物的名称、数量等。

（8）码头收据。码头收据一般都由发货人或其代理人根据一定的格式填制，并跟随货物一起送至某装箱码头堆场或码头仓库，由接受货物的人在收据上签字后交还给发货人，证明托运的货物已收到。

（9）货物积载图（Stowage Plan，S/P），又称"船图"。出口货物在装船前，必须就货物装船顺序、货物在船上的装载位置等情况制订出一个详细的计划，以指导有关方面安排泊位、货物出舱、下驳、搬运等工作。这个计划是以一个图表的形式来表示，即用图表的形式表示货物在船舱内的装载情况，使每一票货物都能形象具体地显示其船舱内的位置。该图表就是所说的积载图。实践中，有人把货物装船前的积载计划和货物装船后根据实际装舱情况绘制的图表分别称为货物配载图和实际积载图，也有人不加区分地将它们统称为"船图"。

（10）危险货物清单。危险货物清单是船舶所载运全部危险货物的明细表。它是为了船、货、港或航道的安全，按照国家的规定而编制的。它记载的内容除装货清单、载货清单所应记载的内容外，特别增加了危险货物的性能和装船位置两项。船舶装运危险货物时，一般港口都规定，必须申请有关机构监督装卸作业。在装船的情况下，按规定装船完毕后，监装机构发给船方一份"危险货物安全装载书"。这是船舶装运危险货物的必备单证之一。

2. 在装货港编制使用的单证

（1）过驳清单（Boat Note，B/N）。过驳清单是在卸货港货物过驳卸船时，证明货物交接时货物情况的单证。它是根据卸货时的理货单编制的。其内容包括驳船名、货名、标志、号码、包装、件数、卸货港、卸货日期等，并由收货人、卸货公司、驳船经营人等收取货物的一方与船方共同签字确认。

（2）货物溢短单（Over Landed & Short Landed Cargo List）。货物溢短单是用来记载每票货物所卸下的数量与载货清单上所记载的数量不相符（发生溢卸或短卸）情况的凭单。待船舶卸货完毕、理清数字后，由理货长汇总编制。

（3）货物残损单（Mate Receipt，M/R）。货物残损单是在卸货完毕后，由理货长根据现场理货人员在卸货过程中发现货物的各种残损情况，包括货物的破损、水湿、水渍、汗湿、油渍、污损等情况的记录汇总、编制而成的，是货物残损情况的证明。

（4）提货单（Delivery Order，D/O），也称小提单。提货单是收货人或其代理人据以向现场（码头、仓库）提取货物的凭证。提货单的性质与提单不同，它只是船公司或其代理人或装卸公司向收货人交付货物的凭证，不具备流通或其他作用。为了慎重起见，一般都在提货单上记有"禁止流通"字样。

任务三　租船运输

一、租船运输概述

租船运输又称不定期船运输，是相对于班轮运输的另一种海上运输方式。租船运输没有事先确定的航线，也没有固定的航期表和挂靠港，而是根据国际租船市场的供需状况，由船舶所有人（出租人）与货主（承租人）通过谈判订立租船合同，并按合同安排航线，组织货物运输。

在船舶过程中，提供船舶运力的出租人与需求船舶运力的承租人通常通过租船经纪人就租船的航线、航期、挂靠港、租金和双方的责任、义务等内容进行谈判，订立租船合同。租船合同一经订立，对船舶出租人和承租人均具法律约束力，是双方履约和处理纠纷的法律依据。

目前国际上的租船业务多在租船市场进行。租船市场也称海运交易所，它为船舶出租人和承租人提供大量交易信息和开展租船业务的交易机会，是船、租双方进行集中交易的场所。随着现代通信技术的发展，租船业务既有船、租双方面对面的洽谈，也有通过电话、电传、传真和互联网的沟通，为现代租船业务提供了更大的方便和更多的机会。伦敦租船市场和纽约租船市场是当今世界最主要的租船市场，它们对国际租船和国际航运有着重要的影响。

在国际贸易中，谷物、矿石、煤炭、石油等大宗交易通常是通过租船进行运输的，其中租船经纪人在租船业务中起着独特的作用。租船经纪人掌握全面而及时的市场信息，具有租船业务的专业知识和谈判技能。他们接受委托人的委托寻找合适的洽谈方，通过订立租船合同赚取经纪人佣金。根据委托人的不同，租船经纪人可分为代表租船所有人从事船舶出租的船东经纪人、代表承租人洽租船舶的承租人经纪人和以中间人身份促成船、租双方达成租约的双方当事人经纪人。

二、租船经营方式分类

租船运输的经营方式主要有航次租船、定期租船、光船租船和包船租船四种，各种租船方式有着不同的特点。

（一）航次租船

航次租船又称程租船，是一种由承租人向船舶所有人租用船舶，在特定的两港或数港之间进行一个或数个航次货物运输的方式。航次租船是石油、大宗散货交易的主要运输方式，也是租船市场上最活跃的一种方式。根据承租人对货物运输的需要，航次租船又可分为以下三种形式。

1. 单航次租船

所谓单航次租船，是指承租人向船舶进行单个航次的货物运输。按照单航次租船合同，船舶所有人派船在承租人指定的装货港装货，运至指定的卸货港卸货。

2. 往返航次租船

所谓往返航次租船，是指承租人向船舶所有人租用船舶进行往返航次的货物运输。按照往返航次租船合同，船舶所有人派船在承租人指定的装货港装货，运至指定的卸货港卸货后，再在该卸货港或邻近港口装运另一批货物，运至原来的装货港或邻近港口卸货。

3. 连续航次租船

所谓连续航次租船，是指承租人向船舶所有人租用船舶连续进行几个航次或几个往返航次的货物运输。按照连续航次租船合同，船舶所有人派船在承租人指定的航线上连续进行两个以上单航次或两个以上往返航次的重复运输。

航次租船的基础是"航次"，这种租船方式主要有以下特点：

① 船舶所有人负责配备船长和船员，并负责船舶的营运调度；

② 除装卸货费用在租船合同中由船租双方商定外，其他所有船舶营运费均由船舶所有人承担，包括船舶的资本费用、固定营运费用和航次费用；

③ 承租人以整船或整舱租用形式进行货物运输；

④ 船舶所有人按整船包干或实际装船的货物数量计收运费。

在航次租船方式下，对于船、租双方之间的风险划分，国际通行做法是将航次划分为四个阶段，并根据每一阶段的不同来划分双方的风险。

（1）预备航次阶段。预备航次阶段是船舶所有人派船开到承租人指定装货港的期间。在这个阶段中，船舶处于船舶所有人的单独控制下，其所有风险和费用均由船舶所有人承担。

（2）装货阶段。这一阶段是指从船舶到达指定的装货港起至完成装货的期间。在这个阶段中，根据航次租船合同中明示的装卸时间和延迟责任，由船、租双方的责任人承担相应的风险和费用。例如，船舶所有人所派的船舶不适航而引起的延误装货，应由航舶所有人承担船期延误损失的风险和费用；反之，如延误船舶正常装货是由于承租人准备不足，则由承租人承担船期延误损失的风险和费用。

（3）航行阶段。这一阶段是指船舶从装货港开航至卸货港靠泊的海上航行期间。在这个阶段中，船舶完全处于船舶所有人的控制下，一切风险和费用均由船舶所有人承担。

（4）卸货阶段。这一阶段是指船舶从到达卸货港至完成卸货的期间。在这个阶段中，也按租船合同中明示的装卸时间和延迟责任，由船、租双方的责任人承担相应的风险和费用。

（二）定期租船

定期租船又称期租船，是一种由承租人向船舶所有人在约定的期间租用船舶进行货物运输的方式。定期租船不以航次为基础，而是以时间为基础，即以约定的一段使用时间为限。关于租期的长短，是由船、租双方根据实际情况商洽并在租船合同中明示，租期可长可短，短则数月，长达数年。在定期租船方式下，承租人既可利用船舶安排自己的货物运输，也可承揽第三方的货物运输，或者在租期内将船舶转租，以赚取租金差价收益。

定期租船主要有以下特点。

（1）船长和船员由船舶所有人配备，但由承租人指挥，即由承租人负责船舶的营运调度。

（2）船舶所有人承担船舶的资本费用和固定营运费用，包括船舶的还本付息、折旧费、船员工资、船用物料费、维修保养费以及船舶保险费等；承担人承担船舶营运可变费用，包括燃料费、港口使用费、引航费、运河通航费以及货物装卸费等。

（3）承租人以整船租用方式从事货物运输。

（4）船舶所有人按船舶载重吨、租期和双方议定的租金率收取租金。

在较长期的租船合同中，船舶所有人为避免部分费用上涨而带来的租金实际收入下降的风险，通常在租船合同中订立"自动递增条款"，即在规定费用上涨时，租金按相应的费率提高。在定期租船方式下，船舶实际安全处于承租人的使用和控制下，在整个合同期限内，承租人有权在合同规定的范围内指挥、调度和使用船舶，可直接命令船长完成所有指定的运输任务。因此，有关船舶延误的风险和费用已由船舶所有人转移至承租人一方，因而船舶所有人不再承担各种情况造成的船期损失。

（三）光船租船

光船租船又称船壳租船，是一种由承租人在租期内向船舶所有人租用一艘空船进行货物运输的方式。在这种租船方式下，船舶所有人只提供一艘空船，除船舶的资本费用外不再承担任何其他的责任和费用，承租人负责配备船员、供应给养和营运管理，成为船舶承运人。

光船租主要有以下特点。

（1）船舶所有人只提供一艘空船。

（2）全部船员由承租人配备并直接听从承租人的指挥。

（3）承租人负责船舶的经营管理和除资本费用外的全部营运费用。

（4）船舶所有人按船舶的载重吨、租期和双方议定的租金率收取租金。

光船租船一般租期较长，而且在国际市场上以这种租船方式达成的租船和约不多。但近些年来这种租船方式有所增加，主要原因是船舶信贷的发展和方便旗船的普遍。在承、租双方订立光船租约时，通常附有某项财政优惠条件，最常见的是"购买选择权租赁条件"即承租人在租船合同届满时享有购买该船的选择权。如果承租人选择购买该船，则承租人除按期支付租金外，还按事先确定租期届满后的船舶价格在租期内的平均分摊额支付这部分平均分摊的船价。购买选择权租赁条件下的光船租船实际上是一种分期购买的融资租赁方式，能为那些有能力从事船舶运输但缺少足够资金一次性购买船舶的承运人提供融资机会，使其从原来承租人的地位随着船舶所有权的逐步转让而最终成为船舶所有人。近些年方便旗船的兴起也是光船租船增加的另一个原因，悬挂巴拿马、洪都拉斯、利比里亚等国方便旗的承运人采用光船租船方式，可自由雇佣和配备待遇较低的国际船员，从而可降低工资开支增加盈利。

（四）包船租船

包船租船是一种在确定的港口之间，按事先约定的时间、航次周期和每航次较均等的货运量，由承租人向船舶所有人租用一定船舶运力的船舶方式。包船运输的基础是货物运量，即船舶所有人提供一定的船舶运力，根据租船合同分期完成全部的货物运输任务。

包船租船主要有以下特点。

（1）船舶所有人按租船合同提供一定的运力，按货物的总运量和航次周期完成每航次的货运任务。

（2）船舶所有人负责船舶的船员配备和营运管理，并承担船舶的资本费用和营运费用。

（3）承租人通常为实力较强的大型集团公司，包运的货物为运量较大的大宗干散货或液体散装货。

（4）船舶所有人按实际装运货物的数量以及双方议定的运费率计收运费，通常以航次结算。

在包船租船方式下，船舶延误的风险和费用与航次租船相似，在船舶行期间由船舶所有人承担，在港内装卸货物期间由承租人承担。包船租船在很大程度上具有连续航次租船的特征，所不同的是包船租船每航次的货物运输都受包船租船合同的制约。从某种意义上看，包船租船合同是"总合同"，而每一具体航次合同是"分合同"。

在包船租船方式下，对于船舶所有人来说，由于货运量大、运输时间长，可以保证稳定的货源和运费收入。此外，船舶所有人还可以灵活控制和安排运力，只要在保证按合同完成货运任务的前提下，可利用航次之间的余裕时间从事第三方的货运业务，增加额外收益。同时，对于承租人来说，由于有包运租船合同的保证，可以在较长的时间内满足货物运输的需要，避免因不能及时获得运力而丧失市场机会的风险。

三、租船运输业务程序

租船程序是指船、租双方就租船业务进行询盘、发盘、还盘、接盘并最终订立租船合同的全过程。

1. 询盘

询盘又称询价，是指在租船市场上承租人为运输货物发出要求租用船舶信息或船舶货所有人为承运货物发出可供出租船舶信息的做法。询问是向对方发出船舶需求或船舶供给的意向，并通过船舶经纪人在租船市场寻找合适的租约对象。承租人的询盘主要包括货物名称、种类、数量、包装、装运港、卸货港、装运期限以及租船方式、期望的租金水平等内容，船舶所有人的询盘主要包括船舶的船名、国籍、船级、船型、载重吨、适载货物、航行范围以及供租方式、租船期限等内容。在询盘阶段一般不进行具体的租船业务洽谈，主要目的是收集航运市场对询盘内容的反应，从中选择较合适的洽谈对象，为下一步业务洽谈作准备。

2. 发盘

发盘又称报价，是指承租人或船舶所有人以询盘内容为基础，将租船业务所涉及的主要条件答复对方的做法。发盘意味着发盘方对询盘方的询盘内容感兴趣，因此发盘的内容比询盘更仔细、更具体，同时也要考虑被对方接受的可能性。

发盘又分为绝对发盘和条件发盘两种。所谓绝对发盘是指发盘人有决定成交的意图，其主要条款明确、肯定和不可改变。绝对发盘具有法律效力，在发盘人规定的答复期限内，对方可作出是否答复的选择，超过这一有效期发盘条件即告失效。同时在发盘的有效期内，发盘人不得再向他人发盘，也不得改变或撤销自己的发盘条件。条件发盘是指发盘人与对方可就发盘内容反复磋商和修改发盘条件，双方有讨价还价的余地。条件发盘一般不具法律效力，发盘人可同时向其他人发出相同条件的发盘，也不规定答复的期限。在条件发盘方式下，由于发盘人可向多个询盘人发盘，按照国际惯例发盘方应遵循"先复先交易"的原则，先向第一个答复方进一步洽谈租船业务。在租船业务中，条件发盘的保留条件通常有以细节内容为条件、以足够的商品为条件、以董事会批准为条件、以取得信用证为条件等。

3. 还盘

还盘又称还价，是指接受发盘的一方就发盘条件中不能接受的内容向发盘人提出修改、增删或提出自己的新条件的做法。还盘表示还盘方有交易的兴趣，但不能或不愿接受对方的全部条件而提出的讨价还价。同样，发盘方也可以就还盘的内容进行讨价还价，这称为反还盘。还盘和反还盘通常要经过数次反复，直至双方达成一致的租船交易条件。

4. 接盘

接盘又称接受订租。是指船、租双方中的一方向另一方表示接受各项租船条件并明确表示承兑的做法。接盘是租船业务的最后阶段，一旦接盘，表明租船业务成交，各项租船条件对船、租双方均有法律效力。

5. 签署订租确认书

从法律意义上看，接盘即为租船合同成立，船、租双方共同商定的租船条件已产生法律约束力。为明确双方议定的程船条件和各自的责任、义务，按照国际惯例通常还将双方在商洽租船中来往反复最终确定的主要租船条件逐一列明，签署订租确认书，由船、租双方各持一份备查。

订租确认书主要包括以下内容：制定订租确认书的日期；船名（注明是否可代替）；双方当事人的名称、地址；货物的名称、数量；装运港和受载期；卸货港；装运条款；运费率或租金；计价货币和支付方式；所采用的租船合同范本的名称；其他特殊约定事项；双方当事人或代表人的签字。

6. 签订正式租船合同

船、租双方签署订租确认书后，按照业务习惯，通常船舶所有人还按已达成协议的内容编制正式的租船合同，通过其经纪人送交承租人。承租人收到正式合同后，要进行仔细的审核，如有与原协议不符之处，应及时要求船舶所有人修改更正，如承租人没有异议，则可在正式租船合同上签字。

四、船租合同

租船合同又称租船契约，是承租人以一定的条件向船舶所有人租用一定的船舶或舱位进行运输，就船租双方的权利、义务以及相关责任作出明确规定的法律文件。由于船租双方商洽租船条款是一项十分烦琐的业务，为了各自的利益，双方必然要对租船合同条款进行逐项逐句的推敲，从而造成旷日持久的谈判，不利于迅速成交。为了简化订立租船合同的手续，加快签约的进程，在国际航运市场上，通常由一些大型垄断航运集团或垄断货主组织事先编制租船合同范本供船租双方选用,作为洽谈租船条款的基础。

在租船业务中,由于存在租船方式、载运货物、运输航线等众多不同的因素,因而租船合同范本众多,据统计已达 100 多种。这些租船合同范本又因是否得到公认和广泛采用而分为标准租船合同和非标准租船合同两大类。在国际租船市场中,标准租船合同范本主要有以下 3 种。

1. 航次租船合同标准格式

在标准航次租船合同范本中应用最广泛的是"统一杂货租船合同"。"统一杂货租船合同"简称"金康"(GENCON),是波罗的海国际航运公会的前身波罗的海白海航运公会于 1922 年制定并经英国航运公会采用的航次租船合同标准格式,它适用于各种航线和各种货物的航次租船运输,因而在世界上被广泛采用。随着国际航运事业的不断发展和有关海上运输国际公约的相继出台,"金康"于 1939 年、1950 年、1966 年、1976 年和 1994 年数次修订,以适应国际航运市场的变化,目前使用的是 1994 年修订的"金康"。94 版"金康"较原 76 版"金康"作了较大的修订,弥补了 76 版"金康"的过时和疏漏之处,特别是增加了有关法律适用、仲裁条款、普通保护性条款等内容,因而较 76 版"金康"更完善、更具可操作性。

除"金康"外,航次租船合同根据货种和航线的不同还有其他不同的标准格式,如:"威尔士煤炭租船合同""美国威尔士煤炭租船合同""普尔煤炭租船合同"等煤炭运输租船合同标准格式;"谷物泊位租船合同""北美谷物航次租船合同""澳大利亚谷物租船合同"等谷物运输租船合同标准格式;"C(矿石)7 租船合同""北美化肥航次租船合同""古巴食糖租船合同"等干散货运输租船合同标准格式;以及"油轮航次租船合同""油船航次租船合同""气体航次租船合同"等液体货物航次租船合同标准格式。这些不同的航次租船合同标准格式可在洽谈租船业务中根据具体情况供船、租双方选用。

2. 定期租船合同标准格式

定期租船合同标准格式主要有以下 3 种。

(1)"统一定期租船合同"简称"波尔的姆"(BALTIME)。该格式是波罗的海国际航运公会于 1909 年制定并由英国航运公会承认的定期租船合同标准格式。"波尔的姆"自 1909 年制定后经过数次修订,目前使用较多的是 1974 年修订本。

(2)"定期租船合同",简称"土产格式"(NYPE Form)。该格式是美国纽约土产交易所制定的定期租船合同标准格式,并得到波罗的海国际航运公会和船舶经纪人和代理人联合会推荐,"土产格式"自 1913 年制定后经过数次修订,目前使用的是 1993 年修订本。与"波尔的姆"相比,"土产格式"的内容较全面,而且它的规定也较公平,因此应用也较广泛。

(3)"中租期租船合同 1980",简称"SINO-TIME,1980"。该格式是中国租船公司于 1980 年制定的专供中国租船公司从国外租用定期租船使用的自备格式。由于我国海上运输事业的发展,每年要租用大量定期租船,因而"SINO-TIME,1980"已为国际上许多船舶所有人熟悉和接受。

3. 光船租船合同标准格式

光船租船合同标准格式主要有"光船租船 A 式合同,1974"和"光船租船 B 式合同,1974",前者简称"BARECON A,1974",后者简称"BARECON B,1974",它们都是由波罗的海国际航运公会制定的光船租船合同标准格式,其中,"光船租船 B 式合同,1974"是专门用于抵押贷款新建船舶的光船租船。

五、租船运输费用

租船运输费用是指船东以船舶或船舶的部分舱位租给他人使用而收取费用的一种酬金。这种酬金计算因船舶出租方式的不同而区分为以下3种形式。

（一）程租费用

程租费用是指按航程租船的报酬，适用于航次租船的业务费用结算。按货物每单位重量或体积若干金额计算，费率的高低主要决定于租船市场的供求关系，但也与运输距离、货物种类、装卸率、港口费用、装卸费用划分和佣金高低有关。有的规定整船包价。

程租费用一般包括运费、装卸费、滞期费和速遣费。

1. 运费

程租船运费是指货物从装运港至目的港的海上基本运费。其计算方式一是按运费率计算，二是按整船包价方式计算。

2. 装卸费

装卸费的划分法主要有如下几种。

（1）船方负担装卸费（gross/liner/berth terms）。又称"班轮条件"。

（2）船方不负担装卸费（free in and out，F.I.O）。采用这一条件时，还要明确理舱费和平舱费由谁负担。一般都规定由租船人负担，即船方不负担装卸、理舱和平舱费。

（3）船方管装不管卸（free out，F.I.O.）条件。

（4）船方管卸不管装（free in，F.I.）条件。

3. 滞期费（demurrage）

滞期费是指在规定的装卸期间内，如果租船人未能完成装卸作业，为了弥补船方的损失，对超过的时间租船人应向船方支付一定的罚款。

4. 速遣费（dispatch money）

如果租船人在规定的装卸期限内提前完成装卸作业，则所节省的时间船方要向租船人支付一定的奖金（相同的时间下，速遣费一般为滞期费的一半）。

（二）期租费用

它是指按时间计算租船报酬。在期租运费情况下，通常是船舶按时间出租，租金按船舶载重吨位按月支付，燃料、港口费、装卸费、垫舱物料费等由租船人负担；船长与船员的雇佣、工资、给养、船舶的修理和保险等费用由船东负责。见表2-2。

表 2-2 期租运费下费用负担

船东负担	租船人负担
船员工资	燃油费
船员伙食	港口使用费
维修保养	扫舱洗舱费
物料、供应品和设备	货物装卸费
润滑油	垫舱物料费
淡水△	空航费
船舶保险费	淡水△

续表

船东负担	租船人负担
企业一般管理费	承运货物产生的经纪费和代理费
船舶折旧费	部分货损货差索赔△
经纪费	
部分货损货差索赔	

注:"△"符号为项目表根据合同规定由船东负责或由租船人负责。作为船东,在考虑租金率时,上述所承担的费用应为起码的保本费率(break even time charter rate),再加上预期盈利来洽谈租金率。

(三)光船运费

它是指出租光船的报酬。与期租船一样,在出租光船的情况下,通常也是船舶按时间出租。但与期租船不同的是,出租光船的燃料、进港费、船长与船员的雇用及其工资、伙食的供给、船用物品的补充以及船舶修理与保险等全部由租船人负责。租金可以按月支付,也可以在船东交船时一次付清。见表 2-3。

表 2-3　光船出租下费用负担

船东负责	租船人负责
折旧费	燃油费
船舶保险费△	港口使用费
船舶检验费△	货物装卸费
经纪费	扫舱洗舱费
	垫舱物料费
	空航费(若产生的话)
	代理费和经纪费
	货物索赔
	船员工资、伙食
	维修保养
	物料、供应品和设备
	润滑油
	淡水
	船舶保险费△
	船舶检验费△
	企业一般管理费

注:"△"符号表示该项费用视合同规定由谁负责。对船东来说,上述负担费用是考虑租金率时的最低保本率(break even bareboat charter rate)所应包括的,再根据市场行情以及自己的谈判地位来定报价的租金率。

包运租船费用计算参照程租运费计算方式,通常采用航次结算,按船舶实际装运货物的数量及约定的运费费率计收,装卸费用的负担责任划分一般也与航次租船方式相同。

租船运费的保险,根据不同的租船形式而不同。在程租方式下,其运费大都在目的港支付,所以一般都由船东购买保险。在期租方式下,运费或租金通常按月支付,一旦该船遭受自然灾害或意外事故而不能航行,船东的运费将受损失,因此迫使船东购买运费保险。在光船出租的方式下,如果租金是按月支付的,其结果与期租船相似,由船东购买运费保险。

职业技能训练

【训练目标】

练习水路货物运输的组织,熟悉相关业务工作。

【实训资料】

2017年8月20日,义乌伊布拉欣国际货运公司接到客户的托运订单,要求在8月31日前从宁波港装船,目的港为迪拜,货物为在义乌小商品市场采购的日用小百货,品种较多,货物数量共计2个标准集装箱,收货人为迪拜的AFANTI公司,要求清洁提单,通知方为收货人,运费预付。

【实训要求】

1. 以小组为单位,每组成员4人,选出小组负责人,确定人员角色安排。
2. 分组讨论该单运输业务应包括的环节、各环节的业务工作内容和方法。
3. 完成实训报告的撰写,报告内容包括:

① 该国际货物运输业务的分析,如航运信息、运价谈判、海关和商检对相关商品的监管要求等问题;

② 画出该国际货物运输业务的运输组织流程图,描述出各环节的业务内容与工作方法;

③ 计算该批货物运费并填写好运输单证。

同步测试

一、单项选择题

1. 下列哪些是在卸货港编制的单证?(   )
   A. 提货单   B. 提单   C. 装货单   D. 托运单
2. 关于港口分类,按用途目的的划分不包括下列选项中的(   )。
   A. 存储港   B. 内河港   C. 转运港   D. 经过港
3. (   )是使用船舶通过大陆邻近国家海上航道运送客、货的一种运输形式,视航程一般使用中型船舶,也可使用小型船舶。
   A. 沿海运输   B. 近海运输   C. 远洋运输   D. 江河运输
4. 班轮运费包括(   )两部分。
   A. 基本运费和装卸费   B. 装卸费和附加费
   C. 基本运费和保险费   D. 基本运费和附加费
5. 出租人依据合同向承租人提供船舶,在同方向或同航线上装运货物不间断地完成若干航次运输的船舶营运方式是指（　　）。

A．单程租船　　　　B．来回程租船　　C．连续航次租船　　D．航次期租船

6．（　　）是指用以证明海上货物运输合同和货物已经由承运人接收或者装船，以及承运人保证据以交付货物的单证。

A．载货清单　　　B．装箱单　　　　C．提货单　　　　D．提单

7．（　　）是指船东在租期内将空船出租给租船人使用，并将船舶的控制权和占有权也一并交给租船人。租船人按合同规定在租期内按期向船东支付租金，负责提供船员、供应和装备船舶、船舶的营运管理和费用。

A．航次租船　　　B．光船租船　　　C．定期租船　　　D．包运租船

8．（　　）是指在规定的装卸期间内，如果租船人未能完成装卸作业，为了弥补船方的损失，对超过的时间租船人应向船方支付一定的罚款。

A．运费　　　　　B．装卸费　　　　C．滞期费　　　　D．速遣费

9．在计算班轮运费的基本运费时，若按货物价格计收，叫从价运费。按此法计算的基本运费等于货物的离岸价格（FOB）乘以从价费率，一般为（　　）。

A．1%～5%　　　B．1%～10%　　　C．10%～15%　　　D．5%～10%

10．（　　）又称现提，是指收货人以提单在船公司卸货港的代理人处换取提货单，凭提货单直接到码头船边提取货物，并办理交接手续的方式，适用于贵重货物、危险货物、冷冻货物、长大件货物以及其他批量较大的货物。

A．选港交货　　　　　　　　　　B．船边交货

C．变更卸货港交货　　　　　　　D．凭保证书交付货物

二、多项选择题

1．水路运输的形式有（　　）。

A．江河运输　　　B．沿海运输　　　C．近海运输　　　D．远洋运输

2．租船运输的业务可分为（　　）。

A．航次租船　　　B．光船租船　　　C．定期租船　　　D．包运租船

3．水路运输的优点有（　　）。

A．通过能力大　　　　　　　　　B．续航能力强

C．劳动生产率高　　　　　　　　D．节约投资，占地较少

4．班轮运输中的交货方式有（　　）。

A．船边交货　　　　　　　　　　B．选港交货

C．变更卸货港交货　　　　　　　D．凭保证书交货

5．期租船的特点主要有（　　）。

A．船东负责配备船员并负担其工资和伙食

B．承租人有对包括船长在内船员的指挥权

C．承租人负责船舶调度和船舶的营运费用

D．租金按船舶的夏季满载载重吨计算，每吨若干元由双方商定

项目三

公路货物运输实务

【开章语】

公路运输是实现"门到门"运输中唯一不可替代的现代化运输方式。近年来,随着公路建设规模的飞速增长,公路货物运输也随之快速发展,促进了"货尽其流"这一目标的实现。与此同时,公路货物运输系统也支撑着新兴的物流业的发展,是现代货物运输系统的重要组成部分。

【知识目标】

1. 了解公路货运费用构成及公路货运费用计算;
2. 熟悉公路运输的功能、货物种类和常用运输工具类型;
3. 掌握公路货物运输的概念、组织形式和一般流程。

【能力目标】

1. 能设计公路货运的一般组织流程;
2. 能结合具体实例进行零担货物运输的组织;
3. 能结合具体实例进行特殊货物运输的组织。

【内容架构】

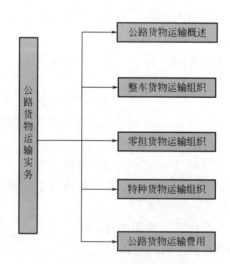

【项目引例】

危险货物运输事故

2015年3月29日18点50分,鲁H00099槽罐车,标记吨位15t,实际装载液氯29.44t,加上罐体的重量约35t,在山东驶往上海的京沪高速公路淮安段,左前胎突然爆胎,车体向左突破中间护栏冲至反向车道,右前胎又爆裂,并与对方车道上一辆装载着瓶装液化石油气的解放牌货车相撞。解放货车司机当场死亡,液化石油气瓶散落在高速公路上;槽罐车阀门破损,液氯泄漏,祸及公路旁村民。到 3 月 30 日 17 时,中毒死亡者 27 人,送医院救治 350 多人,疏散村民近万人,受灾作物面积 20620 亩,畜禽死亡约 15000 头(只),直接经济损失 2900 多万元。

讨论:
1. 造成本案例事故的主要原因是什么?
2. 谈谈对危险货物运输的认识。

任务一　公路货物运输概述

一、公路运输的功能与作用

(一)公路运输的基本功能

公路运输的基本功能通常可划分为"通过"和"送达"功能。通过功能是指在干线上完成大批量的运输。送达功能,又称为"集散"功能,是指为通过性运输承担客货集散任务的运输。

一般情况下,货物运输全过程的完成都需要有公路运输方式的参与。在高速公路投入使用以前,公路运输的主要功能是"送达",也就是主要为其他运输方式承担集散货物的任务。在五种运输方式中,管道运输所占比例很小,适应性也较差,目前只能算是一种辅助性的运输方式。航空、水运和铁路运输都只有单一的通过功能,只能依靠公路运输才能送达最终用户。在公路等级低的情况下,通过功能较差。随着高速公路建成使用,公路运输方式的通过功能大大加强。

(二)公路运输的作用

公路运输在整个交通运输业中处于基础地位并发挥着以下作用。

(1)公路运输机动灵活、快速直达,是最便捷也是唯一具有送达功能的运输方式,可以实现"门到门"运输,这是公路运输独特的优势。

(2)以其他运输方式组织运输生产,通常需要公路运输提供集疏运的条件。运输方式之间的衔接,大部分也需要公路运输来完成。

(3)公路运输覆盖面广。根据交通部门规划,到 2018 年我国公路总里程已达到 450 万至 470 万公里,全面建成"七纵七横"国道主干线,高速公路总里程达到 12 万公里以上。

随着我国公路技术等级的逐步提高,特别是越来越多的高等级公路的建成通车,公路货运量在综合运输体系中所占的比重不断提高。公路运输是世界各国各种运输方式中发展最快的一种,现已成为许多国家最主要的运输方式,而且公路基础设施的现代化程度已成为衡量一个国家交通发展水平的重要标志。

二、运载工具

运载工具包括公路运输车辆、人力车、畜力车。而在现代化的运输生产中,主要考虑公路运输车辆。公路运输车辆是指具有独立原动机与载运装置,能自行驱动行驶,专门用于运送旅客和货物的非轨道式车辆。汽车是公路运输的最基本运输工具,它由车身、动力装置和底盘三部分组成。车身包括驾驶室和车厢两部分;动力装置是驱动汽车行驶的动力源,现代汽车的动装置主要是汽油机或柴油机;底盘是车身和动力装置的支座,同时是传递动力、驱动汽车、保证汽车正常行驶的综合体。从事货运的车辆按用途一般可分为载货汽车、专用运输车辆、特种车、牵引车和挂车等。

(一)载货汽车

载货汽车是指专门用于运送货物的汽车,又称载重汽车。载货汽车按其载重量的不同分为微型、轻型、中型、重型四种。微型和轻型载货汽车服务于规模不大、批量很小的货物运输,通常用于城市运输,如图3-1、图3-2所示。

图3-1 微型货车

图3-2 轻型货车

重型载货汽车多用于经常性的大批量货物运输,如大型建筑工地、矿山等地区的货物运输,如图3-3所示。中型载货汽车适用范围比较广泛,既可在城市承担短途运输任务,也可承担中、长途运输,如图3-4所示。目前在我国,中型载货汽车是主要车型,数量较多。

图3-3 重型货车

图3-4 中型货车

载货汽车的车身具有多种形式。敞车车身是载货汽车车身的主要形式,它适用于运送各种货物。厢式车身可以提高货物安全性,多用于运送贵重货物。自卸汽车可以自动卸货,适用于运送散装货物,如煤炭、矿石、砂子等。

(二)专用运输车辆

专用运输车辆是按运输货物的特殊要求设计的,主要包括:①厢式车,即标准的挂车或货车，货厢封闭，如图3-5所示；②敞车，即挂车顶部敞开，可装载高低不等的货物，如图3-6所示；③平板车，即挂车，无顶也无侧厢板，主要用于运输钢材和集装箱货物，如图3-7所示；④罐式挂车，用于运输流体类货物，如图3-8所示；⑤冷藏车，用于运输需控制温度的货物，如图3-9所示；⑥高栏板车，车厢底架凹陷或车厢特别高，以增大车厢容积，如图3-10所示。

图3-5 厢式车

图3-6 敞车

图3-7 平板车

图3-8 罐式挂车

图3-9 冷藏车

图3-10 高栏板车

(三)特种车

特种车通常是在普通汽车底盘上安装专用的设备或车身,专供特殊用途而制造的汽车,例如消防车、救护车、垃圾车、洒水车和各种工程车。

(四)牵引车和挂车

牵引车也称拖车,一般不设载客或载货车厢,它是专门用于拖挂或牵引挂车的汽车。牵引车可分为全挂式和半挂式两种。半挂式牵引车与半挂车一起使用,半挂车的部分重量由半挂式牵引车的底盘承载。全挂式牵引车则与全挂车一起使用,其车架较短。除专门牵引车以外,一般的载货汽车也可作为全挂式牵引车使用。

挂车本身无动力装置,而是通过杆式或架式拖挂装置,由牵引车或其他车辆牵引,因此它必须与牵引车组合在一起才能作为一个完整的运输工具。挂车的车身通常也做成车厢的形式,可以运送货物。

挂车有全挂车、半挂车、厢式挂车以及重载挂车等类型。全挂车由牵引车或作为牵引车使用的汽车牵引,如图3-11所示。半挂车则与半挂式牵引车一起使用,如图3-12所示。

图3-11 全挂车

图3-12 半挂车

轴式挂车是一种单轴车辆,专门用于运送长度较大的货物,如图3-13所示。

图3-13 轴式挂车

重载挂车是大载重量的挂车,它可以是全挂车,也可以是半挂车,专门用于运送沉重的货物,其载重量可达到200～300t,如图3-14所示。由于挂车结构简单,保养方便,而且自重较小,因此在汽车运输中应用广泛。

图 3-14 重载挂车

三、货物

(一) 货物的概念

所有被运送的物资、商品等,从它们被接受承运起,一直到交付收货人为止,统称为货物。货物的种类繁多、性质各异,在其被运送的过程中,操作工艺、作业要求不完全一样。有些货物可以配载,有些货物则必须有特殊包装并需要单独装载,甚至还需要提供专用车辆、专用仓库以及特殊的装卸作业手段和工艺。因此,充分认识各类货物的特性,对于提高货运服务质量,合理规划、配置、运用公路运输的固定设施和移动设备,具有十分重要的意义。

(二) 货物的分类

货物一般可按其物理属性、装卸方法、运输条件、托运批量以及运输时间等进行分类。

1. 按货物的物理属性分类

按货物的物理属性可以将货物划分为固体、液体、气体三种不同性质的货物。

在不同地理、经济区域及产业发展的不同阶段,三种不同物理属性的货运量构成是不同的。我国现阶段的货物物理属性构成中,以固体货物的运输量为最大,而其中又以块状货物(如煤炭、矿石等)和粉末状货物(如水泥、化肥等)居多。

2. 按货物的装卸方法分类

按货物装卸方法可以将货物分为件装货物和散装货物,散装货物又可分为堆积货物和灌注货物。

件装货物是可以用件计数的货物,每一件货物都有一定的质量、形状和体积。带运输包装的件装货物,按其包装物的形状可分为桶装货物、箱装货物和袋装货物,按其包装物的性质,又可分为硬质包装、软质包装、玻璃瓶装和专门包装等多个种类。

集装单元可以视作成件货物的特殊形式,如托盘、集装笼以及用特种包装物固定在普通货板上的货物等。

散装货物是指可以用堆积或灌注等方法进行装卸搬运的货物。大批量运输或专门运输此类货物,对车辆性能、装卸设施、承载器具等均有一定的要求。

3. 按货物运输条件分类

按货物运输条件可以将货物分为普通货物和特种货物。特种货物又可分为危险货物、大件货物、鲜活货物和贵重货物。

所谓的运输条件是指货物在运输、配送、保管及装卸作业过程中，是否必须采取不同的安全技术措施。

普通货物是指运输、配送、保管及装卸作业过程中，不必须用特殊方式或手段进行特别防护的货物。

特种货物是指在运输、配送、保管及装卸作业过程中，具有特殊要求的货物。特种货物在运输等作业过程中必须采取特别措施、特殊工艺。所以承运方必须具备相应的特殊设施设备、工具、工艺方法，以确保货物的安全。

4. 按货物托运批量分类

按一批货物托运批量的大小可分为整车货物和零担货物。

凡一次托运批量货物的质量在3t以上或虽不足3t但其性质、体积、形状需要一辆载重量3t以上汽车运输的，称为整车货物；反之，称为零担货物。特殊单件货物不作为零担货物受理。各类危险货物，易破损、易污染货物和鲜活货物等一般也不作为零担货物。

5. 按运输时间分类

按运输时间缓急，公路运输货物可分为重点货物和一般货物。

重点货物是指在运输时间上对国民经济、人民生活等方面有重要影响的物资，如抢险救灾、战备急需的物资。

一般货物是指相对重点货物而言的其他各种货物，它们在运输时间上没有特殊的要求。托运人自己要求优先运输的货物，一般不算重点物资。有些一般物资有较强的时间性，如农业生产用的种子、农药、化肥等，为了不误农时，承运人应以支农物资对待，优先安排运送。

货物分类方法并非绝对的，有时为了适应企业管理或其他方面的要求，还可以根据其他不同因素对货物进行分类。

任务二　整车货物运输组织

一、整车货物运输概念

托运人一次托运的货物在3t（含3t）以上，或虽不足3t，但其性质、体积、形状需要一辆载重量3t以上的车辆进行公路运输的，称为整车货物运输。

为明确运输责任，整车货物运输通常是一车一张货票、一个发货人。为此，公路货物运输企业应选派额定载重量（以车辆管理机关核发的行车执照上的标记的载重量为准）与托运量相适应的车辆装运整车货物。一个托运人托运整车货物的重量（毛量）低于车辆额定重量时，为合理使用车辆的载重能力，可以拼装另一托运人的货物，即一车两票或多票，但货物总重量不得超过车辆额定载重量。

整车货物多点装卸，按全程合计最大载重量计重，最大载重量不足车辆额定载重量时，按车辆额定载重量计算。托运整车货物由托运人自理装车，未装足车辆标记载重量时，按车辆标记载重量核收运费。整车货物吨以下计至100kg，尾数不足100kg的，四舍五入。

整车运输一般不需要中间环节或中间环节很少，送达时间短、相应的货运集散成本较低。涉及城市间或过境贸易的长途运输与集散，如国际贸易中的进出口商通常愿意采用以整车为基本单位签订贸易合同，以便充分利用整车货物运输的快速、方便、经济、可靠等优点。

二、整车货物运输的组织形式

（一）多班（双班）运输

多班运输，是指在昼夜时间内的车辆工作超时一个班以上的货运形式。组织双班运输的基本方法是每辆汽车配备两名以上驾驶员，分日、夜两班轮流行驶。它也是提高车辆生产率的有效措施之一，但要注意安排好驾驶员的工作和休息时间，同时也考虑到定车、定人和车辆保修安排。在组织双班运输时，由于夜班比日班条件差，因此，除了工作时间长短不同外，在安排日夜班的运行作业计划时，一般应遵循以下原则：难运的安排在日班，好运的安排在夜班。

（二）定点运输

定点运输，是指按发货点固定车队、专门完成固定货运任务的运输组织形式。在组织定点运输时，除了根据任务固定车队外，还实行装卸工人、设备固定和调度员固定等。实行定点运输，可以加速车辆周转、提高运输和装卸工作效率、提高服务质量，并有利于行车安全和节能。定点运输组织形式，既适用于装卸地点比较固定集中的货运任务，也适用于装货地点集中而卸货地点分散的固定性货运任务。

（三）定时运输

定时运输，是指运输车辆按运行作业计划中所拟定的行车时刻表来进行工作，在汽车行车时刻表中规定汽车从车场开出的时间、每个运次到达和开出装卸地点的时间及装卸工作时间等。由于车辆按预先拟定好的时刻表进行工作，也就加强了各环节工作的计划性，提高了工作效率。要组织定时运输，必须做好各项定额的制定和查定工作，包括：车辆出车前的准备工作时间定额，车辆在不同运输路线上重、空载行驶时间定额，以及不同货种的装卸工作时间定额等。同时还应合理确定驾驶员的休息和用餐等生活时间，加强货源调查和组织工作，加强车辆调度和日常工作管理以及装卸工作组织等。

（四）甩挂运输

甩挂运输，是指利用汽车列车甩挂挂车的方法，以减少车辆装卸停歇时间的一种拖挂运输形式。在相同的运输组织条件下，汽车运输生产效率的提高取决于汽车的载重量、平均技术速度和装卸停歇时间三个主要因素。实行汽车运输列车化，可以相应提高车辆每运次的载重量，从而显著提高运输生产效率。采用甩挂运输时，需要在装卸货现场配备足够数量的周转挂车，在汽车列车运行期间，装卸工人预先装（卸）好甩下的挂车，列车到达装（卸）货地点后先甩下挂车，装卸人员集中力量装（卸）主车货物，主车装（卸）货完毕即挂上预先装（卸）完货物的挂车继续运行。采用这种组织方法，就使得整个汽车列车的装卸停歇时间减少，为主车装卸停歇时间加甩挂时间。但需要注意周转挂车的装卸工作时间应小于汽车列车的运行时间间隔。甩挂运输应适用于装卸能力不足、运距较短、装卸时间占汽车列车运行时间比重较大的运输条件，并根据运输条件的不同而组织不同形式的甩挂运输。

(五)直达联合运输

直达联合运输(即各种运输方式的直达联合运输),是指以车站、港口或供需物资单位为中心,按照货物运输的全过程把供销部门、多种运输工具组织起来,将货物从生产地一直运输到消费地。其主要优点是:①有利于各种运输方式的综合利用和发展,促进综合运输网的形成;②压缩车船等运输工具的停留时间,提高港站的通过能力,节省运力和降低运输成本;③减少货物运输的中间环节,加速物资周转,节约运输费用。以汽车为主体的中、短途货物联合动作,是汽车运输企业与产销部门之间的运输协作或汽车运输与其他运输方式之间的协作。为了搞好直达联运工作,最有效地利用各种运输工具以满足社会生产和生活的需要,组织直达联合运输的有关部门应首先做好货源调查工作,掌握货源及货流规律。

三、整车货物运输的一般流程

公路整车货物运输的一般流程是指货物从受理开始到交付收货人为止的生产活动。整车货物运输一般不需要中间环节或中间环节很少,送达时间短,相应的货运集散成本较低。

(一)整车货物运输作业

货物运输过程一般包括货物托运与承运、装运前的准备工作、装车、运送、卸车、保管和交付等环节。按货物运输的阶段不同,可将货运作业划分为发送作业、途中作业和到达作业。

1. 发送作业

货物在始发站的各项货运工作统称为发送作业,主要由受理托运、组织装车和核算制票三部分组成。

(1)货物托运。无论是货物交给汽车运输企业运输,还是汽车运输企业主动承揽货物,都必须由货主办理托运手续。托运手续是从托运人填写"运单"开始,运单的基本格式在《汽车货物运输规则》中作了统一规定,如表3-1所示,是常见的托运单的格式。

(2)货物承运。承运,表明运输单位接收了托运人的委托,开始承担了运输责任。承运以签章返还托运人提交运单的"托运回执"联为凭。返还给托运人的运单"托运回执"联,具有协议书或运输合同的性质,受到法律的保护和约束。

货物承运并已装车完毕后,承运人应填制汽车运输货票。运输货票是向托运人核收运费的收据、凭证,也是收货人收到货物的证明。运输货票由各省、自治区、直辖市交通主管部门按照交通运输部规定的内容与格式统一印制。办理货运业务时,应注意以下事项。

第一,货物承运后,承运人对货物运输的全过程负责,必须适时检查,妥善保管,注意防火、防潮、防腐、防丢失,发现情况及时采取措施。有特殊要求的货物,必须遵守商定的事项。

第二,承运中的一项重要条款是运输期限,通常由托、承运双方按下列规定共同商定:托运人负责装卸的,运输期限从货物装载完毕开始至车辆到达指定卸货地点止;承运人负责装卸的,运输期限从装车时间开始至货物运到指定地点卸载完毕止。

(3)货物装卸。货物装车、卸车是货物始发或到达所不可缺少的作业。不论是由托运人自理,还是由承运人承办,都应强化质量意识,杜绝或减少货损货差事故的发生。货物装卸时,货物承运人应监装监卸,保证装卸质量,并尽量压缩装卸作业时间。

表 3-1　公路货物托运单样本

托运单位：＿＿＿＿＿＿＿＿＿＿＿＿＿＿＿　　承运单位：＿＿＿＿＿＿＿＿＿＿＿＿＿＿＿
电　　话：＿＿＿＿＿＿＿＿＿＿＿＿＿＿＿　　地　　址：＿＿＿＿＿＿＿＿＿＿＿＿＿＿＿

货物名称	包装形成	件数	每件体积/m³（长×宽×高）	重量/kg		托运总吨位	
				每件	最重件	实重/t	车辆/t

需要车辆数：
需要车种：
起运地：　　　　路　号
到达地：　　　　路　号
发货单位：
收货单位：
运到日期：
委托注意事项：
1. ＿＿＿＿＿＿＿＿＿＿＿＿＿＿＿
2. ＿＿＿＿＿＿＿＿＿＿＿＿＿＿＿
3. ＿＿＿＿＿＿＿＿＿＿＿＿＿＿＿
4. ＿＿＿＿＿＿＿＿＿＿＿＿＿＿＿
5. ＿＿＿＿＿＿＿＿＿＿＿＿＿＿＿
6. ＿＿＿＿＿＿＿＿＿＿＿＿＿＿＿
运输距离：　　　　km
运费（人民币大写）：

经济责任：不按运输托运单规定的时间和要求配货发车的，由承运单位酌情赔偿损失；运输过程中货物灭失、短少、损坏，按货物的实际损失赔偿。托运方未按托运单规定的时间和要求提供托运的货物，应偿付承运方实际损失的违约金。由于货物包装缺陷产生破损，造成人身伤亡，托运方应承担赔偿责任。

附：结算单据等
托运方：　　　　　　　　　　（盖章）
　　　　　　　　　　　　年　月　日

承运方：

营业员（盖章）
　　　　　　　　　　　　年　月　日

2. 途中作业

货物在运送途中发生的各项货运作业统称为途中作业，主要包括途中货物整理或换装等内容。为了方便货主，整车货物还允许途中拼装或分卸作业，考虑到车辆周转的及时性，对整车拼装或分卸应加以严密组织。

为了保证货物运输的安全与完好，便于划清企业内部的运输责任，货物在运输途中如发生装卸、换装、保管等作业，驾驶员之间、驾驶员与站务人员之间应认真办理交接检查手续。一般情况下，交接双方可按货车现状及货物装载状态进行，必要时可按货物件数和重量交接，如接收方发现有异状，由交货方编制记录备案。

3. 到达作业

货物在到达站发生的各项货运作业统称为到达作业，主要包括货运票据的交接、货物卸车、保管和交付等内容。

车辆装运货物抵达卸车地点后，收货人或车站货运员应组织卸车。卸车时，对卸下货物的品名、件数、包装和货物状态等应作必要的检查。

（二）整车货物运输作业具体流程

整车公路货物运输作业流程详见表 3-2。

表 3-2　公路货物运输作业流程表

作业流程	具体步骤
受理	公路运输主管从客户处接受运输发送计划； 公路运输调度从客户处接出库提货单证； 核对单证
登记	运输调度在登记表上分送货目的地、分收货客户标定提货号码； 司机（或指定人员）到运输调度中心拿提货单，并在运输登记本上确认签收
调用安排	填写运输计划； 填写运输在途、送到情况，追踪反馈表； 计算机输单
车队交接	根据送货方向、重量、体积，统筹安排车辆； 报运输计划给客户处，并确认到厂提货时间
提货发运	按时到达客户提货仓库； 检查车辆情况； 办理提货手续； 提货，盖好车棚，锁好厢门； 办好出厂手续； 电话通知收货客户预达时间；
在途追踪	建立收货客户档案； 司机及时反馈途中信息； 与收货客户电话联系送货情况； 填写跟踪记录； 有异常情况及时与客户联系
到达签收	电话或传真确认到达时间； 司机将回单用 EMS 寄回或传真回公司； 签收运输单； 定期将回单送到客户处； 将当地市场的住处及时反馈给客户
回单	按时准确到达指定卸货地点； 货物交接； 百分之百签收，保证运输产品的数量和质量与客户出库单一致； 了解送货人对客户产品在当地市场的销售情况
运输结算	整理好收费票据； 作好收费汇总表交至客户，确认后交回结算中心； 结算中心开具发票，向客户收取运费

任务三　零担货物运输组织

一、公路零担货物运输概念

（一）零担货物运输的概念与特点

托运人一次托运货物的质量不足 3t 的运输称为零担货物运输。零担货物运输一般需要特别的运输处理作业，如要求定线、定班期发运。

零担货物运输是货物运输方式中相对独立的一个组成部分，由于其货物类型和运输组织形式的独特性体现出其独有的特点。一般而言，公路承运的零担货物具有数量小、批次多、包装不一、到站分散的特点，并且品种繁多，许多商品价格比较高。另外，经营零担运输需要库房、货棚、货场等基本设施以及与之配套的装卸、搬运堆码机具和苫垫设备。这些基本条件的限定，使零担货物运输形成了自己独有的特点，概括地说，表现在如下几方面。

1. 货物的不确定性和来源的广泛性

零担货物运输的货物流量、数量、流向具有一定的不确定性，并且多为随机性发生，难以通过运输合同方式将其纳入计划管理范围。

2. 组织工作的复杂性

零担货物运输不仅货物来源、货物种类繁杂，而且面对如此繁杂的货物和各式各样的运输要求必须采取相应的组织形式，才能满足人们货运的需求，这样就使得零担货物运输环节多、作业工序细致、设备条件繁杂、对货物配载和装载要求高。

3. 单位运输成本较高

为了适应零担货物运输的要求，货运站要配备一定的仓库、货棚、站台以及相应的装卸、搬运、堆制的机具和专用厢式车辆。此外，相对于整车货物运输而言，零担货物周转环节多，更易于出现货损、货差，赔偿费用较高，因此，导致了零担货物运输成本较高。

4. 适应于千家万户的需要

零担货物运输非常适合商品流通中品种繁多、小批量、多批次、价格贵重、时间紧迫、到站分散的特点。因此它能满足不同层次客户商品流通的要求，方便大众物资生产和流动的实际需要。

5. 运输安全、迅速、方便

零担货运由于其细致的工作环节与广泛的业务范围，而且承担一定的行李、包裹的运输，其班车一般都有规定的车厢，所装货物不会遭遇日晒雨淋，成为客运工作的有力支持者，同时体现了安全、迅速、方便的优越性。

6. 零担货物运输机动灵活

零担货物运输都是定线、定期、定点运行，业务人员和托运单位对货运情况都比较清楚，便于沿途各站组织货源。往返实载率高，经济效益显著。对于经常性、时令性和急需的零星货物运输具有尤为重要的意义。

（二）零担货物运输的经营条件

零担货物品类多、批量小、质量轻、体积小、流通范围广，要求运送速度快，是一种集零为整、化整为零的运输组织形式。经营零担货物运输，必须具备以下条件。

（1）配置货运场站设施。便于取货上门，送货到家，集零为整，化整为零。

（2）形成运输网络。便于提供货物中转服务，扩大服务范围，提高车辆利用效率。

（3）具有较高的组织管理水平。小件货物的运送往往需要经过多个线路区段、多家运输企业联手合作才能完成，服务质量要求高，因而必须具有较高的组织管理水平。

（4）车辆技术装备要求高。要求采用厢式货车，以适应品种多、批量小、质量轻、体积小、货物装运的要求，减少货物途中受损和灭失。

二、零担货物运输的组织形式

(一) 零担货源的组织

1. 货源和货流的概念

货源即货物的来源,货物的发生地。货流是指一定时间、一定区段内货物流通的情况,它包括货物的流量、流向、流时、流程等四个要素。货物在一定时间一定区段内的流动的数量称为货物流量;货物流动的方向称为货物流向,可分为顺向货流和逆向货流,路段上货流量大的方向的货流称为顺向货流,路段上货流量小的方向的货流称为反向货流。流时是指货物在一定区段内流动的时间。流程指货物在运输过程中所经历的业务环节。

2. 零担货运中货源和货流信息的收集

获取零担货运的货源和货流信息不仅是零担货运经营决策的重要依据,而且是提高零担货运应变能力的重要手段。零担货运货源和货流信息收集一般通过下述方法实现。

(1) 开展零担货运的市场调查。零担货运的市场调查方式可分为全面调查、典型调查和专题调查。全面调查是在一定时期内,对零担货运企业吸引区内的自然资源、人口、企事业单位、学校机关等基本情况,对工农业、农副产品产量、规格、供给流通,对工业生产所需原材料、燃料、辅助材料的品种、消耗量、自产量、流入量,对商品流通的数量、范围、时间、交通运输网络布局、竞争对手的发展变化等作全面综合的调查分析;典型调查是根据需要选择一些典型的地区、单位或运输线路,进行解剖,用"由此及彼"的推理方法,达到一般了解同类事物的共同规律;专题调查是为研究零担货运的某些特殊问题(如新开辟零担货运线路)专门进行的市场调查。

(2) 整理分析资料。整理分析零担货运企业近期承托运资料、地区发出运量统计资料等,从中分析货源和货流信息。

(3) 实时情报的收集。指对相关货运站点承运业务活动的情况进行询问、了解,获取货源和货流信息。

3. 零担货源的组织方法

(1) 实行合同运输。合同运输是公路运输部门行之有效的货源组织形式,它具有以下几个特点:逐步稳定一定数量的货源;有利于合理安排运输;有利于加强企业责任感,提高运输服务质量;有利于简化运输手续,减少费用支出;有利于改进产、运、销的关系,优化资源配置。

(2) 设立零担货运代办站。零担货物具有零星、分散、品种多、批量少、流向广的特点。零担货物运输企业可以自行设立货运站点,也可以与其他社会部门或企业联合设立零担货运班站,这样既可以加大零担货运站点的密度,又可以有效利用社会资源,减少企业成本,弥补企业在发展中资金和人力的不足。

(3) 委托社会相关企业代理零担货运业务。零担货运企业还可以委托货物联运公司、日杂百货打包公司、邮局等单位代理零担货运受理业务。利用这些单位现有的设施和营销关系网络,取得相对代理关系是现代市场经济出现的一种有效的经营管理模式。这种模式可以充分调动社会各方面的经济资源,将有利于零担货运的经济资源重新配置。

(4) 聘请货运信息联络员,建立货源情报网络。在有较稳定的零担货源的物资单位聘请货运信息联络员,可以随时掌握货源信息,以零代整,组织整车货源。

（5）设立信息化的网络受理业务。可以利用现代信息技术，创建数字化的零担货运受理平台，形成虚拟的零担货物业务网络，进行网上业务受理和接单工作。

（二）固定式与非固定式零担货物运输的组织

社会生产和人民生活对零担货物运送时间和方式、收发和装卸交接等的不同需要，要求零担货物运输采取不同的营运组织方式，这些组织方式形成了零担货物运输的基本组织形式。零担货物运输所采用的组织方式，按照零担车发送时间的不同划分为固定式和非固定式两大类。

1. 固定式零担货物运输的组织

固定式零担货物运输一般靠固定式零担车完成，因此固定式零担货物运输的组织，实际上就是固定式零担车的组织。固定式零担车通常称为汽车零担货运班车，这种零担货运班车一般是以营运范围内零担货物流量、流向以及货主的实际要求为基础组织运行。运输车辆主要以厢式专用车为主，实行定车、定期、定线、定时运行。零担货运班车主要采用以下几种方式运行。

（1）直达式零担班车。直达式零担班车是指在起运站将各个发货人托运的同一到站，且性质适宜配载的零担货物，同车装运后直接送达目的地，途中不发生装卸作业的一种组织形式，如图 3-15 所示。直达式零担班车的效果较好，但它受到资源数量、货流及区域的限制。

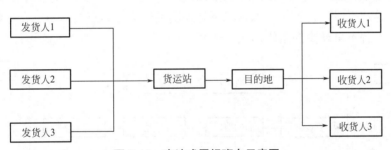

图 3-15　直达式零担班车示意图

（2）中转式零担班车。中转式零担班车是指在起运站将各个发货人托运的同一线路、不同到达站且性质允许配载的各种零担货物，同车装运至规定中转站，卸后复装，重新组成新的零担班车运往目的地的一种组织形式，如图 3-16 所示。这只是最简单的中转形式，如运行路线长，还可能发生多次中转。中转式可使那些运量较小、流量分散的货物通过中转及时运送。所以它是一种不可缺少的组织形式。但是它消耗的人力、物力较多，作业环节也比较复杂。零担货物的中转还涉及中间环节的理货、堆码、保管等作业，零担货物中转站必须配备相应的仓库等作业条件，确保货物安全、及时、准确地到达目的地。

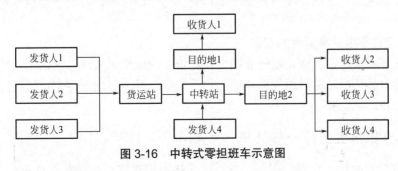

图 3-16　中转式零担班车示意图

零担货物的中转作业方法一般有以下三种。

① 全部落地中转（落地法）。即将整车零担货物全部卸下交中转站入库，由中转站按货物的不同到站重新集结，另行安排零担货车分别装运，继续运到目的地。这种方法，简便易行，车辆载重量和容积利用较好，但装卸作业量大，仓库和场地的占用面积大，中转时间长。

② 部分落地中转（坐车法）即由始发站开出的零担货车，装运有部分要在途中某地卸下转至另一路线的货物，其余货物则由原来车继续运送到目的地。这种方法部分货物不用下车，减少了作业量，加快了中转作业速度，节约了装卸劳力和货位，但对留在车上的货物的装载情况和数量不易检查清点。

③ 直接换装中转（过车法）。该方法是指当几辆零担车同时到站进行中转作业时，将车内部分中转零担货物由一辆车向另一辆车上直接换装，而不到仓库货位上卸货。组织过车时，既可以向空车上过，也可向留有货物的重车上过。这种方法在完成卸车作业时即完成了装车作业，提高了作业效率，加快了中转速度，但对到发车辆的时间等条件要求较高，容易受意外因素干扰而影响运输计划。

（3）沿途式零担班车。沿途式零担班车是指在起运站将各个发货人托运的同一线路不同到达站，且性质允许配装的各种零担货物，同车装运后在沿途各计划停靠站卸下或装上零担货物再继续前进直至最后终点站的一种组织形式，如图3-17所示。这种组织形式工作较为复杂，车辆在途运行时间也较长，但它能更好地满足沿途各站点的需要，充分利用车辆的载重和容积，是一种不可缺少的组织形式。

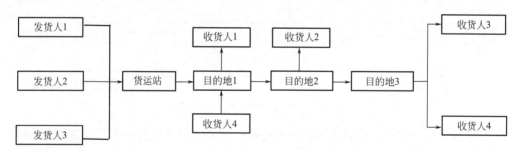

图 3-17 沿途式零担班车示意图

在上述三种零担班车运行模式中，以直达式零担班车最为经济，是零担货运的基本形式。这一形式具有以下几个突出的优点：①避免了不必要的换装作业，节省了中转费用，减轻了中转站的作业负担；②没有货物中转作业，有利于运输的安全和货物完好，减少事故，确保质量；③减少了在途时间，提高了零担货物的运送速度，有利于加速车辆周转和物资调拨；④在仓库内集结待运时间少，提高了零担货物的运送速度，有利于加速车辆周转和物资调拨。

2．非固定式零担货物运输的组织

非固定式零担货运的完成是通过非固定式零担车的组织来实现，非固定式零担车是指按照零担货流的具体情况，临时组织而成的一种零担车，通常在新辟零担货运线路或季节性零担货物线路上使用。

三、零担货物运输的一般流程

零担货运企业承托、仓储、配装、发送、交接零担货物，按照相关规定办理业务手续，统称为零担货物运输商务作业。零担货运商务作业是根据零担货运工作的特点，按照流水作业形式构成的一种作业方式。它的内容及程序是：受理；托运；过磅起票；验收入库；开票收费；配运装车；卸车保管；提货交付。

零担货物运输的作业流程如图 3-18 所示。

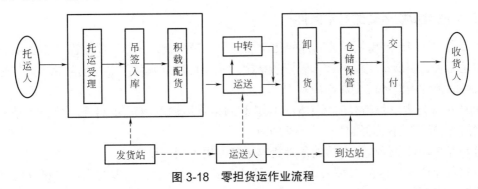

图 3-18 零担货运作业流程

任务四 特种货物运输组织

汽车运输的货物中，有一部分具有危险、长大、笨重、易腐、贵重等特点，它们对于装卸、运送和保管等作业有特殊要求，这类货物统称为特种货物。特种货物一般可分为 4 大类，即危险货物、长大笨重货物、鲜活易腐货物和贵重货物。

一、危险货物运输

（一）危险货物的概念和分类

1. 危险货物的定义

危险货物是指具有爆炸、易燃、毒害、腐蚀、放射性等性质，在运输、装卸和储存保管过程中，容易造成人身伤亡和财产损失而需要特别防护的货物。危险货物包括三层含义。

（1）具有爆炸、易燃、毒害、腐蚀、放射性等性质。这是危险货物能造成火灾、中毒、灼伤、辐射伤害与污染等事故的基本条件。

（2）容易造成人身伤亡和财产损毁。这是指危险货物运输、装卸和储存保管过程中，在一定外界因素作用下，比如受热、遇明火、摩擦、震动、撞击、撒漏以及与性质相抵触的物品接触等，发生化学变化所产生的危险效应，不仅使货物本身遭到损失，而且危及人身安全和破坏周围环境。

（3）需要特别防护。主要指必须针对各类危险货物本身的物理、化学特性所采取的"特别"防护措施，如对某种爆炸品必须添加抑制剂、对有机过氧化物必须控制环境温度等，这是危险货物安全运输的先决条件。

因此，上述三项要素必须同时具备的货物方可称为危险货物。

2. 危险货物的分类

我国于 2012 年 5 月 11 日颁布的最新国家标准《危险货物品名表》（GB 12268—2012）

中将危险货物分成九类,其分类序列和名称依次为:第一类,爆炸品;第二类,气体;第三类,易燃液体;第四类,易燃固体、易于自燃的物质、遇水放出易燃气体的物质;第五类,氧化性物质和有机过氧化物;第六类,毒性物质和感染性物质;第七类,放射性物质;第八类,腐蚀性物质;第九类:杂项危险物质和物品。

(二)危险货物运输的基本条件

2002年3月15日起施行的《危险化学品安全管理条例》第35条规定:"国家对危险化学品的运输实行资质认定制度;未经资质认定,不得运输危险化学品。危险化学品运输企业必须具备的条件由国务院交通部门规定。"

2004年7月1日起施行的《中华人民共和国道路运输条例》第24条规定:申请从事危险货物的运输经营的,必须具备以下条件:

(1)有5辆以上经检测合格的危险货物运输专用车辆、设备;

(2)有经所在地区的市级人民政府交通主管部门考试合格,取得上岗资格证的驾驶人员、装卸管理人员、押运人员;

(3)危险货物运输专用车辆配有必要的通信工具;

(4)有健全的安全生产管理制度和监督保障体系。

随后在《汽车运输危险货物规则》(JT 617—2004)和《汽车运输、装卸危险货物作业规程》(JT 618—2004)中,对道路危险货物承运人的资质条件从车辆设备、人员、仓库和运输工具停驻场地等方面作出了详细规定。

具备上述条件的汽车运输企业可以向辖区的市级道路运输管理机构提出经营危险货物运输的申请,经运管部门审核批准,发给《道路危险货物运输许可证》,获得危险货物承运人资格,可以经营危险货物运输业务。

(三)危险货物运输的组织

1. 受理托运

(1)在受理前必须对货物名称、性能、防范方法、形态、包装、单件重量等情况进行详细了解并注明;

(2)问清包装、规格和标志是否符合国家要求,必要时下现场进行了解;

(3)新产品应检查随附的《技术鉴定书》是否有效;

(4)按规定需要的准运证件是否齐全;

(5)做好运输前准备工作,装卸现场、环境要符合安全运输条件,必要时应到现场勘察;

(6)到达车站、码头的爆炸品、剧毒品、一级氧化剂、放射性物品,在受理前应到现场检查包装等情况,对不符合运输安全要求的,应请托运人改善后再受理。

2. 货物运送

(1)详细审核托运单内容,发现问题要及时弄清情况,再安排运行作业;

(2)必须按照货物的性质和托运人的要求安排车辆、车次,如无法按要求安排作业时,应及时与托运人联系进行协商处理;

(3)要注意气象预报,掌握雨雪和气温的变化;

(4)装运危险货物的车辆,必须配备相应消防器材和捆绑、防水等用具,必须按国家标准悬挂标志；

（5）危险货物在装卸时，应根据货物性质采取相应的遮阳、控温、防爆、防火、防震、防水、防冻、防粉尘飞扬、防撒漏等措施；

（6）遇到大批爆炸物品与剧毒物品跨省运输时，应安排有关负责人带队，指导装卸和运行，确保安全生产。

3. 交接保管

（1）自货物交付承运时起到运达停止，承运人单位及驾驶、装卸人应负保管责任，托运人派有押运人的应明确各自应负的责任。

（2）验货时发现包装不良或不符合安全要求，应拒绝装运，待改善后再运；卸货时发生货损、货差，收货人不得拒收，装卸完毕后，应及时汇报，及时处理。

（3）严格货物交接，危险货物必须点收点交，签证手续完善。

（4）因故不能及时卸货，在待卸期间行车人员应负责所运危险货物的看管，同时应及时与托运人取得联系，恰当处理。

（5）如所装货物危及安全时，承运人应立即报请当地运管部门会同有关部门进行处理。

二、大件货物运输组织

（一）大件货物的概念和类型

大件货物包括长大货物和笨重货物。

1. 长大货物

凡整件货物长度在 6m 以上，宽度超过 2.5m，高度超过 2.7m 时，称为长大货物，如大型钢梁、起吊设备等。

2. 笨重货物

货物单件重量在 4t 以上（不含 4t），称为笨重货物，如锅炉、大型变压器等。

笨重货物又可分为均重货物与集重货物，均重货物是指货物的重量能均匀或近乎均匀地分布于装载底板上；而集重货物系指货物的重量集中于装载车辆底板的某部分，装载集重货物，需要铺垫一些垫木，使重量能够比较均匀地分布于底板上。

（二）大件货物运输的基本技术条件

运输长大笨重货物时，一般都要采用相应的技术措施和组织措施。

（1）使用适宜的装卸机械，装车时应使货物的全部支承面均匀、平稳地放置在车辆底板上，以免损坏车辆；

（2）用相应的大型平板车等专用车辆，严格按有关规定装载；

（3）对于集重货物，为使其重量能均匀地分布在车辆底板上，必须将货物安置在纵横垫木上或相当于起垫木作用的设备上；

（4）货物重心应尽量置于车底板纵横中心交叉点的垂直线上，严格控制横向位移和纵向位移；

（5）重车重心高度应控制在规定限制内，若重心偏高，除应认真进行装载加固以外，还应采取配重措施，以降低其重心高度。

（三）大件货物运输的组织

1. 申请托运

托运人在办理托运时，必须做到向已取得道路大件货物运输经营资格的运输单位或其代理人办理托运；必须在运单上如实填写大件货物的名称、规格、件数、件重、起运日期、收发货人及地址及运输过程中的注意事项。托运人还应向运输单位提交货物说明书，必要时应附有外形尺寸的三面视图（以"+"表示重心位置）和计划装载加固等具体意见及要求。凡未按上述规定办理托运或运单填写不明确，由此发生运输事故的由托运人承担全部责任。

2. 受理承运

承运人在受理托运时，必须做到根据托运人填写的运单和提供的有关资料，进行查对核实；承运大件货物的级别必须与批准经营的类别相符，不得受理经营类别范围以外的大件货物。凡未按以上规定受理大件货物托运由此发生运输事故的，由承运人承担全部责任。同时，按托运人提出的有关资料对货物进行审核，掌握货物的特性及长、宽、高，实际质量，外形特征，重心位置等以便合理选择车型，计算允许装载货物的最大重量，不得超载。并指派专人观察现场道路和交通状况，附近有无电缆、电话线、煤气管道或其他地下建筑物，车辆是否能进入现场，是否适合装卸、调车等情况。了解运行路线上桥、涵、渡口、隧道道路的负荷能力及道路的净空高度，并研究装载和运送办法。

3. 装卸

大型物件运输的装卸作业应根据托运人的要求、货物的特点和装卸操作规程进行作业。货物的装卸应尽可能使用适宜的装卸机械。装车时应使货物的全部支撑面均匀、平稳地放置在车辆底板上，以免损坏底板或大梁；对于过重货物，为使其重量能均匀分布在车辆底板上，必须将货物安置在纵横垫木上或相当于起垫木作用的设备上；货物重心应尽量置于车底板纵、横中心交叉点的垂线上，如无可能时，则对其横向位移应严格限制；纵向位移在任何情况下不得超过轴荷分配的技术数据；还应视货物质量、形状、大小、重心高度、车辆和线路、运送速度等具体情况采用不同的加固措施，确保运输质量。

4. 运送

按指定的路线和时间行驶，并在货物最长、最宽、最高部位悬挂明显的安全标志，日间挂红旗，夜间挂红灯，以引起往来车辆的注意。特殊的货物，要有专门车辆在前引路，以便排除障碍。

三、鲜活易腐货物运输

鲜活易腐货物是指在运输过程中需要采取一定措施，以防止死亡和腐烂变质的货物。公路运输的鲜活易腐货物主要有鲜鱼虾、鲜肉、瓜果、蔬菜、花木秧苗等。

（一）鲜活易腐货物的运输方法

鲜活易腐货物在运输途中容易发生腐烂变质，采用冷藏方法能有效地抑制微生物的滋长，减缓货物呼吸，达到延长鲜活易腐货物存活时间的目的，被广泛采用。冷藏的优点是：能很好地保持食品原有的品质，包括色、味、香、营养物质和维生素，保存的时间长，能进行大量的保存及运输。

冷藏货大致可分为冷冻货和低温货两种。冷冻货是指货物在冻结状态下进行运输的货物，运输温度的范围一般在 −10～20℃，低温货是指货物在还未冻结或货物表面有一层薄薄的冻结层的状态下进行运输的货物，一般允许的温度调整范围 −1～16℃。货物要求低温运输的目的，主要是为维持货物的呼吸以保持货物的鲜度。

冷藏货在运输过程中为了防止货物变质需要保持一定的湿度。湿度的大小应根据具体的货种而定，即使是同一货物，由于运输时间、冻结状态和货物成熟度的不同，对运输湿度的要求也不一样。

用冷藏方法来保藏和运输鲜活易腐货物时，温度固然是主要的条件，但湿度高低、通风强弱和卫生条件的好坏对货物的质量也会产生直接的影响。而且温度、湿度、通风、卫生四个条件之间又有互相配合和互相矛盾的关系，只有充分了解其内部规律，妥善处理好它们相互之间的关系，才能保证鲜活易腐货物的运输质量。

用冷藏方法来保藏鲜活易腐货物，一个突出的特点就是必须连续冷藏。因为微生物活动和呼吸作用都随着温度的升高而加强，若储运中某个环节不能保证连续冷藏的条件，那么货物就可能在这个环节中开始腐烂变质，这就要求协调组织好物流的各个环节，为冷藏运输提供必要的物质条件。就运输环节来讲，应尽可能配备一定数量的冷藏车或保温车，尽量组织"门到门"的直达运输，提高运输速度，确保鲜活易腐货物的完好。

（二）鲜活易腐货物的运输组织工作

良好的运输组织工作对保证鲜活易腐货物的质量十分重要。鲜活易腐货物运输的特殊性，要求保证及时运输。应充分发挥公路运输快速、直达的特点，协调好仓库、配载、运送各环节，及时送达。

配载运送时，应对货物的质量、包装和温度要求进行认真的检查，包装要合乎要求，温度要符合规定。应根据货物的种类、运送季节、运送距离和运送地方确定相应的运输服务方法，及时地组织适宜车辆进行装运。

鲜活易腐货物装车前，必须认真检查车辆及设备的完好状态，应注意清洗和消毒。装车时应根据不同货物的特点，确定其装载方法。如为保持冷冻货物的冷藏温度，可紧密堆码，水果、蔬菜等需要通风散热的货物，必须在货件之间保留一定的空隙。怕压的货物必须在车内加隔板，分层装载。

四、贵重货物运输

贵重物品是指价格昂贵、运输责任重大的货物。主要包括黄金、白金、铱、铑、钯等稀有贵重金属及其制品，各类宝石、玉器、钻石、珍珠及其制品，珍贵文物（包括书、画、古玩等），贵重药品，高级精密机械及仪表，高级光学玻璃及其制品，现钞、有价证券以及毛重每千克价值在人民币 2000 元以上的物品。

贵重货物价格昂贵，运输责任重大，因此装车时应进行清查。清查内容包括：包装是否完整，货物的品名、重量、件数和货单是否相等；装卸搬运时怕震的贵重货物，要轻拿轻放，不要挤压。贵重物品运输对驾驶员素质也有较高的要求，且要由托运方委派专门押运人员跟车。交付贵重货物要做到交接手续齐全，责任明确。

任务五 公路货物运输费用

一、计价标准与类别

(一) 计价标准

1. 计费重量

(1) 计量单位。整批货物运输以吨（t）为单位；零担货物运输以千克（kg）为单位；集装箱运输以箱为单位。

(2) 重量确定

① 一般货物：无论整批、零担货物，计算重量均按毛重计算。整批货物以吨为单位，属数不足 100kg 的，四舍五入。零担货物起码计费重量为 1kg。重量在 1kg 以上，尾数不足 1kg 的，四舍五入。

② 轻泡货物：指每立方米重量不足 333kg 的货物。装运整批轻泡货物的高度、长度、宽度，以不超过有关道路交通安全规定为限度，按车辆标记吨位计算重量。零担运输轻泡货物以货物包装最长、最宽、最高部位尺寸计算体积，按每立方米折合 333kg 计算重量。

③ 包车运输按车辆的标记吨位计算。

④ 货物重量一般以起运地过磅为准。起运地不能或不便过磅的货物，由承托运双方协商确定计费重量。

⑤ 散装货物，如砖、砂、石、土、矿石、木材等，按体积由各省、自治区、直辖市统一规定重量换算标准计算重量。

2. 计费里程

(1) 里程单位。货物运输计算里程以千米为单位，尾数不足 1km，进整为 1km。

(2) 里程确定

① 货物运输的营运里程，按交通运输部和各省、自治区、直辖市交通运输行政主管部门核定、颁发的营运里程图执行。营运里程图未核定的里程由承、托双方共同测定或经协商按车辆实际运行里程计算。

② 出入境汽车货物运输的境内计费里程以交通运输主管部门核定的里程为准；境外里程按毗邻（地区）交通运输主管部门或有权认定部门核定的里程为准。未核定里程的，由承、托双方协商或按车辆实际运行里程计算。

③ 货物运输的计算里程，按装货地点至卸货地点的实际载货的营运里程计算。

④ 因自然灾害造成道路中断，车辆需绕道行驶的，按实际行驶里程计算。

⑤ 城市市区里程按当地交通运输主管部门确定的市区平均营运里程计算；当地交通运输主管部门未确定的，由承托双方协定确定。

3. 计时包车货运计费时间

计时包车货运计费时间以小时为单位。起始计费时间为 4h；使用时间超过 4h，按实际包用时间计算。整日包车，每日按 8h 计算；使用时间超过 8h，按实际使用时间计算。时间尾数不足 0.5h 舍去，达到 0.5h 进整为 1h。

4. **运价单位**

（1）整批运输：元/（t·km）。

（2）零担运输：元/（kg·km）。

（3）集装箱运输：元/（km·箱）。

（4）包车运输：元/（h·吨位）。

（5）出入境运输：涉及其他货币时，在无法按统一汇率折算的情况下，可使用其他自由货币为运价单位。

（二）计价类别

1. **车辆类别**

载货汽车按其用途不同，划分为普通货车、特种货车两种。特种货车包括罐车、冷藏车及其他具有特殊构造和专门用途的专用车。

2. **货物类别**

货物按其性质分为普通货物和特种货物两种。普通货物分为三等；特种货物分为长大笨重货物、大型物件、危险货物、贵重货物、鲜活货物五类。

3. **集装箱类别**

集装箱按箱型分为国内标准装箱、国际标准集装箱和非标准装箱三类，其中国内标准集装箱又分为 1t 箱、6t 箱、10t 箱三种，国际标准集装箱分为 20ft 箱、40ft 箱两种。

集装箱按货物种类分普通货物集装箱和特种货物集装箱。

4. **公路类别**

公路按公路等级分等级公路和非等级公路。

5. **区域类别**

汽车运输区域分为国内和出入境两种。

6. **营运类别**

根据道路货物运输的营运形式分为道路货物整批运输、零担运输和集装箱运输。

二、货物运价价目

（一）基本运价

（1）整批货物基本运价：指一等整批普通货物在等级公路上运输的每吨千米运价。

（2）零担货物基本运价：指零担普通货物在等级公路上运输的每千克千米运价。

（3）集装箱基本运价：指各类标准集装箱重箱在等级公路上运输的每箱千米运价。

（二）吨（箱）次费

（1）吨次费。对整批货物运输在计算运费的同时，按货物重量加收吨次费。

（2）箱次费。对汽车集装箱运输在计算运费的同时，加收箱次费。箱次费按不同箱型分别确定。

（三）普通货物运价

普通货物实行分等计价，以一等货物为基础，二等货物加成 15%，三等货物加成 30%。

（四）特种货物运价

1. 长大笨重货物运价

（1）一级长大笨重货物在整批货物基本运价的基础上加成40%～60%。

（2）二级长大笨重货物在整批货物基本运价的基础上加成60%～80%。

2. 危险货物运价

（1）一级危险货物在整批（零担）货物基本运价的基础上加成60%～80%。

（2）二级危险货物在整批（零担）货物基本运价的基础上加成40%～60%。

3. 贵重、鲜活货物运价

贵重、鲜活货物在整批（零担）货物基本运价的基础上加成40%～60%。

（五）特种车辆运价

按车辆的不同用途，在基本运价的基础上加成计算。特种车辆运价和特种货物运价两个价目不准同时加成使用。

（六）非等级公路货运运价

非等级公路货物运价在整批（零担）货物基本运价的基础上加成10%～20%。

（七）快速货运运价

快速货物运价按计价类别在相应运价的基础上加成计算。

（八）集装箱运价

1. 标准集装箱运价

标准集装箱重箱运价按照不同规格的箱型的基本运价执行，标准集装箱空箱运价在标准集装箱重箱运价的基础上减成计算。

2. 非标准箱运价

非标准箱重箱运价按照不同规格的箱型，在标准集装箱基本运价的基础上加成计算，非标准集装箱空箱运价在非标准集装箱重箱运价的基础上减成计算。

3. 特种箱运价

特种箱运价在箱型基本运价的基础上按装载不同特种货物的加成幅度加成计算。

（九）出入境汽车货物运价

出入境汽车货物运价，按双边或多边出入境汽车运输协定，由两国或多国政府主管机关协商确定。

相关链接

国际公路货物运输公约和协定

为了统一公路运输所使用的单证和承运人的责任，联合国所属欧洲经济委员会负责草拟了《国际公路货物运输合同公约》，并于1956年5月19日在日内瓦欧洲17个国家参加的会议上一致通过签订。《国际公路货物运输合同公约》共有12章51条，就适用范围、承运人责任、合同的签订和履行、索赔和诉讼以及连续承运人履行合同等都做了较为详细的规定。

此外,为了有利于开展集装箱联合运输,使集装箱能原封不动地通过经由国,联合国所属欧洲经济委员成员国之间于1956年缔结了关于集装箱的关税协定。参加该协定的签字国,有欧洲21个成员国和欧洲以外的7个国家。协议的宗旨是相互间允许集装箱免税过境,在这个协定的基础上,根据欧洲经济委员会提议,还缔结了《国际公路车辆运输协定》(transport international router,TIR),根据该协定,对集装箱的公路运输承运人,如持有TIR手册,允许由发运地到达目的地,在海关签封下,中途可不受检查,不支付关税,也不提供押金。这种TIR手册是由有关国家政府批准的运输团体发行,这些团体大都是参加国际公路联合会的成员,他们必须保证监督其所属的运输企业遵守海关法规和其他规则。

三、货物运输其他收费

(一)调车费

(1)应托运人要求,车辆调往外省、自治区、直辖市或调离驻地临时外出驻点参加营运调车往返空驶者,可按全程往返空驶里程、车辆标记吨位和调出省基本运价的50%计收调车费。在调车过程中,由托运人组织货物的运输收入,应在调车费内扣除。

(2)经承托双方共同协商,可以核减或核免调车费。

(3)经铁路、水路调车,按汽车在装卸船、装卸火车前后行驶里程计收调车费;在火车、在船期间包括车辆半年及待装待卸时,每天按8h、车辆标记吨位和调出省计时包车运价的40%计收调车延滞费。

(二)装货(箱)落空损失费

应托运人要求,车辆开至约定地点装货(箱)落空造成的往返空驶里程,按其运价的50%计收装货(箱)落空损失费。

(三)道路阻塞停运费

汽车货物运输过程下,如发生自然灾害等不可抗力造成的道路阻塞,无法完成全程运输。需要就近卸存、接运时,卸存、接运费用由托运人负担,已完运程收取运费,未完运程不收运费。如托运人要求回运,回程运费减半;应托运人要求绕道行驶或改变到达地点时,运费按实际行驶里程核收。

(四)车辆处置费

应托运人要求,运输特种货物、非标准箱等需要对车辆改装、拆卸和清理所发生的工料费用,均由托运人负担。

(五)车辆通行费

车辆通过收费公路、渡口、桥梁、隧道等发生的收费,均由托运人负担,其费用由承运人按当地有关部门规定的标准代收代付。

(六)运输变更手续费

托运人要求取消或变更货物托运手续,应核收变更手续费。因变更运输,承运人已发生的有关费用,应由托运人负担。

(七)延滞费

车辆按约定时间到达约定的装货或卸货地点,因托运人或收货人责任造成车辆和装卸延滞,计收延滞费。

(八)检疫费

在运输过程中国家有关检疫部门对车辆进行检疫产生的检疫费以及因检疫造成的车辆停运损失,由托运人负担。

(九)装卸费

货物装卸费由托运人负担。

(十)保管费

货物运达后,明确由收货人自取的,从承运人向收货人发出提货通知书的次日起计,第四日开始核收货物保管费;应托运人的要求或托运人的责任造成的,需要保管的货物,计收货物保管费。货物保管费由托运人负担。

四、货物运费计算

(一)整批货物运费计算

整批货物运价按货物运价价目计算。整批货物运费计算公式:

$$整批货物运费 = 吨次费 \times 计费重量 + 整批货物运价 \times 计费重量 \times 计费里程 + 货物运输其他费用$$

(二)零担货物运费计算

零担货物运价按货物运价价目计算。零担货物运费计算公式:

$$零担货物运费 = 计费重量 \times 计费里程 \times 零担货物运价 + 货物运输其他费用$$

(三)集装箱运费计算

集装箱运价按类别和货物运费价目计算。集装箱运费计算公式:

$$重(空)集装箱运费 = 重(空)箱运价 \times 计费箱数 \times 计费里程 + 箱次费 \times 计费箱数 + 货物运输其他费用$$

(四)计时包车运费计算

包车运价按照包用车辆的不同类别分别制定。包车运费的计算公式:

$$包车运费 = 包车运价 \times 包用车辆吨位 \times 计算时间 + 货物运输其他费用$$

(五)运费单位

运费以元为单位,运费尾数不足1元时,四舍五入。

职业技能训练

【训练目标】

通过让学生模拟操作办理国际公路货物联运出口业务，使学生掌握国际公路货物联运出口业务的基本流程、步骤及与步骤相关的角色。

【情景描述】

2018年10月，广州美丽人外贸有限公司（单位代码：440195××××）经理吴非准备从广州出口3台工业洗衣机到香港，货价FOB广州HKD100000，总毛重10500kg，收货人罗港生，电话00852-8188××××，运送地址为香港荃湾工业园。欲委托广州羊城国际货运代理有限公司（单位代码：440195××××）租用一辆20ft集装箱拖车运送该批货物，并办理公路货物联运出口报关报检等一揽子手续。

【工作流程】

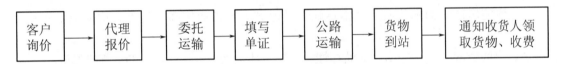

【操作步骤】

向客户报价—填写单证—单证流转—货物到站、收费

【注意事项】

本实训主要需要学生注意公路货物运输单证的正确填写以及单证的流转，把正确填写的单证交给相关的方面，如发货人、收货人、司机等。

【实训报告】

要求在计算机上完成交互式实训，并且提交总结性报告。

同步测试

一、单项选择题

1. 物品由生产地到运达最终使用地，中途经过一次以上落地并换装的一种运输方式称为（　　）。
   A. 直达运输　　　　B. 门到门运输　　C. 中转运输　　　　D. 联合运输
2. 相对于其他运输方式，公路运输的最大特点是（　　）。
   A. 速度快　　　　　B. 成本低　　　　C. 货损率低　　　　D. 门到门服务
3. 在诸种运输中以（　　）的成本最高。
   A. 铁路运输　　　　B. 航空运输　　　C. 水库运输　　　　D. 公路运输

4. （　　）是影响运输合理化最基本的因素。
   A．运输环节 B．运输工具 C．运输距离 D．运输时间
5. 同一货物在违背近产近销情况下，沿两条平行线相对方向的运输是（　　）。
   A．重复运输 B．过远运输 C．单程运输 D．对流运输
6. 将小宗货物从物流网点到用户的短途、末端运输称为（　　）。
   A．货物装卸 B．货物位移 C．货物搬运 D．货物配送
7. 关于运输表示错误的是（　　）。
   A．运输通过创造"空间效应"和"时间效应"来提高货物的价值
   B．每单位运输距离的成本随着运输距离的增加而减少
   C．利用运输工具对货物进行临时储存是一项权宜之计
   D．随着运输工具装卸规模的增长，每单位载重量运输成本上升
8. 运输中存在的规模经济现象是因为（　　）。
   A．运输费用低廉
   B．所运输的一票货物吨数越大，就越能"摊薄"固定成本
   C．所运输的一票货物吨数越大，就越能降低可变成本
   D．装卸费用低廉
9. 缅甸出产的楠木从山上经由运输工具运到大城市而提高其价格。这体现了运输的（　　）。
   A．空间效应 B．非储存性 C．距离经济 D．规模经济
10. 运输与搬运的主要区别是（　　）。
    A．是否有装卸 B．是否有装运卸过程
    C．对运输距离长短的判断 D．对装运量多少的判断
11. 将运输工具作为静态储存设施存在的明显问题是（　　）。
    A．动力部分的极大浪费 B．载货部分的极大浪费
    C．运输时间的极大浪费 D．运输效率的极大浪费
12. 关于运输产品的说法正确的是（　　）。
    A．运输产品是实物形态的产品 B．运输产品具有存储性
    C．运输产品是无形产品 D．运输产品是不相同的
13. 在物流系统中，运输承担的主要任务是改变货物的（　　）。
    A．范围状态 B．质量状态 C．数量状态 D．空间状态
14. 运输中存在的距离经济现象是因为（　　）。
    A．运输费用相对低廉
    B．运输距离越长，就越能降低可变成本
    C．运输距离越长，就越能"摊薄"固定费用
    D．装卸费用相对低廉
15. 唐代诗人杜牧在《过华清宫绝句》中写道："一骑红尘妃子笑，无人知是荔枝来。"是指由于当时交通不便，荔枝需要从四川一带用快马运送到长安，供贵妃享用。这体现了运输的（　　）。
    A．空间效用 B．非储存性 C．同一性 D．规模经济
16. 运输绿色化的基本含义是指（　　）。

A．使用色彩为绿色的运输车辆　　　B．降低成本
C．运输过程中注意环境保护　　　　D．扩大运输规模

17．运输的集约化是（　　）。

A．一种"高投入、高产出、高效益"的经营方式

B．一种"低投入、高产出、高效益"的经营方式

C．一种"高投入、高产出、低效益"的经营方式

D．一种"高投入、低产出、高效益"的经营方式

18．运输服务在全社会范围内与公众有利害关系的特性是（　　）。

A．运输服务的非储存性　　　　　　B．运输服务的公共性
C．运输服务的同一性　　　　　　　D．运输服务的无形性

二、多项选择题

1．实现现代化运输必须具备的要素包括（　　）。

A．运输工具　　　　B．运输保险　　　C．运输线路
D．运输动力　　　　E．通信设备

2．运输的特点包括（　　）。

A．运输消费与运输生产同时进行　　B．运输产品不能储存与调拨
C．运输产品是无形产品　　　　　　D．各种运输方式生产的是同一产品
E．各种运输方式间替代性差

3．关于运输产品的非储存性，下列描述正确的是（　　）。

A．运输产品具有生产和消费的同步性　　B．运输产品具有空间和时间的同步性
C．运输业不存在产品过剩的问题　　　　D．运输产品可以跨地区进行调拨
E．运输产品不存在动力过剩的问题

4．运输的主要特点包括（　　）。

A．运输具有生产的本质属性　　　　B．运输服务的公共性
C．运输产品是无形产品　　　　　　D．运输产品具有储存性
E．运输产品的同一性

5．以下关于运输绿色化的描述正确的是（　　）。

A．绿色运输可以降低运输过程的环境风险成本，拓展利润空间

B．绿色运输可能会在某一特定时期影响运输企业效益

C．绿色运输包括运输业和运输管理全过程的绿色化

D．绿色运输对经济可持续发展具有重要意义，但总的来看会减少经济效益

E．绿色运输的行为主体不包括产品上下游的制造企业

项目四

铁路货物运输实务

【开章语】

2013年6月5日，全国铁路货运改革大幕开启，管辖京津冀三地铁路全程物流运输的北京货运中心也正式运营，大红门货站成为72个营业网点之一。

目前，北京大红门货站、双桥站都能受理散件运输，但货物会集中到双桥货站"化零为整"拼装为整车发运。据货运站业务员介绍，零担运输更适合上百千克的货物。百千克以下的货物建议走中铁快运的快件比较合适，实效有保障。登录全国铁路货运电子商务平台，北京铁路局的货运方式在原来整车运输的基础上，新增了零担运输和集装箱运输。其中，集装箱运输业务由原中铁集装箱公司移交过来，箱体资源仍归集装箱公司；而零担运输则是自2010年丰台火车站停运拆除后首次恢复。

铁路货运改革正在进行，上述提到的整车、零担运和集装箱运输都是铁路货运方式，也是本项目学习的内容，只有了解了这些货运方式，才能合理安排运输业务。

【知识目标】

1. 了解铁路运输各项规则、铁路运输费率的种类；
2. 了解铁路货运杂费及其他费用；
3. 掌握铁路货物运输作业流程；
4. 掌握货物运到期限的计算方法；
5. 掌握铁路货物运输费用的计算程序。

【能力目标】

1. 能应用铁路货物运输作业流程选择运输服务的价格策略；
2. 能合理组织整车、零担、集装化运输；
3. 能正确填制铁路运单及计算货物运输期限；
4. 能应用铁路货物运输费用的计算程序来计算运输费用；
5. 能解释铁路货物运输的概念，区分几种不同的运输结构形态。

【内容架构】

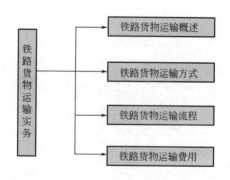

【项目引例】

宝供储运物流

宝供储运创始人刘武在1992年承包了广州的一个铁路货物转运站,其承担下来的货运任务大多都能及时完成,运输的质量比较好,仓库也比较干净,并能提供24小时货运仓储服务,因而在铁路货运方面当时已经小有名气。1994年,美国宝洁公司(以下简称"宝洁")在广东建立了大型生产基地,宝洁的产品开始进入中国市场。由于宝洁公司首先联系的一些大型储运公司达不到其运输质量和准时化的要求,宝洁公司找到了刘武的小货站。从天而降的好运,令刘武高兴不已,以前从来没哪家公司要托运那么多的货;同时又令刘武紧张不安的是,宝洁公司对时间、破损率的要求实在太苛刻。刘武说:"那时候我在头脑中就有了这样一个想法,传统的运作方法必须改变,我必须要知道客户需要什么,然后想办法去满足他。"比如,当宝洁的货送到仓库后,刘武像照料婴儿一样对货物呵护备至。货物装上集装箱挂上车皮后,刘武即刻乘飞机跟着去了目的地上海。他现场督战,亲自看着卸货、堆垛,与收货人一起清点、发运,忙得几天没睡一个好觉。这一次运货的结果令宝洁公司相当满意:货物准时准点且破损率比合同规定低得多。虽然这趟生意刘武没赚到钱,但却为他的转运站带来了更高的声誉以及更多的订单。不久,刘武正式注册成立了广州宝供储运有限公司(以下简称"宝供"),宝洁成为宝供的主要客户,同时不断给宝供提出新的要求,灌输新的物流作业理念。本案例反映了做好铁路货物运输组织工作和转换服务理念的重要性,而熟悉和掌握铁路货物运输的条件、货运方式、流程以及运输费用的计算是做好铁路货运工作的基础。

任务一 铁路货物运输概述

一、铁路运载工具

(一)铁路机车

铁路车辆本身没有动力装置,无论是客车还是货车,都必须把许多车辆连接在一起编成一列,由机车牵引才能运行。所以,机车是铁路车辆的基本动力。铁路上使用的机车按照机车原动力,可分为蒸汽机车、内燃机车和电力机车三种。从今后发展来看,最有发展前途的机车是电力机车。

(二)车辆

铁路车辆是运送旅客和货物的工具,它本身没有动力装置,需要把车辆连接在一起由机车牵引,才能在线路上运行。

铁路车辆可分为客车和货车两大类。铁路货车的种类很多,按照用途或车型可分为通用货车和专用货车两大类(表4-1)。

我国的货车按载重量可分为20t以下、25~40t、50t、60t、65t、75t、90t等各种不同的车辆。为适应我国货物运量大的客观需要,有利于多装快运和降低货运成本,我国目前以60t车为主。

表 4-1　铁路货车的车种、用途与特点

车辆类型		基本型号	用途及特点
通用货车	棚车	P	棚车车体由端墙、侧墙、棚顶、地板、门窗等部分组成。主要装运怕日晒、雨淋、雪浸的货物（粮食、日用品、贵重仪器设备等）。部分棚车还可送运人员和马匹
	敞车	C	敞车仅有端、侧墙和地板。主要装运煤炭、矿石、木材、钢材等，也可装运重量不大的机械设备，苫盖篷布可装运怕雨淋的货物
	平车	N	大部分平车只有一平底板。供装运特殊长大重型货物，因而也称作长大货物车
	冷藏车	B	车体装有隔热材料，车内设有冷却、加温等装置，具有制冷、保温和加温三种性能。用于运送新鲜蔬菜、水果、鱼、肉等易腐的货物
	罐车	G	其车体为圆筒形，罐体上设有装卸口。罐车主要用于运送液化石油气、汽油、硫酸、酒精等液态货物或散装水泥等
专用货车	专用敞车	C	供具有翻车机的企业使用，主要用于装运块粒装货物且采用机械化方式装卸
	专用平车	X、SQ	运送小汽车（型号为SQ）与集装箱（型号为X）的平车。运送小汽车的平车车体一般分为2～3层，并设有跳板，以便汽车自行上下
	漏斗车	K	用于装运块粒装散装货物，主要运送煤炭、矿石、粮食等
	水泥车	U	用来运送散装水泥的专用车
	家畜车	J	用于运送活家禽、家畜等的专用车。车内有给水、饲料的储运装置，还有押运人乘坐的设施

二、铁路货物运输种类

（一）按照运输条件分类

按照运输条件的不同，铁路货物运输可划分为普通货物运输和特殊货物运输。

普通货物系指在铁路运送过程中，按一般条件办理的货物，如煤、粮食、木材、钢材、矿建材料等。特殊运输货物指超长/集重/超限货物、危险货物、鲜活货物等需要特殊运输条件的货物。

超长货物是指一件货物的长度，超过用以装运的平车的长度，需要使用游车或跨装的货物；集重货物是指一件货物装车后，其重量不是均匀地分布在车辆的底板上，而是集中在底板的一小部分上的货物；超限货物是指一件货物装车后，车辆在平直的线路上停留时，货物的高度和宽度有任何部分超过机车车辆限界的，或者货车行经半径为300m的铁路线路曲线时，货物的内侧或外侧的计算宽度超过机车车辆限界的，以及超过特定区段的装在限界的货物；灌装货物是指用铁路罐车运输的货物。

危险货物是指具有爆炸、易燃、毒蚀、放射性等特性，在运输、装卸和储存保管过程中，容易造成人身伤亡和财产毁损而需要特殊防护的货物。

鲜活货物是指在铁路运输过程中需要采取制冷、加温、保温、通风、上水等特殊措施，以防止腐烂变质或死亡的货物，以及其他托运人认为须按鲜活货物运输条件办理的货物。鲜活货物分为易腐货物和活运输货物两大类。易腐货物主要包括肉、鱼、蛋、奶、鲜水果、鲜蔬菜、鲜活植物等；活运输货物主要包括禽、畜、蜜蜂、活鱼、鱼苗等。

（二）按货物的重量、体积、性质、形状分类

按一批货物的重量、体积、性质、形状的不同，可将铁路运输划分为整车货物运输和零担货物运输。

"批"是铁路运输货物的计数单位，铁路承运货物和计算运输费用等均以批为单位。按一批托运的货物，其托运人、收货人、发站、到站和装卸地点必须相同。由于货物性质、运输的方式和要求不同，下列货物不能作为同一批进行运输：

（1）易腐货物和非易腐货物；
（2）危险货物和非危险货物；
（3）根据货物的性质不能混装的货物；
（4）投保运输险的货物和未投保运输险的货物；
（5）按保价运输的货物和不按保价运输的货物；
（6）运输条件不同的货物。

不能按一批运输的货物，在特殊情况下，如不致影响货物安全、运输组织和赔偿责任的确定，经铁路有关部门认可也可按一批运输。

三、快运货物运输

为加速货物运输，提高货物运输质量，适应市场经济的需要，铁路开办了快运货物运输（简称快运），在全路的主要干线上开行了快运货物列车。

（一）快运的类型

货物的快运分为必须按快运办理和按托运人要求办理两种。

1. 指定必须按快运办理的货物

凡郑州、广州、上海铁路局指定的车站承运至深圳北站的整车鲜活货物，必须按快运办理。

2. 托运人要求办理的快运货物

托运人托运的整车、集装箱、零担运输的货物，除不宜按快送办理的煤、焦炭、矿石、矿建等品类的货物外，托运人要求快运时，经铁路同意，可按快运办理。

（二）办理手续

托运人按快运办理的货物，应在铁路货物运输服务订单内用红色戳记或红笔注明"快运"字样。经批准后，向车站托运货物时，须提出快运货物运单，车站填写快运货票。

四、货物承运重量和件数的规定

（一）货物的重量

货物的重量是货车装载和计费的依据，货物重量（包括包装重量）必须正确，重量不正确不仅影响铁路收入，造成车辆使用上的浪费，如果以多报少还会因超重而损坏车辆，甚至造成行车事故。因此，货物重量的正确与否，对保证运输安全、提高运输效率有着重要的意义。货物的重量以千克为单位，确定的方法如下：

（1）整车货物和使用集装箱运输的货物，由托运人确定。
（2）零担货物，除标准重量、标记重量、有过秤清单及一件重量超过车站衡器最大称重的货物外，由铁路确定重量，并核收过秤费。

托运人确定重量的整车货物、集装箱货物和零担货物，铁路应进行抽查，重量不符，超过国家规定的衡器公差时，应向托运人或收货人核收过秤费。

（二）货物的件数

铁路运输货物按重量和件数承运，但下列货物按整车运输时，只按重量承运，不计件数。

（1）散装货物。

（2）成件货物规格相同（规格在 3 种以内的视作规格相同），一批数量超过 2000 件；规格不同，一批数量超过 1600 件。

五、货物运到期限

铁路在现有技术设备条件和运输工作组织水平基础上，根据货物运输种类和运输条件将货物由发站运至到站而规定的最长运输限定天数，称为货物运到期限。

（一）货物运到期限的计算

货物运到期限按日计算，起码日数为 3 天，即计算出的运到期限不足 3 天时，按 3 天计算。运到期限由下述 3 部分组成。

（1）货物发送期间（$T_发$）为 1 天。货物发送期间是指车站完成货物发送作业的时间，它包括发站从货物承运到挂出的时间。

（2）货物运输期间（$T_运$）。每 250 运价千米或其未满为 1 天，按快运办理的整车货物每 500 运价千米或其未满为 1 天。货物运输期间是货物在途中的运输天数。

（3）特殊作业时间（$T_特$）。特殊作业时间是为某些货物在运输途中进行作业所规定的时间，具体规定如下：①需要中途加冰的货物，每加冰 1 次，另加 1 天。②运价里程超过 250km 的零担货物和 1t、5t 型集装箱另加 2 天，超过 1000km 加 3 天。③一件货物重量超过 2t、体积超过 3m^2 或长度超过 9m 的零担货物另加 2 天。④整车分卸货物，每增加一个分卸站，另加 1 天。

若运到期限用 T 表示，则：

$$T=T_发+T_运+T_特$$

（二）货物实际运到日数的计算

（1）起算时间。从承运货物的次日起算；指定装车日期的，从指定装车的次日起算。

（2）终止时间。到站由铁路组织卸车的货物，到卸车完了时止；由收货人组织卸车的货物，到货车调到卸车地点或货车交接地点为止。

（3）起码天数为 3 日。

（三）运到逾期违约金

货物实际运到日数超过规定的运到期限时，铁路应按所收运费的一定百分比向收货人支付违约金。

（四）不支付逾期违约金的货物

（1）超限、限速运行和免费运输的货物以及货物全部灭失，铁路不支付违约金。

（2）从铁路发出催领通知的次日起（不能实行催领通知或会同收货人卸车的货物为卸车

的次日起），收货人于 2 日内未将货物领出，即失去要求铁路支付违约金的权利。

任务二　铁路货物运输方式

一、整车货物运输

（一）整车运输的条件

（1）整车货物每车为一批。

（2）货物的重量与体积。我国现有的货车以棚车、敞车、平车和罐车为主，标记载重量（简称为标重）大多为 50t 或 60t，棚车容积在 100m³ 以上，达到这个重量或容积条件的货物，即应按整车运输。

（3）货物的性质与形状。有些货物，虽然其重量、体积不够一车，但按性质与形状需要单独使用一辆货车时，应按整车运输。整车运输装载量大，运输费用较低，运输速度快，能承担的运量也比较大，是铁路的主要运输形式。

（二）整车货物的重量

整车货物的重量由托运人确定。货车装载重量应使用计量衡器确定，暂不具备条件的，可按装载高度、货物密度确定。

托运人确定重量的整车货物，承运人应进行抽查，如承运人确定的重量超过托运人确定的重量（扣除国家规定的衡器公差后），应向托运人或收货人核收过秤费。

（三）整车货物的承运

整车货物装车完毕，发站在货物运单上加盖车站日期戳时起，即为承运。承运就是货物运输合同的成立生效，从承运时起铁路对货物的运送承担义务和责任。

车站承运货物时，要在货物运单和领货凭证连接处，接缝处加盖发站承运日期戳。接缝戳要清晰，并与原批货物运单和领证凭证上的承运日期相同。货物运单与领证凭证撕开时，断线要整齐，并应在领证凭证上记明整批货物的货票号码。

车站在承运货物时，应将领证凭证和货票丙联交托运人。货票丙联是托运人缴纳铁路运输费用的报销凭据。

（四）限按整车运输的货物

有些货物，由于性质特殊或在运输途中需要特殊照料或受铁路设备条件限制，尽管数量不够整车运输，也不能按零担托运（特准者除外）。

（1）需要冷藏、保温或加温运输的货物。

（2）规定限按整车办理的危险货物，主要指起爆器材、炸药、爆炸性药品（装入爆炸品保险箱的除外），气体放射性货物和重量超过 1t 的放射性包装件等。

（3）易于污染其他货物的污秽品（例如未经过消毒处理或未使用密封不漏包装的牲骨、湿毛皮、粪便、炭黑等）。

（4）密封的货物。

(5) 不易计算件数的货物。

(6) 未装容器的活动物（铁路局规定在管内可按零担运输的除外）。

(7) 一件货物重量超过 2t，体积超过 3m³ 或长度超过 9m 的货物（经发站确认不致影响中转站和到站装卸车作业的除外）。

（五）整车分卸运输

整车分卸是铁路为了使托运人能经济地运输其数量不足一半，而又不能按零担办理的货物的一种特殊的运输方式。

(1) 必须是限按整车办理的货物，第一分卸站的货物数量不足一车，装在同一车内作为一批运输。

(2) 分卸站必须在同一路径上，且最多不超过三个到站。

(3) 应在站内公共装卸场所卸车，不能在专用线、专用铁路卸车。

(4) 密封、使用冷藏车装运需要制冷或保温的货物和不易计算件数的货物，不得按整车分卸办理。

（六）货车施封的规定

施封的目的是为了贯彻责任制，划分铁路与托运人或铁路内部各部门对货物运输的完整应负的责任。

凡使用棚车、冷藏车、罐车运输的货物，应由组织装车的单位负责施封。但派有押运人、需要通风运输的货物以及组织装车单位认为不需要施封的货物，可以不施封。

施封的货车应使用粗铁丝将两侧车门上部门扣和门鼻拧固并剪断燕尾，在每一车门下部门扣处置施封锁一枚。施封后须对施封锁的锁闭状态进行检查，确认落锁有效，车门不能拉开。在货物运单或者货车装载清单和货运票据封套上记明 F 及施封号码（如 F146355、F146356）。

发现施封锁有下列情形之一，即按失效处理：

(1) 钢丝绳的任何一端可以自由拔出，锁芯可以从锁套中自由拔出。

(2) 钢丝绳断开后再接，重新使用。

(3) 锁套上无站名、号码和站名或号码不清、被破坏。

卸车单位在拆封前，应根据货物运单、货车装载清单或货运票据封套上记载的施封号码与施封锁号码核对，并检查施封是否有效。拆封时，从钢丝绳处剪断，不得损坏站名、号码。拆下的施封锁，对编有记录涉及货运事故的，自卸车之日起，须保留 180 天备查。

二、零担货物运输

铁路货物运输中，不够整车运输条件的按零担托运。

（一）铁路零担货物的种类

(1) 普通零担货物。简称普零货物，即以零担办理的普通货物，使用棚车装运。

(2) 危险零担货物。简称危零货物，即以零担办理的危险货物，使用棚车装运。

(3) 笨重零担货物。简称笨零货物，是指：一件重量在 1t 以上，体积在 2m³ 或长度在 5m 以上，需要以敞车装运的货物；货物的性质适宜敞车装运和吊装吊卸的货物。

（二）零担车种类

装运零担货物的车辆称为零担货物车，简称零担车。到站必须是两个（普零）或三个（危零或笨零）以内的零担车，称为整装零担车，简称整零车。整零车按车内所装货物是否需要中转，分为直达整零车和中转整零车两种；按其到站个数，分为一站整零车、两站整零车和三站整零车三种。

（三）零担货物的承运方式

1. 随到随承运

为方便承运人，车站可采取随到随承运的方式，因为托运人发送货物是随机的，事先无法计划，只能是承运以后在车站仓库内进行集结，所以仓库设备利用率低，货物集结时间长，不利于组织直达整零车或中转整零车。

2. 计划受理（预先审批运单）

在零担货物运量较小而货物去向又分散的车站，可采用这种方式。计划受理是由托运人提前向车站提出运单，车站对所提运单实行集中审批。当发送某一到站或去向的货物能够配装一辆整零车时，则通知托运人按指定日期进货，使货流集中。采用此方法，加强了零担货物运输的计划性，提高了零担货物运输的组织水平，但是容易造成货物在承运前的积压。

3. 承运日期表

承运日期表是车站有计划组织零担货物运输的主要方式，这种方式是车站在掌握货物流量、流向基本规律的前提下，按主要到站或方向分别安排承运日期，事先公布，托运人按规定的日期办理托运。

承运日期表可以使托运人事先了解车站对各主要到站或方向分别的收货日期，及时做好托运的准备工作，做到有计划托运；可将分散的零担货流按主要到站或方向集结，便于配装整零车。车站可以平衡安排日间作业量，提高车站货运设备的利用效率；可以有计划地配送空车和按主要到站、中转站组织整零车。

三、集装化运输

（一）集装化货物运输的基本条件

（1）集装化运输的货物，以集装后组成的集装单元（盘、架、笼、袋、网、捆等）为一件，每件集装货件的体积应不小于 $0.5m^3$，或重量不小于 500kg。

（2）棚车装运的集装化货物，每件重量不得超过 1t，长度不得超过 1.5m，体积不得超过 $2m^3$，到站限制为叉车配属站。

（3）敞车装运的集装化货物，每件重量不得超过到站最大起重能力。

（4）集装化货件应捆绑牢固，表面平整，适合多层码放；码放要整齐、严密，并按规定有包装储运的标志。

（5）集装化货物与非集装化货物不能同一批运输；一批运输的多件集装化货物，按零担运输时，应采用同一集装方式。

（二）铁路集装箱运输的条件

（1）集装箱要在规定的集装箱办理站之间运输。

（2）集装箱货物按一批办理的条件：每批必须是同一吨位的集装箱；每批至少一箱，最多不超过一辆货车所能装运的箱数；铁路集装箱与自备集装箱一般不能按一批办理。

（3）适箱货物应采用集装箱装运。目前禁止使用铁路通用集装箱装运的货物包括：易于污染和腐蚀箱体的货物、易于损坏箱体的货物、鲜活货物、危险货物。

（4）集装箱装箱货物重量由托运人确定。

（5）集装箱的施封和拆封由托运人和收货人负责。

（三）集装化运输组织

1. 托运

（1）托运人要求铁路运输整车集装化货物时，应在月度要车计划表、旬要车计划中注明"集装化"字样。

（2）托运人托运集装化货物，在货物运单"托运人记载事项"栏内注明"集装化"，运单"件数"一栏应填写集装后的件数，"包装"栏填写集装方式名称。

（3）发站受理集装化货物时，应在运单右上角加盖"××站集装化运输"戳记。

（4）车站不得将批准的集装化运输计划以非集装化运输。

2. 承运和交付

车站对集装化货物，按集装化后的件数承运。承运时只检查集装化的件数和货件外部状态。到站交付时，也按集装化后的件数和货件外部状态交付。如收货人提出内部货物发生损坏、丢失，除能证明属于铁路责任外，均由托运人负责。

集装箱运输在办理发、到作业时，承运人与托运人、收货人间的交接按以下规定办理：在车站货场交接时，重箱凭箱号、封印和箱体外状，空箱凭箱号和箱体外状；箱号、施封号码与货物运单记载一致，施封有效，箱体没有发生危及货物安全的变形或损坏时，箱内货物由托运人负责。

3. 集装化用具的回送

集装化货物运抵到站后，对企业自备的集装化用具，应一并交给收货人。需要回送的集装用具，到站根据运单记载的集装化运输戳记和有关规定签发特价运输证明书。收货人凭特价运输证明书办理回送。车站对回送的集装用具要优先运输。

任务三　铁路货物运输流程

一、货运合同的签订

铁路货物运输合同是托运人利用铁路运输货物，与铁路承运人确定有关货物运输权利、义务和经济责任关系的协议。货运合同的当事人是承运人、托运人与收货人，货运合同的签订者是承、托双方。铁路货运合同有预约合同和承运合同两种。

（一）预约合同

预约合同以"铁路货物运输服务订单"为合同形式，分为整车货物运输和零担、集装箱、班列运输两种。

1. **铁路整车货物运输服务订单**

托运人与承运人在按季度、半年度或更长期限签订整车大宗物资运输合同时,还必须提出铁路货物运输服务订单,其他整车货物也用铁路货物运输服务订单作为运输合同。它主要包括货物运输的时限、发站、到站、托运人、收货人、品名、车种、车数、吨数等以及相关的服务内容。

整车货物订单一式两份,由托运人正确填写,要求内容完整,字迹清楚,不得涂改。铁路货运计划人员受理,并经审定合格后加盖人名章,返还托运人1份,留存1份。与铁路联网的托运人,可通过网络直接向铁路提报订单。

托运人可随时向装车站提报订单,铁路部门随时受理,随时审定。对大宗、稳定、能够提前确定运输的物资,托运人可以在每月的10日前将订单提报给装车站,铁路部门将其纳入次月计划,进行集中审定,以便统一安排,重点保证。对抢险救灾和紧急运输物资的订单,则随时受理,立即审定,在运输上保证优先。

订单的审定结果,铁路装车站要及时通知托运人。托运人根据订单审定的车数、到站等内容按实际需要向车站提出装车请求,并同时做好装车准备,将货物搬入车站或自己选择的专用线。

2. **零担、集装箱、班列运输服务订单**

托运人在办理零担、集装箱、班列运输时,将填写好的零担、集装箱、班列运输服务订单一式两份,提报给装车站,车站随时受理并根据货场能力、运力,安排班列开行日期并在订单上加盖车站日期戳,交于托运人1份,留存1份。铁路部门据此安排运输,并通知托运人将货物搬入仓库或集装箱内。

(二)承运合同

承运合同以"货物运单"作为合同书。托运人按要求填写运单提交承运人,经承运人审核同意并承运后承运合同成立。运单是托运人与承运人之间为运输货物而签订的一种货运合同或货运合同的组成部分。因此,运单既是确定托运人、承运人、收货人之间在运输过程中的权利、义务和责任的原始依据,又是托运人向承运人托运货物的申请书、承运人承运货物和核收运费、填制货票以及编制记录和理赔的依据。

零担货物和以零担形式运输的集装箱货物使用运单作为货运合同。整车货物与以整车形式运输的集装箱货物的货运合同包括经审定的订单和运单。

二、铁路货物运输流程

(一)货物发送作业

货物发送作业包括托运人向承运人的发站申报运输要求、提交货物运单、进货、缴费,与发站共同完成承运手续;发站受理托运人的运输要求,审查货物运单,验收货物及其运输包装,填制货物运输票据,核收运输费用,在货物运单上加盖发站的日期戳,组织装车及货车、集装箱的施封等。

1. **货物的托运与受理**

(1)托运。托运人向承运人提出货物运单和运输要求,称为货物的托运。所托运的货物应符合一批的要求,托运人向车站按批提出货物运单一份,且货物已准备就绪,随时可以移交承运人。

（2）受理。车站对托运人提出的货物运单，经审查符合运输要求，在货物运单上签上货物搬入或装车日期后，即为受理。

2. 进货与验货

（1）进货。托运人凭签证后的货物运单，按指定日期将货物搬入货场指定的货位即为进货。

（2）验货。进货验收是为了保证货物运输安全、完整以及划清承运人与托运人之间的责任。检查的内容主要有以下几项：①货物的名称、件数、重量是否与货物运单的记载相符；②货物的状态是否良好；③货物的运输包装和标记及加固材料是否符合规定；④货物的标记（货签）是否齐全、正确；⑤装载整车货物所需要的货车装备物品或加固材料是否齐备。

3. 填制货票

整车货物装车后（零担货物过秤完了，集装箱货物装箱后），货运员将签收的运单移交货运室填制货票，核收运杂费。

货票（表4-2）是铁路运输货物的凭证，也是一种具有财务性质的票据，可以作为承运货物的依据和交接运输的凭证。货票分现付货票和后（到）付货票，后（到）付货票是后付或在到站付费时使用。货票一式四联。甲联为发站存查联；乙联为报告联，由发站按日顺号装订，定期上报分局、路局；丙联为托运人报销用；丁联为运输凭证，由发站将其与运单一起随货物递交到站存查。

表4-2 货票

计划号码或运输号码		××铁路局				No：			
						甲联 发站存查			
发站		到站（局）		车种车号		货车标准		承运人/托运人装车	
经由		货物运到期限		施封号码或铁路棚布号码					
运价里程		集装箱号码		保价金额		现付金额			
						费别	金额	费别	金额
托运人名称及地址						发到运费		运行运费	
收货人名称及地址						印花税		京九分流	
货物品名	品名代码	件数	货物重量	计费重量	运价号	运价率	建设基金	电气化附加费	
集装箱号码									
记事						合计			

4. 货物的承运

零担和集装箱运输的货物由发站接收完毕，整车货物装车完毕，发站在货物运单上加盖车站日期戳时起，即为承运。承运意味着铁路负责运输的开始，是承运人与托运人划分责任的时间界限，承运也标志着货物正式进入运输过程。

5. 托运货物的基本要求

（1）托运人如一批托运的货物品名过多，不能在运单内逐一填记或统一包装内有两种以上货物，须提出物品清单一式三份。

（2）托运人对其在货物运单和物品清单内所填记事项的真实性应付完全责任，匿报、错报货物品名、重量时还应按照规定支付违约金。

（3）托运人托运易腐货物，应在货物运单"货物名称"栏内填记货物名称，并在"托运人记载事项"栏内注明易腐货物容许运输期限。托运需检疫运输的易腐货物时，应按国家有关规定提出检疫证明。

（4）托运人托运危险货物时，须出具《铁路危险货物托运人资质证书》、经办人身份证和铁路危险货物运输业务培训合格证书。在货物运单"货物名称"栏内填写危险货物品名索引表内列载的品名和编号，并在运单的右上角用红色戳记标明类项。

（5）活动物、需要浇水运输的鲜活植物、生火加温运输的货物以及规定要派押运人的货物，托运人必须派人押运。

铁路货运规章多，内容修改频繁，应及时了解和掌握。

（二）货物途中作业

1. 货运合同变更

（1）货运合同变更的种类

①变更到站：货物已经装车挂运，托运人或收货人可按批向货物所在的中途站或到站提出变更到站。为保证液化气体运输安全，液化气体罐车不允许进行运输变更或重新起票办理新到站，如遇特殊情况需要变更或重新起票办理新到站时，须经铁路局批准。

②变更收货人：货物已经装车挂运，托运人或收货人可按批向货物所在的中途站或到站提出变更收货人。

（2）货运合同变更的限制。铁路是按计划运输货物的，货运合同变更必然会给铁路运输工作的正常秩序带来一定的影响。所以，对于下列情况承运人不受理货运合同的变更：违反国家法律、行政法规；违反物资流向；违反运输限制；密封；变更到站后的货物运到期限大于容许运到期限；变更一批货物中的一部分；第二次变更到站的货物。

2. 货运合同解除

整车货物和大型集装箱在承运后、挂运前，零担和其他型集装箱货物在承运后、装车前，托运人可向发站提出取消托运，经承运人同意，货运合同即告解除。承运人按照托运人请求取消托运后，不再负有向原收货人交付货物的义务，并对收货人没有告知的义务。

解除合同后，发站退还全部运费与押运人乘车费，但特种车使用费和冷藏车回送费不退。此外，还应按规定支付变更手续费、保管费等费用。

3. 货运合同变更和解除的处理

托运人或收货人要求变更或解除时，应提出领货凭证和货物运输变更要求书，不能提出领货凭证时，应提出其他有效证明文件，即领货凭证以外的能够证明其是运输合同当事人的书面文件，如单位介绍信等，并在货物运输变更要求书内注明。提出领货凭证是为了防止出现托运人要求铁路部门办理变更，而原收货人又持领货凭证向铁路部门要求交付货物的矛盾。

（三）货物到达作业

货物到达作业也就是货物在到站进行的货运作业，包括：收货人向承运人的到站查询、缴费、领货、接收货物运单，与到站共同完成交付手续；到站向收货人发出货物催领通知，接受到货查询、收费、交货、交单，与收货人共同完成交付手续；由铁路组织卸车或收货人自己组织卸车，到站向收货人交付货物或办理交接手续，到达列车乘务员与到站人员的交接，亦为到达作业。

1. 货物的暂存

对到达的货物，收货人有义务及时将货物搬出，铁路也有义务提供一定的免费保管期间，以便收货人安排搬运车辆，办理仓储手续。免费保管期间规定为：由承运人组织卸车的货物，收货人应于承运人发出催领通知的次日（不能实行催领通知或会同收货人卸车的货物为卸车的次日）起算，2天（铁路局规定1天的为1天）内将货物搬出，超过此期限未将货物搬出，按其超过的时间核收货物暂存费。

货物运抵到站，收货人应及时领取。拒绝领取时，应出具书面说明，自拒领之日起3日内，到站应及时通知托运人和发站，征求处理意见。托运人自接到通知之日起，30日内提出处理意见答复到站。

从承运人发出催领通知次日起（不能实行催领通知时，从卸车完了的次日起），经过查找，满30日（搬家货物满60天）仍无人领取的货物或收货人拒领，托运人又未按规定期限提出处理意见的货物，承运人可按无法交付货物处理。

无法交付货物的范围、保管期限、上报和移交手续、价款处理，应按照《关于港口、车站无法交付货物的处理办法》的规定办理。对性质不宜长期保管的货物，承运人根据具体情况，可缩短通知和处理期限。

2. 票据支付

收货人持领货凭证和规定的证件到货运室办理货物领取手续，在支付费用并在货票丁联盖章或签字后，留下领货凭证，在运单和货票上加盖到站支付日期戳，然后将运单交给收货人，凭此领取货物。如收货人在办理货物领取手续时领货凭证未到或丢失，机关、企业、团体应提出本单位的证明文件，个人应提出本人居民身份证、工作证（或户口簿）或服务所在单位（或居住单位）出具的证明文件。

货物在运输途中发生的费用（如包装整修费、托运人责任的整理或换装费、货物变更手续等）和到站发生的杂费，在到站应由收货人支付。

3. 现货支付

现货支付即承运人向收货人点交货物。收货人持货运室交回的运单到货物存放地点领取货物，货运员向收货人点交货物完毕后，在运单上加盖"货物交讫"戳记，并记明交付完毕的时间，然后将运单交还给收货人，凭此将货物搬出货场。

在实行整车货物交付前保管的车站，货物交付完毕后，如收货人不能在当日将货物全批搬出车站时，对其剩余部分，按件数和重量承运的货物，可按件数点交车站负责保管，只按重量承运的货物，可向车站声明。

收货人持加盖"货物交讫"的运单将货物搬出货场，门卫对搬出的货物应认真检查品名、件数、交付日期与运单记载是否相符，经确认无误后放行。

（四）货运事故及赔偿

1. 货运事故范围

货物在铁路运输过程中发生火灾、丢失、损坏、变质、污染等情况，给货物造成损失及误运送、误交付等严重办理差错，在铁路内部均属货运事故。

2. 货运事故处理

发生或发现货运事故时，车站应当在当日按批编制货运记录，记录有关情况。货物发生损坏或部分丢失，不能判明事故发生原因或损坏程度时，承运人与收货人或托运人协商，也可邀请鉴定人进行鉴定，鉴定结果编制货运事故鉴定书。

在货物运输过程中，如发现违反政府法令、危及运输安全等情况，承运人依据有关规定进行处理，将处理结果编制记录，随运输票据递交到站处理。承运人无法处理的意外情况，立即通知车站转告托运人或收货人处理。

货运事故发生后，处理单位通知有关各方组织调查分析，确定货物损失事故原因和事故责任单位，并根据有关规定作出赔偿处理。

3. 货运事故责任划分

承运人自承运货物时起至将货物交付时止，对货物发生的灭失、短少、变质、污染、损坏承担赔偿责任，但下列原因造成的损失，承运人不承担赔偿责任：不可抗力；货物本身自然属性、合理损耗；托运人、收货人、押运人的过错。

由于托运人、收货人的责任或押运人的过错，使铁路运输工具、设备或第三者的货物造成损失时，托运人、收货人应负赔偿责任。

4. 索赔

收货人或托运人在接到承运人交给的货运记录后，认为是属于承运人的责任，可向承运人提出赔偿要求。提出赔偿要求时，须填制赔偿要求书并附货物运单（货物全部丢失时或票据丢失时为领货凭证和货票丙联）、货运记录、货物损失清单和其他证明材料。承运人向托运人、收货人提出赔偿要求时，须提出货运记录、损失清单和其他必要证明材料。

托运人、收货人与承运人相互间要求赔偿的有效期间为180日。有效期间的起算时间：货物丢失、损坏或铁路设备损坏为承运人递交货运记录当日，货物全部损失未编有货运记录时为运到期限满期的第31日，其他赔偿为发生事故的次日。

承运人对托运人或收货人提出的赔偿要求，自受理之日起30日（跨及2个铁路局以上的赔偿要求为60日）内进行处理，并答复要求人。要求人收到答复的次日起60日内未提出异议，逾期则视为默认。

5. 赔偿额度

（1）保价货物。按货物实际损失赔偿，最多不超过该批货物的保价金额。货物损失一部分时，按损失部分占全批货物的比例乘以保价金额进行赔偿。

（2）非保价货物。不按件数只按重量承运的货物，每吨最多赔偿100元；按件数和重量承运的货物，每吨最多赔偿2000元；个人托运的行李、搬家货物每10kg最多赔偿30元；实际损失低于上述赔偿限额的，按照实际损失赔偿。

投保运输险的货物发生损失，由承运人与保险公司按规定赔偿。货物的损失是由于承运人的故意行为或重大过失造成的，不适用上述赔偿限额的规定，按照实际损失赔偿。

三、货物运单

（一）货物运单的性质

货物运单是承运人与托运人之间，为了运输货物而签订的一种运输合同。运单体现了在货物运输过程中承、托双方的权利、义务和责任，双方都应对所填记的内容负责。

货物在运输过程中，如果发生事故或运输费用计算错误，货物运单是处理承运人与托运人、收货人之间责任的根据。因此，货物运单既是办理铁路货物运输最原始的依据，又是划清承运人与托运人、收货人之间责任的重要根据。铁路货物运单是铁路货物运输合同最主要的单证。在一定程度上，相当于旅客运输的车票，货到哪里，运单到哪里。

托运人对运单和物品清单内的所填记事项的真实性应付完全责任。匿报、错报货物品名、重量时，应按照规定承担责任。

（二）货物运单的传递过程

货物运单：托运人──→发站──→到站──→收货人。

货物运单由托运人填写后提交发站，承运后随货递送至到站。到站交付时，连同货物一并交给收货人，即视为运输合同已经履行完毕。

领货凭证：托运人──→发站──→托运人──→收货人──→到站。

领货凭证是托运人、收货人变更、解除运输合同和领取货物应当提出的证明其身份的文件，与托运、收货人提出的其他证明文件具有同等效力。领货凭证不是物权凭证，不构成承运人必须向收货人交付货物的保证。

领货凭证由托运人随运单一并填写后交给发站，货物承运后加盖承运戳记退还托运人。托运人寄交收货人凭此在到站领取货物。如发生全批货物灭失时，收货人可凭此提出赔偿要求。

（三）运单填写的基本要求

运单的填写，分为托运人填写和承运人填写两部分。在运单中"托运人填写"和"领货凭证"有关各栏由托运人填写。"承运人填写"各栏由承运人填写。承、托双方在填记时均应对所填记的内容负责。货物运单填写时，要求按规定填写正确、齐全，字迹要清楚，使用简化字要符合国家规定，不得使用自造字，如有更改时，属于托运人填记事项，应由托运人盖章证明；属于承运人记载事项，应有车站加盖站名戳记。如表4-3所示为货物运单与领货凭证的样式。

为了分清承运人与托运人之间的责任，承运人对托运人填记事项，除承运后变更到站或收货人时，由处理站根据托运人提出的货物变更要求书代为分别更正"到站（局）""收货人"和"收货人地址"栏填记的内容，并加盖站名戳记外，其余项目不得更改。遇以下三种情况，托运人在提交运单的同时，还须提出物品清单一式三份：

（1）一批托运的货物品名过多，不能在运单内逐一填记时；

（2）搬家货物；

（3）同一包装内有两种以上的货物。

物品清单由车站加盖车站承运日期戳后，一份由发站存查，一份随同运输票据递交到站，一份退还托运人。

表 4-3　货物运单与领货凭证

领货凭证

车种及车号	
货票第　　号	
运到期限第　　日	
发站	
到站	
托运人	
收货人	
货物名称	
托运人盖章或签字	
发站承运日期	
收货人领货须知见背面	

注：收货人领货须知见背面

货物运单

承运人/托运人装车
承运人/托运人施封

货物指定于　　月　　日搬入
货　位：

××铁路局
货物运单
货票第　　号

计划号码或运输号码：
运到期限：　　日

托运人填写			承运人填写		
到站	到站（局）		车种车号		货车标重
到站所属省（市）自治区			施封号码		
托运人	名称		铁路货车棚车号码		
	住址				
	托运人邮政编码	电话	经由		
收货人	名称		运输里程		
	住址				
	收货人邮政编码	电话	集装箱号码		
货物名称	包装	件数	托运人确定重量	承运人确定重量	运费
				计费重量	
				运价号	
			货物价格	运价率	
合计					
托运人记载事项	保险		承运人记载事项	到站交付日期	发站承运日期
	托运人盖章或签字 年　月　日				

注：本单不作为收款凭证，托运人签约须知见背面

任务四　铁路货物运输费用

在开展铁路货运业务中，顾客最为关心的是铁路对所要发出的货物在运输上有哪些要求，以及在价格上又是如何规定的。计算铁路货物运输费用依据的基本规章是《铁路货物运价规则》（简称《价规》）及其附件，它规定了计算货物运输费用的基本条件，各种货物运输使用的运价号、运价率，各种杂费的核收办法、费率及运价里程的计算方法等，铁路货物运价是由铁道部（现已撤销，更名为"中国铁路总公司"）拟定，报国务院批准的。

一、货物运价的种类

铁路货物运价由发到基价和运行基价两部分组成。运费一般是由货物运输组织形式、货物的种类、货物的计费重量及货物的运输距离等因素决定的。铁路货物运价有以下几种分类。

（一）按适应范围分类

1. 普通运价

普通运价是货物运价的基本形式，是全国正式营业铁路适用的统一运价。我国现行的整车、零担、集装箱各种运价都属于普通运价。无论是普通货物或特殊条件运送的货物，都是以此作为计算运价的基本依据。

2. 特殊运价

特殊运价是指地方铁路、临时营业线和特殊线路的运价。

3. 军运运价

军运运价是对军用物资运输所规定的运价。

4. 国际铁路联运运价

国际铁路联运运价是指为国际铁路即按联运货物所规定的运价。它包括国境运输和国内段运输两部分的运价。国际铁路联运货物国境运费、杂费按《国际铁路货物联运统一过境运价规程》的规定办理，国内段的运费、杂费按现行《铁路货物运价规则》的规定办理。

5. 水陆联运货物运价

水陆联运货物运价指水陆联运货物在铁路区段运输的运价。《铁路和水路货物联运规则》是计算铁水联运货物运杂费的依据。水运段的运费、杂费、包干费按《铁路和水路货物联运规则》办理。铁路段的运费、杂费按《铁路和水路货物联运规则》和《铁路货物运价规则》办理。

（二）按货物运输组织形式分类

1. 整车货物运价

整车运价是《铁路货物运价规则》中规定的按整车运送的货物的运价，根据货物种类，由每吨发到基价和每吨千米或每轴千米的运行基价组成。

2. 零担货物运价

零担货物运价是铁路对按零担运送的货物所规定的运价，根据货物种类，由每10kg的发到基价和每10kg·km的运行基价组成。

3. 集装箱货物运价

集装箱货物运价是铁路对按集装箱运送的货物所规定的运价，由每箱的发到基价和每箱千米的运行基价组成。

二、铁路货物运价核收依据

铁路货物运价，由国务院铁路主管部门拟定，经国务院批准后执行，杂费由国务院铁路主管部门规定。货物运输费用的收费项目和收费标准必须公告，未公告的不准实施。

计算货物运输费用的依据：《铁路货物运价规则》；《铁路货物运输品名检查表》（《铁路货物运价规则》附件三）；《货物运价里程表》（《铁路货物运价规则》附件四）；《国际铁路货物联运统一过境运价过程》；《铁路和水路货物联运规则》；《铁路军事运输计费付费办法》；《铁路货物装卸作业计费办法》；《铁路货物装卸作业费率》；铁路主管部门的其他有关规定。

三、铁路货物运价规则

铁路货物运输费用根据《价规》核收。

（一）《价规》的适用范围

《价规》是计算铁路货物运输费用的依据，承运人和托运人、收货人必须遵守《价规》的规定。

铁路营业线的货物运输，除军事运输、水陆联运、国际铁路联运、过境运输及其他另有规定者外，均按《价规》计算货物的运输费用。《价规》以外的货物运输费用，按铁路主管部门的有关规定计算核收。

（二）《价规》的基本内容

《价规》规定了在各种不同情况下计算货物运输费用的基本条件，各种货物运费、杂费和其他费用的计算方法及国际铁路联运货物国内段的运输费用的计算方法等。

（三）《价规》的附件

《价规》包含有以下四个附件。

（1）附件一为《铁路货物运输品名分类与代码表》（简称《分类表》），附件三为《铁路货物运输品名检查表》（简称《检查表》）。这两个附件用来判定货物的类别代码和确定运价号的工具。

（2）附件二为《铁路货物运价率表》，根据运价号查出整车、零担货物适用的运价率。

（3）附件四为《货物运价里程表》，用于计算出发站至到站的运价里程。

（四）计算货物运费的基本条件

1. 计费重量单位

（1）整车货物以吨为单位，吨以下四舍五入；

（2）两单货物以 10kg 为基本单位，不足 10kg 进为 10kg；

（3）集装箱货物以箱为单位。

2. 运杂费尾数的处理

（1）每项运费、杂费的尾数不足 1 角时，按四舍五入处理；

（2）各项杂费不满一个计算单位的，均按一个计算单位计算（另有规定者除外）。

3. 运价率时效

货物运费的计算按承运货物当日的运价率计算，杂费按发生当日实行的费率核收。

（五）计算货物运输费用的程序

（1）按《货物运价里程表》计算出发站至到站的运价里程。

（2）根据货物运单上填写的货物名称查找《铁路货物运输品名分类与代码表》和《铁路货物运输品名检查表》，确定使用的运价号。

（3）整车、零担货物按货物适用的运价号，集装箱货物根据箱型、冷藏车货物根据车中分别在《铁路货物运价率表》中查出使用的运价率（发到基价和运行基价）。

（4）货物适用的发到基价加上运行基价与货物的运价里程相乘之积后，再与按《价规》确定的额计费重量（集装箱为箱数）相乘，计算出运费。

（5）计算其他费用。

四、货物运价里程确定

运价里程根据《货物运价里程表》按照发站至到站间国际铁路正式营业线最短路径计算，但《货物运价里程表》内或铁路主管部门规定有计费路径的，按规定的计费路径计算运价里程。运价里程不包括专用线、货物支线的里程。通过轮渡时，应将换装站至码头线的里程加入运价里程内计算。

（1）按照发站至到站的最短路径计算运价里程。在我国铁路网中，发站与到站间有很多是有几条路线相通，因经由不同，里程也不同。在确定里程时，要分别计算，互相比较，最短路径就是两站间的运价里程。

（2）水陆联运的货物，应将换装站至码头线的里程加入运价里程内。

（3）国际联运货物，应将国境站至国境线的里程加入到运价里程内。

（4）按铁道部规定的计费路径确定。

（5）下列情况发站在货物运单内注明，运价里程按实际经由计算：①货物性质（如鲜活货物、超限货物等）要求必须绕路运输时；②由于自然灾害或其他非铁路责任，托运人要求绕路运输时。

五、货物运价号与运价率的确定

（一）货物运价号

《价规》将货物分为 26 类、115 项，同时也规定了各种货物的整车运价号、零担运价号和集装箱运价号。

（1）整车货物有 7 个运价号，为 1～7 号。

（2）冷藏车货物按车型分为加冰冷藏和机保冷藏。

（3）零担货物有 2 个运价号，为 21～22 号。

（4）集装箱货物按箱型分为四个运价号：1 吨箱、10 吨箱、20 英尺箱、40 英尺箱。

能否正确判定货物的运价号，直接影响到运输费用的计算和运价制度的执行。在计算运费时，必须根据货物运单上填写的正确货物名称。铁路货物运输品名分类与代码表见表 4-4。

表 4-4　铁路货物运输品名分类与代码表（部分）

代码			货物品类	运价号		代码			货物品类	运价号	
				整车	零担					整车	零担
01			煤			02			石油		
01	1	0	原煤	4	21	02	1	0	原油	6	22
01	2	0	洗精煤	5	21	02	2	0	汽油	6	22
01	3	0	块煤	4	21	02	3	0	煤油	6	22
01	4	0	洗、选煤	4	21	02	4	0	柴油	6	22
01	5	0	水煤浆	4	21	02	5	0	重油	6	22
01	9	0	其他煤	4	21	02	6	0	润滑油、脂	6	22
04			金属矿石			02	9	0	其他成品油	6	22
04	1	0	铁矿石			03			焦炭		
04	2	0	放射性矿石			03	1	0	焦炭		
04	9	0	其他金属矿石			03	2	0	沥青焦、石油焦		

（二）货物运价率的确定

现行货物运价率是由货物的发到基价和运行基价两部分构成的。在运输成本中，基价1是与运送里程远近无关的始发和终到作业费，这一部分费用是固定的。基价2是车辆运行途中运行作业费，与运送里程成正比例，因此，近距离运送时每吨千米负担的固定费用就较多，成本就高；反之，距离长，成本也就低。铁路货物运价率表见表4-5。

表 4-5　铁路货物运价率表

类别	运价号	基价1		基价2	
		单位	标准	单位	标准
整车	1	元/t	5.60	元/(t·km)	0.0288
	2	元/t	6.30	元/(t·km)	0.0329
	3	元/t	7.40	元/(t·km)	0.0385
	4	元/t	9.30	元/(t·km)	0.0434
	5	元/t	10.20	元/(t·km)	0.0491
	6	元/t	14.60	元/(t·km)	0.0704
	7			元/轴公里	0.2165
	加冰冷藏	元/t	9.20	元/(t·km)	0.0506
	机械冷藏	元/t	11.20	元/(t·km)	0.0730
零担	21	元/(10kg)	0.115	元/(10kg·km)	0.0005
	22	元/(10kg)	0.165	元/(10kg·km)	0.0007
集装箱	1吨箱	元/箱	10.00	元/(箱·km)	0.0336
	10吨箱	元/箱	118.50	元/(箱·km)	0.4234
	20英尺箱	元/箱	215.00	元/(箱·km)	0.9274
	40英尺箱	元/箱	423.00	元/(箱·km)	1.4504

六、货物运费计算

（一）整车货物运输费用

整车货物运费计算公式如下：

$$\text{整车运费} = (\text{发到基价} + \text{运行基价} \times \text{运价里程}) \times \text{计费重量}$$

1. 整车货物计费重量计算方法

（1）按货车标记载重量计算运费。货物实际重量超过标重时，按货物实际重量计算。

（2）按《价规》的有关规定计费重量计费。

2. 其他费用

整车分卸的货物，途中每分卸一次，另行核收分卸作业费（不包括卸车费）每车次80元。派有押运人押运的货物，核收每人3元/百千米的押运人乘车费。

（二）零担货物运输费用

零担货物运输费用计算公式如下：

$$\text{零担运费} = \frac{(\text{发到基价} + \text{运行基价} \times \text{运价里程}) \times \text{计费重量}}{10}$$

零担货物计费重量计算方法：

（1）零担货物按货物重量或货物体积折合重量择大计费，即每立方米重量不足300kg的为轻浮货物，按每立方米体积折合重量300kg计费。

（2）《价规》有规定计费重量的货物按规定计费重量计费。

（3）在货物运单内分项填记重量货物应分项计费，运价率相同，重量应合并计算。

（4）零担货物的起码运费每批2.00元。

（三）集装箱货物运输费用

集装箱货物运输费用计算公式如下：

$$\text{集装箱运费} = (\text{发到基价} + \text{运行基价} \times \text{运价里程}) \times \text{箱数}$$

1. 运价率

（1）企业自备集装箱空箱运价率按其适用重箱运价率的40%计算。

（2）罐式集装箱、其他铁路专用集装箱按规定运价率分别加30%、20%计算；标记总重为30.480t的通用20ft集装箱总重在24t以上的按规定运价率加20%计算。

（3）装运一级毒害品（剧毒品）的集装箱按规定的运价率加100%计算。

（4）装运爆炸品、压缩气体和液化气体、一级易燃液体（代码表02石油类除外）、一级易燃固体、一级自燃物品、一级遇湿易燃物品、一级氧化剂和过氧化物、二级毒害品、感染性物品、放射性物品的集装箱规定的运价率加50%计算。

2. 拼货货物

一箱多批，每批分别按零担计费，若由铁路拼箱，应按每10kg核收0.20元的拼箱费。

3. 集装箱使用费及延期使用费

（1）凡使用铁路集装箱运输货物，除核收运费外，都要根据《铁路货运营运杂费费率表》按箱型、箱数和运价里程核收使用费。

（2）使用铁路危险品专用集装箱装运货物时，集装箱使用费加20%核收。

（3）使用铁路集装箱超过免费留置期限，自超过之日起按《延期使用运输设备，违约及委托服务杂费费率表》核收集装箱延期使用费。

4. 集装箱运输一口价

集装箱运输一口价是指集装箱自进发站货场至出到站货场铁路运输全过程各项费用的综合，包括门到门运输取空箱、还空箱的站内装卸作业，专用线取送车作业，港站作业的费用和经铁道部确认的集装箱、货场、转场货物费用。

办理集装箱运输时，托运人在发站按公布的一口价一次付费，货票记事栏内注明"一口价"，对托运人和收货人，一口价内所有费用不再另开其他收费票证。除一口价和集装箱一口价中不包括的费用外，发、到站不得再收取任何费用（包括延伸服务费）。收货人在到站提箱和运回空箱时，只要不出现货主原因的延期取货等问题，不再缴纳任何费用，集装箱一口价中不包括下列费用：要求保价运输的保价费用；快运费；委托铁路装掏箱的装掏箱综合作业费；专用线装卸作业费用；集装箱在到站超过免费暂存期间产生的费用；托运人或收货人责任发生的费用。

下列运输不适合集装箱一口价，仍按一般的计费规定计费：集装箱国际铁路联运；集装箱危险品运输（可按普通货物条件运输的除外）；冷藏、罐式、板架等专用集装箱运输。

实行一口价的集装箱暂不办理在货运中途站或到站提出的运输变更。

（四）超限货物运输费用

运输超限货物时，发站应将超限货物的等级在货物运单货物名称栏内注明，按下列规定计费：①一级超限货物，按运价率加50%；②二级超限货物，按运价率加100%；③超级超限货物，按运价率加150%；④需要限速运行（不包括仅通过桥梁、隧道、出入站限速运行）的货物，按运价率加150%计费。

（五）冷藏车运输费用

1. 冷藏车的运价率

（1）使用铁路冷板冷藏车运输的货物按加冰冷藏车运价率加20%计费。

（2）使用铁路机械冷藏车运输，要求途中保持温度 –12℃（不含）以下的货物，按机械冷藏车运价率加20%计费。

（3）途中不要加温（或托运人自行加温）或制冷的机械冷藏车按机械冷藏车运价率减20%计费。

（4）用铁路冷藏车、隔热车经铁路主管部门批准代替其他货车装运非易腐货物，按其所装货物适用的运价率计费。

（5）自备冷藏车装运非易腐货物，按其所装货物适用的运价率计费。

（6）加冰冷藏车不加冰运输时，按冷藏车运价率计算。

2. 计费重量

自备机械冷藏车装运货物时，按60t计费。

3. 其他费用

（1）冷却费。在温季和热季（装车时外文确定）使用机械冷藏车装运需要途中制冷运输的未冷却的瓜果、蔬菜，按货物重量核收冷却费每吨20元。

（2）货车回送费。根据托运人的要求，铁路冷藏车在其他站加冰、盐后送至发站装货时，按 7 号运价率自加冰站至发站间里程核收货车回送费。

（3）冷藏车送到装车站以后，托运人取消托运，应核收空车回送费，每车 150.00 元，对已经预冷的机械冷藏车，还应核收一日的制冷费。

（4）由于托运人（收货人）的责任，机械冷藏车超过规定的装（卸）车时间，在此期间需要制冷时，还应按日根据《铁路货运杂费表》核收制冷费。

（5）加冰冷藏车始发所需的冰、盐由托运人准备。如托运人要求承运人供应，承运人则按实际发生的费用核收。

（六）货物快运费的计算

货物快运费按《铁路货物运价率表》规定的该批货物适用的运价率的 30% 计算核收。中途变更到站时，已核收的货物快运费不退还。

七、其他费用计算

（一）铁路建设基金

铁路建设基金是国家批准开征的用于铁路建设的专项资金，由发站一次核收。其中粮食、豆粕、棉花、整车化肥、黄磷免征铁路建设基金。铁路建设基金的计算公式为：

$$建设基金 = 费率 \times 计费重量（箱数或轴数）\times 运价里程$$

铁路建设基金费率见铁路建设基金费率表。

（二）铁路电气化附加费

铁路电气化附加费由发站一次核收，铁路电气化里程按该批货物经由国铁正式营业线和实行统一运价的运营临管线电气化区段的运价里程合并计算。电气化附加费计算公式为：

$$电气化附加费 = 费率 \times 计费重量（箱数或轴数）\times 电化里程$$

（三）铁路货物保价运费

保价就是货物的保证价值，即声明价格。保价运输是铁路货物运输合同的组成部分，是铁路实行限额赔偿后，保证托运人、承运人双方利益对等，在法律上赋予托运人的一种权利。托运人在托运货物时，根据自愿的原则可以要求办理保价运输，缴纳规定的保价费。承运人对保价货物在运输过程中实行专门管理并采取一定的保护措施，在运输过程中因承运人责任造成货物损失时，要按保价运输的有关规定予以赔偿。

（1）托运人要求按保价运输货物时，应在货物运单"托运人记载事项"栏内注明"保价运输"字样，并在货物价格栏内以元为单位填写货物实际价格。全批货物的实际价格即为货物的保价金额。在缴纳运输费用的同时，缴纳货物保价费。

（2）必须全批保价，不能只保一批货物中的一部分。保价率不同的货物，作一批托运时，在货物运单上须分别填写货物品名和实际价格，保价率分别计算。保价率不同的货物合并填写时，适用于其中最高的保价率。

（3）货物保价费用按保价金额乘以所适用的货物保价费率计算。保价费率分为五个基本级，两个特定级。保价费一级为 1‰，二级为 2‰，三级为 3‰，四级为 4‰，五级为 6‰，特六级为 10‰，特七级为 15‰。每一级包括的货物品类参阅相应的货物保价费率表。

（四）印花税

国家规定，凡使用提货单、填货票托运货物，托运人及承运人均须缴纳印花税。托运方和承运方所纳印花税由铁路部门汇总缴当地税务机关。

印花税以每张货票计算，按运费的万分之五计收。不足 1 角（或运费不足 200 元）的免税，超过 1 角按实际收缴，计算到分。

八、铁路费用计算实务

（1）某托运人在武威站发西宁站白兰瓜一批，货重 20000kg，使用一辆棚车 P62，计算运杂费。

【解】

整车货物运费：整车货物每吨运价 = 发到基价 + 运行基价 × 运价千米

查《货物运价里程表》，可知两站的最短路径为运价里程 497km，电气化里程为 323km。查《铁路货物运输品名分类与代码表》得知白兰瓜运价号为 5 号。

查《铁路货物运价率表》得知：发到基价 =7.90 元 /t，运行基价 =0.0360 元 /（t·km）；建设基金费率为 0.033 元 /（t·km）；电气化附加费费率为 0.012 元 /（t·km）。

棚车 P62 计费重量为 60t。

运费：（7.90+0.0360×497）×60=1547.52（元）

建设基金：0.033×497×60=984.10（元）

电气化附加费：0.012×323×60=232.60（元）

印花税：1547.52×5/10000=0.77（元）

合计：1547.52+984.10+232.6+0.77=2764.99（元）

（2）由西安西站发张掖站一批童鞋，货重 15000kg，体积 55m³，计算运价费。

【解】

零担货物运费：零担货物每 10 千克运价 = 发到基价 + 运行基价 × 运价千米

查《货物运价里程表》，可知两站的最短路径为运价里程 1144km，电气化里程为 1144km。

查《铁路货物运输品名分类与代码表》得知童鞋运价号为 22 号。

查《铁路货物运价率表》得知：发到基价 =0.104 元 /10kg，运行基价 =0.000438 元 /（10kg·km）；建设基金费率为 0.00033 元 /（10kg·km）；电气化附加费费率为 0.00012 元 /（10kg·km）。

体积折重 55×500=27500kg> 实重 15000kg= 计费重量为 27500kg

运费：（0.104 +0.000438 ×1144）×27500/10=1663.948（元）

建设基金：0.00033×1144×27500/10=1038.20（元）

电气化附加费：0.00012×1144×27500/10=377.50（元）

印花税：1663.948×5/10000=0.83（元）

合计：1663.948+1038.20+377.50+0.83=3080.48（元）

（3）沈阳站发塘沽站显像管一批，使用一个企业自备 20ft（1ft=12inch=0.3048m）集装箱装运，计算应核收有关的运杂费。

【解】

集装箱货物运费：集装箱货物运输每箱运价＝发到基价＋运行基价×运价千米

查《货物运价里程表》，可知两站的最短路径为运价里程682km，电气化里程为143km。

查《铁路货物运价率表》得知：发到基价=161.00元/箱，运行基价=0.7128元/(箱·km)；建设基金费率为0.528元/(箱·km)；电气化附加费费率为0.192元/(箱·km)。

计费重量为1箱。

运费：（161+0.7128×682）×1=647.13（元）

建设基金：0.528×682×1=360.10（元）

电气化附加费：0.192×143×1=27.50（元）

印花税：647.13×5/10000=0.42（元）

合计：647.13+360.10+27.50+0.42=1035.15（元）

职业技能训练

【训练目标】

熟悉铁路货运受理要求，掌握货运运单的填制方法，培养团队合作精神。

【实训资料】

发站：杭州南；托运人：杭州常青服装公司；到站：丰台；收货人：北京恒瑞商贸有限责任公司；货物名称：服装；货物包装：纸箱；货物件数：800件；货物重量：32500kg；保价金额：50万元；运价里程：1589km（经由徐州、德州）；车种车号：P643463564；施封号码：010011、010012。

注：题中未给条件自拟。

【实训要求】

1. 以小组为单位，每组成员3人，1人为托运人，1人为受理货运员，1人为装车货运员，确定人员分工安排。

2. 提供运单，按流程受理铁路货物，填制运单。

同步测试

一、单项选择题

1. 制定铁路货物运输合同的依据是（　　）。

A. 承、托双方的协商意见　　B. 当地运输协会的有关意见

C. 国家有关法律、法规

D. 由承运人、托运人、收货人三方共同协商的意见

2. 货物到站在办理交付手续时，应在货物运单上和（　　）上加盖车站日期戳。

A. 货票甲联　　　　　　　　B. 货票乙联

C. 货票丙联　　　　　　　　D. 货票丁联

3．下列哪一种情况能按一批办理（   ）。
   A．一个集装箱内的不同类型的货物　　B．危险货物与非危险货物
   C．保价运输货物与非保价运输货物　　D．投保运输险与未投保运输险的货物
4．下列货物（   ）可用敞车装运。
   A．精密仪器　　　　　　　　　　　　B．装往深圳北的活牛
   C．展览品　　　　　　　　　　　　　D．空铁桶（绳网加固）
5．由承运人负责装卸的货物有（   ）。
   A．罐车运输的货物　　　　　　　　　B．冻结易腐货物
   C．蜜蜂　　　　　　　　　　　　　　D．零担货物
6．某托运人在甲站按整车托运水泥至乙站（230 运价千米），其运到期限应为（   ）日。
   A．2　　　　　　　　　　　　　　　　B．3
   C．4　　　　　　　　　　　　　　　　D．5
7．铁路零担运输中，单件托运货物的体积应（   ）0.02m^3（一件重量 10kg 以上除外）。
   A．小于　　　　　　　　　　　　　　B．大于或等于
   C．大于　　　　　　　　　　　　　　D．等于
8．铁路运输的经济特点是（   ）。
   A．固定成本低，变动成本低　　　　　B．固定成本高，变动成本高
   C．固定成本高，变动成本低　　　　　D．固定成本低，变动成本高
9．铁路运输的经济里程在（   ）。
   A．800km 以上　　　　　　　　　　　B．500km 以上
   C．无限制　　　　　　　　　　　　　D．200km 以上
10．整车货物和使用集装箱运输的货物由（   ）确定重量。
   A．发货人　　　　　　　　　　　　　B．托运人
   C．承运人　　　　　　　　　　　　　D．收货人

二、多项选择题
1．铁路货物的运到期限是由（   ）组成。
   A．货物发送时间　　　　　　　　　　B．货物运输时间
   C．货物中转时间　　　　　　　　　　D．货物检查时间
   E．特殊作业时间
2．铁路运价有以下几种形式：（   ）。
   A．普通运价　　　　　　　　　　　　B．特定运价
   C．分线运价　　　　　　　　　　　　D．浮动运价
   E．点到点运价
3．铁路运输的货物按组织形式可分为（   ）等运输种类。
   A．半车　　　　　　　　　　　　　　B．整车
   C．跨装车　　　　　　　　　　　　　D．零担
   E．集装箱
4．运输业按其性质属于（   ）。
   A．物资流通部门　　　　　　　　　　B．物质生产部门

C. 公共服务业　　　　　　　D. 旅游娱乐业
E. 第三产业

5. 铁路货运中的特殊货物是指（　　）。

A. 阔大货物　　　　　　　　B. 危险品货物
C. 鲜活易腐货物　　　　　　D. 笨重货物
E. 以上都是

项目五

航空货物运输实务

【开章语】

　　小张大学物流专业毕业后进了义乌一家物流公司，分配在国际业务部工作。一天，公司收到一位东欧客人的询盘，要求做空运，出运港宁波或上海或杭州，到达港地拉那。小张找了几家做空运的货代（即"货运代理"的简称），有一家公司的报价是23元/kg。4月初，合同确定，货物毛重是300kg，体积1.8m³。联系上之前报价货代，货代说，航空公司涨价了，价格调整到了43元/kg了。同事说，那是货代欺生乱报价。小张联系了其他公司，拿过来的价格都是37～40元/kg，最后有家货代给的价格是35元/kg，走的是土耳其航空公司，小张让对方书面确认。请示领导后，觉得这个价格可做，于是将委托书传给对方，联系送货进仓事宜，对方也很快将进仓单传来，小张马上联系工厂第二天早上发货。结果，第二天下午，货代来电说，那个土耳其航空公司的航班停飞了。小张查询后认定对方觉得35元/kg太低，不想做了，小张质问货代，这个价格是你签字盖章确认过的，再说货已经发了，你要怎么处理？对方说，那我再重新给你找个航空公司。后来找了家意大利的航空公司，但价格却要38元/kg，经过讨价还价，最后以36元/kg成交。对方重新传了进仓单。谁知货物登机时又出了问题。货代来电说，因意大利航空公司的飞机是小飞机，货物的尺寸过大，连机舱的门都进不去！多次交涉未果，只能重新安排航空公司。转了一圈又回到了土耳其航空公司，确认价格以36.5元/kg成交，但对方说货物的重量经过机场的计算达到了342kg。因为国内没有直航地拉那的航班，要到土耳其中转，但二程没有安排好，于是货物报关后，就一直在机场放着，拖了10多天，终于在4月的最后一个礼拜天从上海出发。期间，应航空公司的要求，补寄了几次文件，货物出去后，对方传来了费用清单，因为超重，所以别无他法，价格又变成37元/kg了，原先说好的300kg以上免报关费150元，居然把150元又加上去了。

　　经过这笔业务后，小张决心要搞清楚航空货运的主要方式、航空货运进出口程序、各类货物的收运条件以及航空货物计费重量、运价与运费计算等问题，本项目将回答小张所关心的航空货运的基本知识和各项操作的内容与标准。

【知识目标】

1. 掌握航空运输的概念及业务类型；
2. 熟悉航空货运的托运流程；
3. 掌握航空运单的种类与填写；
4. 了解国际航空货物运输的几种运价。

【能力目标】

1. 能解释航空运输的概念；
2. 能应用航空货运流程完成国际航空货物运输业务；

3. 能填写航空运单；
4. 能计算航空货物运输费用。

【内容架构】

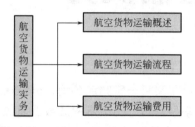

【项目引例】

国货航向雅安运输地震救灾物资

2013年4月20日四川雅安7.0级地震发生后，中国国际货运航空有限公司（Air China Cargo Co.LtD.，简称国货航）迅速启动应急预案，各生产保障单位主要领导和值班人员在岗在位，保持通信畅通，全力做好救灾物资运输保障工作。

5月19日，国货航下属华东基地等单位共保障前往成都的救灾物资航班1班，保障雅安地震救灾物资1400件6950千克，物资主要是食品等。

国货航下属各生产单位为救灾物资开辟了快速保障通道，对救灾物资进行了优先保障，遇到大宗救灾物资时明确了专人负责监装监卸，确保救灾物资运输工作万无一失。国货航控制运输中心总值班室和AOC（Airplane Operating Control，运行控制中心）服务保障席位加强了对公司下属各航站救灾物资运输的监控工作，保证救灾物资能够在第一时间有效运输。

截至5月20日0时，国货航北京、上海、杭州、武汉、成都、南京、广州、哈尔滨等航站，共保障运输雅安地震救灾物资航班75班，运输救灾物资24514件共182276千克。物资包括担架、帐篷、通信设备、医疗器材、药品、食品、服装、书刊、灯具等灾区急需的救援和生活用品等。

灾情就是命令。四川雅安7.0级地震发生后，国货航开始行动，有序组织，运输保障的第一批雅安地震救灾物资于4月20日23时13分搭乘CA4198航班从北京首都国际机场起飞，并于21日凌晨1时36分成功抵达成都双流国际机场，该批救灾物资共计207件、3026千克，包括干冰消毒包、油泵、担架等灾区救援工作急需的物品。随后第二批227件、3045千克雅安地震救灾物资，也于4月21日1时40分搭乘CA4106航班从北京首都国际机场起飞，4时5分成功抵达成都双流国际机场。

任务一　航空货物运输概述

一、航空货物运输特点

航空运输是使用飞机或其他航空器进行运输的一种形式。

航空运输的优点表现为：运送速度快，运输路程短；不受地面条件影响，深入内陆地区；安全准确，有利于稳定和开拓市场；可简化包装、节省费用。

航空运输的缺点：载运能力低、单位运输成本高。飞机的机舱容积和载重能力较小，因此，单位运输周转量的能耗较大。除此之外，机械维护及保养成本也很高。受气候条件限制。因飞行条件要求很高（保证安全），航空运输在一定程度上受到气候条件的限制，从而影响运输的准点性与正常性。可达性差。通常情况下，航空运输都难以实现客货的"门到门"运输，必须借助其他运输工具（主要为汽车）转运。

航空运输的上述特点，使得它主要担负以下功能：中长途旅客运输，这是航空运输的主要收入来源；鲜活易腐等特种货物，以及价值较高或紧急物资的运输；邮政运输。

二、航空运输发展

（1）1903年美国莱特兄弟俩设计制造的"飞行者"号飞机，在北卡罗来纳州的基蒂霍克试飞成功。

（2）第二次世界大战后，西方国家大力发展航空业，逐步形成了全球性的航空运输网。

（3）1978年，航空运输进入蓬勃发展时期。

（4）目前航空运输业竞争激烈，发展的趋势：信息化及国际大联盟。

三、航空货物运输方式

航空货物空运主要采用两种方式。

（一）班机运输

班机是指定期开航、定航线、定始发站、定目的港、定途经站的飞机。

按业务对象不同，班机运输分为客运航班和货运航班。客运航班一般使用客货混合型飞机，一方面搭载旅客，一方面又运送少量货物。货运航班只承揽货物运输，使用全货机，由一些规模较大的航空运输公司在货源充足的航线上开辟。班机运输有如下特点。

1. 迅速准确

班机由于固定航线、固定停靠港和定期开航，因此国际航空货物大多使用班机运输方式，能安全迅速地到达世界上各通航地点。

2. 方便货主

收、发货人可确切掌握货物起运和到达的时间，这对市场上急需的商品、鲜活易腐货物以及贵重商品的运送是非常有利的。

3. 舱位有限

班机运输一般是客货混载，因此舱位有限，不能使大批量的货物及时出运，往往需要分期分批运输，这是班机运输的不足之处。

（二）包机运输

当班机运输无法满足需要或发货人有特殊需要时，可选择包机运输。包机人为一定的目的包用航空公司的飞机运载货物的形式称为包机运输。包机运输按租用舱位的大小分为整机包机和部分包机两类。

1. 整机包机

（1）整机包机即包租整架飞机，指航空公司按照与租机人事先约定的条件及费用，将整架飞机租给包机人，从一个或几个航空港装运货物至目的地。

（2）包机人一般要在货物装运前一个月与航空公司联系，以便航空公司安排运载和向起降机场及有关政府部门申请、办理过境或入境的有关手续。

（3）包机的费用：一次一议，随国际市场供求情况变化。

2. 部分包机

（1）由几家航空货运公司或发货人联合包租一架飞机或者由航空公司把一架飞机的舱位分别卖给几家航空货运公司装载货物。部分包机适用于托运不足一架整飞机舱容，但货量又较重的货物运输。

（2）部分包机与班机的比较

① 时间比班机长。尽管部分包机有固定时间表，但往往因其他原因不能按时起飞。

② 各国政府为了保护本国航空公司利益，常对从事包机业务的外国航空公司实行各种限制。如包机的活动范围比较狭窄，降落地点受到限制。

四、航空货物运输的组织方法

（一）集中托运

集中托运指集中托运人（consolidator）将若干批单独发运的货物组成一整批，向航空公司办理托运，采用一份航空总运单集中发运到同一目的站，由集中托运人在目的地指定的代理收货，再根据集中托运人签发的航空分运单分拨给各实际收货人的运输方式。

1. 集中托运的具体做法

（1）将每一票货物分别制定航空运输分运单（house airway bill，HAWB）。

（2）将所有货物区分方向，按照其目的地相同的同一国家、同一城市来集中，向航空公司托运，航空公司签订总运单（master airway bill，MAWB）。总运单的发货人和收货人均为航空货运代理公司。

（3）打出该总运单项下的货运清单（manifest），即此总运单有几个分运单，分运单包括各分运单号码、实际托运人与收货人、件数、重量等。

（4）把该总运单和货运清单作为一整票货物交给航空公司。一个总运单可视货物具体情况随附分运单（也可以是一个分运单，也可以是多个分运单）。如一个 MAWB 内有 10 个 HAWB，说明此总运单内有 10 票货，发给 10 个不同的收货人。

（5）货物到达目的地机场后，当地的货运代理公司作为总运单的收货人负责接货、分拨，按不同的分运单制定各自的报关单据并代为报关，为实际收货人办理有关接货事宜。

（6）实际收货人在分运单上签收以后，目的站货运代理公司以此向发货的货运代理公司反馈到货信息。

2. 集中托运的限制

（1）集中托运只适合办理普通货物，对于等级运价的货物，如贵重品、危险品、活动物以及文物不能办理集中托运。

（2）目的地相同或临近的可以办理。如不能把到日本与欧洲的货集中托运。

3. 集中托运的特点

（1）节省运费。航空货运代理公司的集中托运运价一般都低于航空协会的运价。发货人可得到低于航空公司运价的价格，从而节省费用。

（2）提供方便。将货物集中托运，可使货物到达航空公司到达地点以外的地方，延伸了航空公司的服务，方便了货主。

（3）提早结汇。发货人将货物交与航空货运代理后，即可取得货物分运单，可持分运单到银行尽早办理结汇。

集中托运方式已在世界范围内普遍开展，形成较完善、有效的服务系统，为促进国际贸易发展起到了良好的作用，集中托运成为我国进出口货物的主要运输方式之一。

（二）航空快递

1. 航空快递的主要业务形式

（1）场到场的快递服务。发货人在航班始发站将货交给航空公司，然后发货人通知目的地的收货人到机场取货。采取这种方式的一般是海关有特殊规定的货物。

（2）门到门（也称桌到桌）的快递服务。发货人需要发货时通知快递公司，快递公司立即派人到发货人的办公室取货，直接送交航空公司空运，然后通知目的地的快递公司或代理人，按时取货并按要求的时间将货送交收货人手中。送货后立即将货物交接时间及签收人姓名等情况通知发货人。

（3）快递公司派人随机送货。快递公司派人随机送货是由专门经营该项业务的航空货运公司与航空公司合作，派专人用最快的速度，在货主、机场、用户之间传送急件的运输服务业务。

2. 航空快递的特点

①航空快递业务以商务文件、资料、小件样品和小件货物为主。②中间环节少，速度快于普通的航空货运。③航空快递中的交付凭证（POD）：航空货运——航空运单；邮政——包裹单。④办理快递业务的大都是国际性的跨国公司。

（三）联合运输

联合运输的主要形式：陆空联运；陆空陆联运；海空联运。

（四）送交业务

在国际贸易往来中，出口商为了推销产品、扩大贸易，通常向推销对象赠送样品、产品目录、宣传资料、刊物等。这些物品空运抵达推销对象所在国家后，委托当地的航空货运代理办理进口报关、提取、转运等工作，最后送交指定的收件人。航空货运代理先行垫付的报关手续费、税金、运费、劳务费等一切费用，集中向委托人收取。许多私人物品的运送，也采用这种方法。

（五）运费到付

该业务是由发货人与承运人事先达成协议，由承运人在货物到达目的站后，在货交收货人的同时，代收航空货运单上载明的运费、声明价值附加费以及其他费用。

任务二　航空货物运输流程

一、航空货运的托运流程

航空货物的托运是指航空公司从发货人手中接到将货物交给航空公司承运这一过程所需要通过的环节、所需办理的手续以及必备的单证，它的起点是从发货人手中接货，终点是货交航空公司。

1. 托运受理

托运人即发货人。发货人在货物出口地寻找合适的航空货运公司，为其代理货运订舱、报关、托运业务；航空货运公司根据自己的业务范围、服务项目等接受托运人委托，并要求其填制航空货物托运书，以此作为委托方接受委托的依据，同时提供相应的装箱单、发票。

2. 订舱

航空货运公司根据发货人的要求及货物本身的特点（一般来说，非紧急的零散货物可以不预先订舱）填写民航部门要求的订舱单，注明货物的名称、体积、质量、件数、目的港、时间等，要求航空公司按实际情况安排航班和舱位，也就是航空货运公司向航空公司申请运输并预定舱位。

3. 货主备份

航空公司根据航空货运公司填写的订舱单安排航班和舱位，并由航空货运公司及时通知发货人备单、备货。

4. 接单提货

航空货运公司在发货人处提货并送至机场，同时要求发货人提供相关单证，主要有报关单证，如报关单、合同副本、商检证明、出口许可证、出口收汇核销单、配额许可证、登记手册、正本的装箱单、发票等。

5. 缮制单证

航空货运公司审核托运人提供的单证，缮制报关单，报海关初审。缮制航空货运单，要注明名称、地址、联络方法、始发及目的港、货物的名称、件数、质量、体积、包装方式等；如果是集中托运的货物，要制作集中托运清单、航空分运单，一并装入一个信袋，订在运单后面。将制作好的运单标签粘贴或拴挂在每一件货物上。

6. 报关

持缮制完的航空运单、报关单、装箱单、发票等相关的单证到海关报关放行。海关将在报关单、运单正本、出口收汇核销单上盖放行章，并在出口产品退税的单据上盖验讫章。

7. 货交航空公司

将盖有海关放行章的航空运单与货物一起交给航空公司，由其安排航空运输，随附航空运单正本、发票、装箱单、产地证明、品质鉴定等。航空公司验收单、货无误后，在交接单上签字。

8. 信息传递

货物发出后，航空货运公司及时通知国外代理收货。通知内容包括航班号、运单号、品名、数量、质量、收货人的有关资料等。

9. 费用结算

最后是费用结算问题。费用结算主要涉及发货人、承运人和国外代理三个方面，即向发货人收取航空运费、地面运费及各种手续费、服务费，向承运人支付航空运费并向其收取佣金，可按协议与国外代理结算到付运费及利润分成。

二、航空货运的接收流程

航空货运货物到达目的地机场后，首先由承运人把货物卸下飞机；然后进行进港航班预报、单据处理；之后向收货人发出到货通知；最后由收货人领取货物。

1. 机场卸货

机场卸货工作的具体流程如下。

（1）卸货检查。货物运到目的地后首先进行卸货作业，但为使卸货作业顺利进行，防止误卸和确认货物在运输过程中的完整状态，便于划分责任，在卸货前应认真做好以下三个方面的检查工作。

① 检查货位。主要检查货位能否容纳下待卸的货物，货位的清洁状态，相邻货位上的货物与卸下货物件间有无抵触。

② 检查运输票据。主要检查运输票据记载的到站与货物实际到站是否相符，了解装卸货的情况。

③ 检查包装。主要检查货物装载状态有无异状，施封是否有效，待卸货物与运输票据是否相符以及可能影响货物安全的因素。

（2）卸车后的检查

① 检查运输票据。主要检查票据上记载的货位与实际堆放货位是否相符。

② 检查货物。主要检查货物件数与货运单记载是否相符，堆码是否符合要求，安全距离是否符合规定。

2. 进港航班的预报

航空公司以当日航班进港预报为依据，在航班预报册中逐项填写航班号、机号、预计到达时间；同时还应了解到达航班的货物装机情况及特殊货物的处理情况。

3. 单据处理

在每份货运单的正本上加盖或书写到达航班的航班号和日期；认真审核货运单，注意运单上所列目的港、代理公司、品名和运输保管注意事项；核对运单和舱单，若舱单上有分批货，则应把分批的总件数标在货运单号之后，并注明分批标志；把舱单上列出的特种货物圈出；根据分单情况，在整理出的舱单上注明每票运单的去向；核对运单份数与舱单份数是否一致，做好多单、少单记录工作，将多单运单号码加在舱单上，多单运单交查询部门；打印航班交接单。

4. 货物的领取

（1）到货通知。通知包括电话和书面两种形式。货物运达到达站后，除另有约定外，承运人或其代理人应当及时向收货人发出到货通知。急件货物的到货通知应当在货物到达后 2 小时发出；普通货物应当在 24 小时内发出；动物、鲜活易腐物品及其他指定日期和航班运输的货物，托运人应当负责通知收货人在到达站机场等候提取。

（2）货物的暂存。对到达的货物，收货人有义务及时将货物搬出，航空公司也有义务提供一定的免费保管期间，以便收货人安排搬运车辆，办理仓储手续。免费保管期间规定为：

由承运人组织卸车的货物，收货人应于承运人发出催领通知的次日起3天内将货物搬出，不收取保管费。超过此期限未将货物搬出，对其超过的时间核收货物暂存费。

货物被检察机关扣留或因违章等待处理存放在承运人仓库内，由收货人或托运人承担保管费和其他有关费用。

(3) 现货交付。收货人持加盖"货物交讫"的运单将货物搬出货场，门卫对搬出的货物应认真检查品名、件数、交付日期与运单记载是否相符，经确认无误后放行。

承运人应当按货运单列明的货物件数清点后交付收货人。发现货物短缺、损坏时，应当会同收货人当场查验，必要时填写货物运输事故记录，并由双方签字或盖章。

收货人凭到货通知单和本人居民身份证或其他有效身份证件提货；委托他人提货时，凭到货通知单和货运单指定的收货人及提货人的居民身份证或其他有效身份证件提货。如承运人或其代理人要求提供单位介绍信或其他有效证明时，收货人应予提供。收货人提货时，对货物外包装状态或重量如有异议，应当场提出查验、核对。

收货人提取货物后并在货运单上签收而未提出异议，则视为货物已经完好交付。托运人托运的货物与货运单上所列品名不符或在货物中夹带政府禁止运输或限制运输的物品和危险物品时，承运人应当按下列规定处理：

① 在出发站停止发运，通知托运人提取，运费不退；

② 在中转站停止运送，通知托运人，运费不退，并对品名不符的货件，按照实际运送航段另核收运费；

③ 在到达站，对品名不符的货件，另核收全程运费。

货物自发出到货通知的次日起14日无人提取，到达站应当通知始发站，征求托运人对货物的处理意见，满60日无人提取又未收到托运人的处理意见时，按无法交付货物处理。对无法交付货物，应当做好清点、登记和保管工作。

凡属国家禁止和限制运输物品、贵重物品及珍贵文史资料等货物应当无价移交国家主管部门处理；凡属一般的生产、生活资料应当作价移交有关物资部门或商业部门；凡属鲜活、易腐或保管有困难的物品可由承运人酌情处理。如作毁弃处理，所产生的费用由托运人承担。

经作价处理的货款，应当及时交承运人财务部门保管。从处理之日起90日内，如有托运人或收货人认领，扣领该货的保管费和处理费后的余款退给认领人；如90日后仍无人认领，应当将货款上交国库。

对无法交付货物的处理结果，应当通过始发站通知托运人。

三、航空货运单

1. 航空货运单的作用

① 航空货运单是承运人和托运人缔结运输合同的书面证据。

② 航空货运单是承运人签发的已接收货物的证明。

③ 航空货运单是收货人核收货物的依据。

④ 航空货运单是报关凭证。

⑤ 航空货运单是保险证明（如果托运人要求承运人代办保险，则航空货运单可以用来作为保险证书）。

⑥ 航空货运单是承运人办理内部业务的依据，即路单。

⑦ 航空货运单是承运人据以收运费的单据。

2. 航空货运单的种类

① 航空主运单。航空主运单（也叫总运单）是由航空公司（承运人）和航空货运代理公司（托运人）间签订的货物运输合同的初步证据，是货物运输的凭证。航空主运单一式12份，其中3份为正本（具有运输合同初步证据的效力），其余为副本（不具有运输合同初步证据的效力）。正本背面印有运输条件，正面用不同颜色纸张印制：

第一份（绿色）由承运人留存，作为收取运费和记账货物的凭证；

第二份（粉红色）交收货人，作为收货人核收货物的依据；

第三份（蓝色）交托运人，作为承运人接收货物的初步证据。

副本中的一份为提货收据（黄色），由收货人提货时在其上签字，到站留存备查；其余副本（均为白色）分别供代理人、到站机场和第一、第二、第三承运人等使用。

② 航空分运单。航空分运单是航空货运代理公司在办理集中托运时，签发给每一个发货人的货运单，是航空货运代理公司（作为承运人）与发货人（作为托运人）间签订的运输合同。航空分运单有正本3份，副本若干份。正本的第一份交发货人，第二份航空货运代理公司留存，第三份随货物同行交收货人。副本分别作为报关、财务、结算及国外代理办理中转分拨等用。航空分运单与航空主运单的内容基本相同。

③ 航空货运单的填写。目前世界上各航空公司使用的航空运单基本相同，大多采用国际航空运输协会推荐的标准格式。

相关链接

航空货运代理

航空货运代理业务是在航空运输业务发展的基础上产生的，最初仅是兼营性质，由经营海运和旅游代理业务的公司作为一种副业，在公司内部附设一个空运代理部门；后来逐步发展成为一个独立的以空运代理业务为主的行业。航空货运代理处于航空运输公司和货物托运人之间，起着沟通的桥梁作用。对航空运输公司而言，不需要投资，但可以获得具备专门业务知识的代理人，为自己减轻烦琐的工作；对货物托运人而言，只要支付少量的手续费用，就可得到空运代理提供的服务。因此航空货运为航空运输公司和货运托运人所欢迎，促使了航空货运代理业务不断发展和壮大。航空货运代理公司的规模视经营业务量不同而有很大的区别。有的小公司只在一个地区提供有限的服务项目，从业人员只有数人，被称为"皮包公司"。有的则提供各种类型的服务项目，不仅在本地区设有机构，还在全国各地设有许多分支机构，有的甚至在全世界范围内设有分支机构。为了更好地开展业务，它们在国际航空运输协会（International Air Transport Association，IATA）注册，成为IATA的空运代理。

任务三　航空货物运输费用

一、运价的基本概念

航空运价是根据运输货物的重量、距离和种类等因素指定的单位重量货物运输价格。

航空运价种类如下。

（1）按制定的途径划分，主要分为协议运价和国际航协运价。

（2）按 IATA 货物运价公布的形式划分，主要分为公布直达运价和非公布直达运价。

公布直达运价：普通货物运价、指定商品运价、等级货物运价、集装货物运价。

非公布直达运价：比例运价和分段相加运价。

相关链接

国际航空运输协会

国际航空运输协会（International Air Transport Association，IATA）是各国航空运输企业之间的联合组织，会员必须是国际民用航空组织的成员国政府颁发定期航班运输许可证的航空公司。它的前身是六家航空公司参加的国际航空交通协会，1945年改为现名。协会总部设在加拿大的蒙特利尔，1945年12月18日加拿大协会通过特别法令，同意给予协会法人地位。该协会在纽约、巴黎、伦敦和新加坡城有分支机构。协会的最高权力机构每年召开全体会议，全体会议选出执行委员会决定年度政策和主持日常工作。另有四个常务委员会，分管法律、业务、财务和技术。在瑞士日内瓦设有清算局，为各会员公司统一财务上的结算。IATA 的目标就是同国际民用航空组织一起调查有关商业飞行上的一些法律问题，简化和加速国际航线上的客货运输，促进国际航空运输的安全和世界范围内航空运输事业的发展。

二、计费重量

所谓计费重量就是据以计算运费的货物质量。航空公司规定计费质量按实际质量和体积质量两者之中较高的一种统计。

（一）实际质量

实际质量是指一批货物包括包装在内的实际总重，即毛重。凡质量大而体积相对小的重货物（如机械、金属零件等）用实际质量作为计费质量。

具体计算时，质量不足 0.5kg 的按 0.5kg 计算，0.5kg 以上不足 1kg 时按 1kg 计算，不足 1lb（磅）的按 1lb（磅）计算。

（二）体积质量

轻泡货物以体积质量作计费质量，计算方法是：首先，分别量出货物的最长、最宽、最高的部分，单位为厘米（cm）或英寸（inch），测量数值四舍五入；其次，计算货物的体积；最后将体积折合成千克（kg）或磅（lb），即根据所使用的度量单位分别用体积值除以 $6000cm^3$ 或 $366in^3$，结果即为该货物的体积质量，即：

$$体积质量 = 最长 \times 最宽 \times 最高 \div 6000（或 366）$$

（三）集中托运货物的计费质量

在集中托运情况下，同一总运单下会有多件货物，其中有重货也有轻泡货物，其计费质量采用整批货物的总实际质量或总的体积质量，按两者中较高的一个计算。

三、主要的航空货物运价率

（一）公布的航空货物运价率

公布的直达运价是指航空公司在运价本上直接注明承运人对由甲地运至乙地的货物收取的一定金额。

A．最低运费（运价代号 M）；
B．普通货物运价（运价代号 N 或 Q）；
C．等级货物运价（运价代号 S）；
D．指定商品运价（运价代号 C）。

1. 普通货物运价

普通货物运价又称一般货物运价，是应用最为广泛的一种运价。当一批货物不能适用等级货物运价，也不属于指定商品时，就应该选择普通货物运价。普通货物运价的数额随运输量的增加而降低。

普通货物运价分类如下：

45kg（100 磅）以下，运价类别代号为 N。

45kg 以上（含 45kg），运价类别代号为 Q。

45kg 以上可分为 100kg、300kg、500kg、1000kg、2000kg 等多个计费质量分界点，但运价类别代号仍以 Q 表示。

由于对大运量货物提供较低的运价，航空公司规定在计算运费时除了要比较其实际质量和体积质量并以较高者为计费质量外，如果用较高的计费质量分界点，计算出的运费更低，则可选用较高的计费质量分界点的费率，此时货物的计费质量为那个较高的计费质量分界点的最低运量。

2. 等级货物运价

等级货物运价适用于在规定的业务区内或业务区之间运输特别、指定的货物的等级运价，仅适用于在指定的地区少数货物的运输，通常是在普通货物运价的基础上增加或减少一定的百分比。当某种货物没有指定商品运价可以使用时，才可选择合适的等级运价，其起码质量规定为 5kg。

适用等级货物运价的货物常有：①动物、活动物的集装箱和笼子；②贵重物品；③尸体或骨灰；④报纸、杂志、期刊、盲人和聋哑人专用设备和书籍等出版物；⑤作为货物托运的行李。

其中①～③项通常在普通货物运价基础上增加一定百分比；④～⑤项通常在普通货物运价的基础上减少一定百分比。

3. 指定商品运价

指定商品运价是指承运人根据在某一航线上经常运输某一种类货物的托运人的请求或为促进某一地区间某一种类货物的运输，经国际航空运输协会同意所提供的优惠运价。

指定商品运价是给予在特定的始发站和到达站的航线上运输的特种货物的。公布指定商品运价时，同时公布起码质量。国际航空运输协会公布指定商品运价时，将货物划分为以下 10 种类型。

① 0001～0999，食用动物和植物产品；

② 1000～1999，活动物和非食用动物及植物产品；
③ 2000～2999，纺织品、纤维及其制品；
④ 3000～3999，金属及其制品，但不包括机械、车辆和电器设备；
⑤ 4000～4999，机械、车辆和电器设备；
⑥ 5000～5999，非金属矿物质及其制品；
⑦ 6000～6999，化工品及相关产品；
⑧ 7000～7999，纸张、芦苇、橡胶和木材制品；
⑨ 8000～8999，科学、精密仪器、器械及配件；
⑩ 9000～9999，其他货物。

其中每一组又细分为 10 个小组，每个小组再细分，这样几乎所有的商品都有一个对应的组号，公布特种货物运价时只要指出本运价适用于哪一组货物就可以了。

在具体使用指定商品运价时应注意：决定货物是属于哪一种货物；查阅在所要求的航线上有哪些特种货物运价；查阅"航空货物运价表"上的"货物明细表"，选择与货物一致的号码，如果该货物号有更详细的内容，则选择最合适的细目；根据适用该货物的起码质量，选择合适的指定商品运价。

4. 起码运费

起码运费代号为 M，它是航空公司办理一批货物所能接受的最低运费，是航空公司在考虑办理即使很小的一批货物也会产生固定费用后判定的。如果承运人收取的运费低于起码运费就不能弥补运送成本。

航空公司规定无论所运送的货物适用哪一种航空运价，所计算出来的运费总额都不得低于起码运费，否则以起码运费计收。

相关链接

公布的直达运价的使用

1. 除起码运费外，公布的直达运价都以千克或磅为单位。
2. 航空运费计算时，应首先适用特种货物运价，其次是等级货物运价，最后是普通货物运价。
3. 如按特种货物运价或等级货物运价或普通货物运价计算的货物运费总额低于所规定的起码运费时，按起码运费计收。
4. 承运货物的计费重量可以是货物的实际重量或者是体积重量，以高的为准；如果某一运价要求有最低运量，而无论货物的实际重量或者是体积重量都不能达到要求时，以最低运量为计费重量。
5. 公布的直达运价是一个机场至另一个机场的运价，而且只适用于单一方向。
6. 公布的直达运价仅指基本运费，不包含仓储等附加费。
7. 原则上，公布的直达运价与飞机飞行的路线无关，但可能因承运人选择的航路不同而受到影响。
8. 运价的货币单位一般以起运地当地货币单位为准，费率以承运人或其授权代理人签发空运单的时间为准。

（二）非公布的直达航空运价

如果甲地至乙地没有适用的公布的直达运价，则要选择比例运价或利用分段相加运价。

1. 比例运价（construction rate）

在运价手册上除公布的直达运价外，还公布一种不能单独使用的附加数。当货物的始发地或目的地无公布的直达运价时，可采用比例运价与已知的公布的直达运价相加，构成非公布的直达运价。

需要注意的是在利用比例运价时，普通货物运价的比例运价只能与普通货物运价相加，特种货物运价、集装设备的比例运价也只能与同类型的直达运价相加，不能混用。

此外，可以用比例运价加直达运价，也可以用直达运价加比例运价，还可以在计算中使用两个比例运价，但这两个比例运价不可连续使用。

2. 分段相加运价

分段相加运价（combination of rate）是指在两地间既没有直达运价，也无法利用比例运价时，可以在始发地与目的地之间选择合适的计算点，分别找到始发地至该点、该点至目的地的运价，两段运价相加组成全程的最低运价。

无论是比例运价还是分段相加运价，中间计算点的选择，也就是不同航线的选择将直接关系到计算出来的两地之间的运价，因此承运人允许发货人在正确使用的前提下，以不同计算结果中最低值作为该货适用的航空运价。

四、其他附加费

其他附加费包括地面运费、中转手续费、制单费、货到付款附加费、提货费、送货费等，一般只有在航空公司或航空货运公司提供相应服务时才收取。

按《华沙条约》（全称为《关于统一国际航空运输某些规则的公约》）规定，对由承运人的责任失职而造成货物损坏\灭失或耽误等所承担的责任，其赔偿金额为每千克20美元或9.07英镑或相等的当地货币。如需按货物的价值赔偿，则发货人须在运单上对其货物声明价值，并向承运人支付一笔声明价值费。

货物的声明价值是针对整件货物而言，不允许对货物的某部分声明价值。声明价值费的收取依据货物的实际毛重，计算公式为：

声明价值费＝（货物价值－货物毛重×20美元/千克）×声明价值费费率

声明价值费的费率通常为0.5%。

【例】上海运往科威特一箱重25kg玉雕，声明价值为12000元的货物，计算航空运输收费。

【解】按1美元=8.3元计算

声明价值费＝（12000.00－20×8.3×25）×0.5%=39.25（元）

五、实务操作

1. 由北京运往东京一箱服装，毛重31.4kg，体积尺寸为90cm×60cm×40cm，计算该票货物的航空运费。公布运价如下。

M：230.00　　N：37.51　　45：28.13

2. 李四从广州托运1件服装样品至北京，服装样品包装为纸箱，尺寸为20cm×20cm×

20cm，毛重为 2kg。计算该票货物的航空运费。公布运价如下。

M：30.00　　N：8.90　　45：6.90　　100：6.00

职业技能训练

【训练目标】

通过让学生模拟操作办理国际航空货物运输业务，熟悉航空货物运输工作任务及岗位职责，使学生能够根据航空货运流程完成国际航空货物运输业务，并能计算航空货物运输费用。

【情景描述】

某货主托运下列物品自中国上海至美国西雅图，货物品名及相关资料如下。

（1）一件 38.5kg 景德镇瓷器，运输声明价值 320000 元人民币。

（2）一件纺织品，可使用 SCR"2211"代号。

（3）一面大型文艺演出用的鼓。

（4）两箱儿童读物。

【工作流程】

请完成如下子业务：

业务 1. 上述货物至少需要几张货运单？

业务 2. 如果瓷器、鼓、纺织品和儿童读物分别以三张货运单交运，运价资料如下。

SHA—SEA：M：420.00　　　N：51.69　　　45：38.71

construction exchange rate：1 美元 =7.79668 元人民币

贵重品的运价规则为：AS 200% of Normal GCR，则瓷器的航空运输总收费为多少元人民币？

业务 3. 鼓的直径为 180cm，高度为 150cm，则体积重量为多少千克？

业务 4. 计费使用的运价低于 GCR 的货物有哪些？

业务 5. 由于承运人的原因，使景德镇瓷器丢失，那么承运人的赔偿限额为多少元人民币？

同步测试

一、单项选择题

1. 航空货代具有（　　）身份。

A. 货主代理　　　　　　　　　　B. 航空公司代理

C. 货主代理和航空公司代理　　　D. 国内外收发人代理

2. 国际空运货物的计费重量以（　　）为最小单位。

A. 0.3kg　　　　B. 0.5kg　　　　C. 0.8kg　　　　D. 1kg

3. 空运时，国际货物托运单应由（　　）填具。
   A．货主　　　　　B．空代　　　　　C．承运人　　　　　D．航空公司
4. 托运单上声明价值一栏，如货物毛重每千克未超过 20 美元，则此栏可填（　　）。
   A．20 美元　　　　　　　　　　　　B．未超过 20 美元
   C．NVD　　　　　　　　　　　　　D．ALSO NOTIFY
5. 航空公司的运价类别，以"M"表示（　　）。
   A．指定商品运价　　B．最低运价　　C．附加运价　　　D．附减运价
6. 航空公司的运价，以"N"表示（　　）。
   A．最低运价　　　　　　　　　　　B．指定商品运价
   C．45 千克以上普货运价　　　　　　D．45 千克以下普货运价
7. 航空公司运价以"Q"表示（　　）。
   A．最低运价　　　　　　　　　　　B．指定商品运价
   C．45 千克以上普货运价　　　　　　D．45 千克以下普货运价
8. 航空公司运价以"C"表示（　　）。
   A．最低运价　　　　　　　　　　　B．指定商品运价
   C．45 千克以上普货运价　　　　　　D．45 千克以下普货运价
9. 航空公司运价以"R"表示（　　）。
   A．最低运价　　　　　　　　　　　B．指定商品运价
   C．附加运价　　　　　　　　　　　D．附减运价
10. 航空公司运价以"S"表示（　　）。
    A．最低运价　　　　　　　　　　　B．指定商品运价
    C．附加运价　　　　　　　　　　　D．附减运价

二、多项选择题

1. 航空运输的特点有（　　）。
   A．速度快　　　　B．安全准确　　　C．节省运杂费　　　D．不受气候影响
2. 空运的主要经营方式有（　　）。
   A．班机　　　　　B．快递　　　　　C．集中托运　　　　D．包机
3. 空运货物的计费重量分为（　　）。
   A．按实际毛重　　　　　　　　　　B．按体积重量
   C．按较高重量分界点的重量　　　　D．按较低重量分界点的重量
4. 航空货运单的作用，除是承运人与托运人之间缔结的运输契约和承运人收运货物的证明文件外还是（　　）。
   A．运费结算凭证及运费收据　　　　B．承运人在货物运输全过程中的依据
   C．保险证明　　　　　　　　　　　D．办理清关的证明文件
5. 航空快运业务的形式分为（　　）。
   A．门到门服务　　　　　　　　　　B．专人派送
   C．货到付款　　　　　　　　　　　D．门到机场服务

项目六

集装箱运输概论

【开章语】

集装箱运输是人类社会运输史上的一次重大革命,其发展程度,被认为是一个国家运输现代化的重要标志。20 世纪 50 年代以后,集装箱运输之所以能在全世界范围内迅猛发展,是因为这种运输方式具有鲜明的特点与突出的优越性。

没有规矩不成方圆,标准化可以提高作业效率,集装箱也不例外。

【知识目标】

1. 了解集装箱运输的起源;
2. 把握"成组运输"的概念,深入理解"成组运输"与集装箱运输的关系;
3. 了解集装箱运输的特点与优越性;
4. 掌握不同类型集装箱的使用范围与集装箱的方位性术语。

【能力目标】

1. 能将单件货物进行一般的"成组化",从而体验"成组运输"的优越性;
2. 熟练掌握国际标准集装箱的分类与规格尺寸;
3. 能够识别集装箱国际标准标记;
4. 掌握物流基础模数,熟悉物流模数及其与集装箱的配合。

【内容架构】

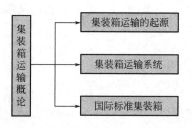

【项目引例】

预借提单谁之过错

2016 年 5 月 8 日,广奥公司与茂林胶合板厂签订购销合同。合同约定:由茂林胶合板厂向广奥公司提供三种规格的胶合板 6000m³,价格条件为 CIF 汕头,总价款为 2266000 美元,以信用证方式结算。信用证约定:货物装运期不迟于 7 月 31 日,不可转运;议付单据包括一套以议付银行为指示人的清洁已装船提单;信用证有效期至 2016 年 8 月 21 日。

茂林胶合板厂委托联发公司进行装运,由于受备货期的影响,不能于 7 月 31 日前装船,因此,茂林胶合板厂通过保函从联发公司处预借了提单。由于该批货物在 8 月 26 日才通过"新发"轮从印度尼西亚坤甸港装货出运,严重滞后于提单中的装运日期,广奥公司认为联发公司与茂林胶合板厂恶意串通，签发了虚假提单，属于提单欺诈行为，遂于 8 月 25 日向法院提出冻结信用证的申请。9 月 13 日，广奥公司向海事法院申请扣押"新发"轮，要求联发公司赔偿自己的相关损失，联发公司则认为自己出借提单是正常的商业行为。

问题：谈谈你对上述运输纠纷的看法。

任务一　集装箱运输的起源

一、成组运输与集装箱运输的起源

（一）运输货物的简单分类

作为运输对象的货物，如按其物理形态进行简单分类，可分为散货、液体货与件杂货。

1. 散货

散货即在运输中其物理形态为细小的粉末或颗粒状、块状的货物，主要有煤炭、矿粉等。粮食、化肥和水泥等货物，在大规模水路运输时，也经常采用散货运输方式。

2. 液体货

液体货即在运输中其物理形态为气态，经压缩变为液态，装在容器中进行运输的货物，主要有石油、石油制成品、液化天然气、液化煤气等。

3. 件杂货

件杂货即在运输中，不论其原物理形态如何，均经包装而形成袋装、桶装、箱装、捆装等形态，然后进行运输。在所有的运输货物中，"件杂货"覆盖面最广，几乎所有的制成品，包括机械设备、零部件、标准件、人们的日常生活用品、服装、食品，以及农产品、水果、畜产品、鲜花等，在运输过程中，均表现为某种包装形态的"件杂货"。

（二）运输大型化与机械化的瓶颈环节

1. 生产的大型化和机械化要求运输也实现大型化和机械化

第二次世界大战后，发达国家的工业生产有两大特点：一是生产的大型化；二是生产的机械化和自动化。生产的大型化，主要是指采用现代化的设备进行大规模生产。大规模生产的结果，可以使单位产品的投资和单位产品的成本降低。生产的机械化和自动化，是指用机械代替大量的费用昂贵的人力劳动，这不仅可以提高劳动生产效率，提高原材料和设备的利用程度，还能改善生产管理的方法，从而进一步降低了生产成本。因此，任何工业企业，只要具有大规模生产条件的，一般来说其生产规模越大，机械化程度越高，单位产品的成本就越低，企业的生产利润也就越大，所以，第二次世界大战后发达国家的生产企业，有向大型化、机械化、自动化发展的趋势。但是，生产要实施机械化和自动化，必要的前提是产品的标准化。如果产品无统一标准，一般就无法实现大规模的机械化、自动化生产。对于运输企业来说也不例外。运输企业想要大大提高劳动生产效率和降低运输成本，也必须遵循生产合理化的原理，采用大批量运输的生产方式，并促使装卸工具实现机械化和自动化。

2. 液体运输和散货运输的大型化、机械化改革

海上运输业的大型化、机械化、自动化趋势，开始于"液体运输"和"散货运输"，并很快取得了成果。第二次世界大战后出现了56万吨级的超级油船、30多万吨级的大型散货船，以及各种各样专用船。这些大型船舶的出现，有赖于装卸过程的机械化和自动化，如石油运输采用了高效率的自动泵、散货运输采用了自卸装备等。石油和散货船舶实现了大型化和装卸工作实现了机械化和自动化以后，使散货和液体货海上运输成本大幅降低，效率大大提高。这使得件杂货运输技术的落后显得更为突出。

3. 件杂货运输的瓶颈环节

件杂货运输的瓶颈环节在于货物的装卸搬运效率。多年来，件杂货在各种运输工具之间的装卸搬运只能依靠人力进行，人力装卸劳动强度大、效率低。以袋装化肥的卸船为例，在人力卸货的情况下，在船舱中是以两人为一组，将40kg左右一包的化肥堆放到网兜或托盘上，形成40包左右的一组，然后用吊车吊出舱去。一组强劳动力大约要8分钟左右完成一组操作。通常舱里要配10个劳动力，8小时只能卸货200～300t。装卸效率如此低下，使件杂货船舶的大型化毫无意义，因为船舶越大，在港停留装卸的时间越长。所以，在制造业日益大型化、机械化后，在液体货和散货运输的大型化和机械化瓶颈基本解决后，件杂货运输的装卸搬运瓶颈问题变得日益突出。

（三）成组运输——突破件杂货装卸瓶颈的方法

由于件杂货本身的特点（如外形不一、体积不一、密度不一），要提高装卸效率，首先要摆脱沉重与低效的人力装卸状况；而要摆脱依赖人力的装卸，人们首先着眼于"货件"的标准化与扩大"装卸单元"，即使是外形不一、大小不一的件杂货，通过某种组合，变成外形、大小一致的"货件"。于是就出现了"成组运输"这一改进运输工艺。

所谓"成组运输"，就是把单件杂货，利用各种不同的成组工具，组成一个个同一尺寸的标准货件，并使其在铁路、公路、水路等不同的运输方式之间，可以不拆组并快速转移。采用这种运输工艺，不仅提高了货件的重量，而且使每个货件达到定型化、标准化的目的，从而促进了件杂货运输的机械化和自动化水平。

件杂货的成组运输开始是用"网兜"和"托盘"来实现的，后来进一步发展了托盘船，实现了"托盘化"。

（四）成组运输的发展——从托盘到集装箱

1. 托盘成组的局限性

件杂货在托盘化以后，与单件运输比较，已有了很大的进步，但是在托盘运输中，还存在一些不足之处。

第一，托盘上只能装载包装尺寸相同的货物。它最适合装载那些用纸板箱或木板箱包装的商品；对坛、罐包装或形状不一的家具、机械和长大件货，堆装就会发生困难。

第二，托盘的尺寸有限。托盘货组每件重量一般为1～2t，因此装卸效率的提高幅度不大。

第三，采用托盘运输时，货件需要堆装，上层货件的重量直接压在下面的货件上，因此，货物的外包装需要具有较大的强度。

第四，托盘运输时，托盘上的货件是敞开的，在运输过程中容易发生被盗事故。

第五，托盘货物的点数比较困难，货物交接理货工作量大，在国际贸易运输中，需要办理较烦琐的过境手续。

2. 对托盘成组的改进——集装箱化

对托盘成组运输的进一步改进，就是集装箱化。托盘货件被装进集装箱，集装箱就代替托盘，成为更大、更理想的成组容器，从而突破了件杂货运输的装卸瓶颈。

二、海陆联运——现代集装箱运输的开始

成组工具的不断改进，提高了成组运输的效率，使成组运输系统得到了进一步完善。彻底改变了件杂货运输中的落后面貌，从而引发世界运输史上的一次大变革。

早期集装箱运输实践的时期很长，但发展缓慢，其主要特征是仅限于陆上运输。到20世纪50年代中叶，美国有人提出集装箱运输应该实行"海陆联运"，才真正开始了现代意义上的集装箱运输，集装箱运输的优势也开始展现。将集装箱运输由海陆沟通起来的最早实践者是美国人马克林。

【相关链接】

美国人马克林的集装箱海陆联运实验

1956年，美国人马克林收购泛大西洋轮船公司，在一艘未经改装的油船甲板上装载了58个大型集装箱，从纽约驶往休斯敦，开创了"海上集装箱运输"的先河。首次运输便取得了令人兴奋的成功，每吨货物的装卸成本从5.83美元降低到0.15美元。首航成功以后，在1957年10月，第一艘经改装的全集装箱船"盖脱威城"号在马克林的泛大西洋轮船公司投入运营，由此开创了集装箱运输的新纪元。1960年，该公司更名为"海陆联运公司"。1965年，海陆联运公司制订了用大型集装箱船环航世界的计划。从此，海上集装箱运输成了国际贸易中通用的运输方式，许多大的航运公司纷纷仿效海陆联运公司的做法。

集装箱运输早期在铁路和公路运输方面的实验始终没有打开局面，是因为运输方式割裂，使其能降低装卸成本的优势没有得到充分发挥。马克林将集装箱用于海陆联运，将陆上运输（火车和卡车）和海上运输（船舶）联系起来，这样，集装箱便于不同运输工具（如车与船）之间货物快速、低成本装卸的优势就得到了充分发挥，这种运输方式终于被人们认识和接受，被称为20世纪"运输界的一场革命"，也由此揭开了帷幕。

三、集装箱与集装箱运输的定义

（一）集装箱的定义

集装箱（container）在我国大陆一直称作"集装箱"，在中国香港称为"货箱"，在中国台湾称作"货柜"。关于它的定义，在各国的国家标准、各国国际公约和文件中，都有具体规定，其内容不尽一致。下面仅列举国际标准化组织（ISO）的定义。

1968年国际标准化组织（ISO）第104技术委员会起草的国际标准《集装箱术语》（ISO/R 830—1968）中，对集装箱已下了定义。该标准后来又作了多次修改。国际标准《集装箱名词术语》（ISO 830—1981）中，对集装箱定义如下：

"Definitions

A freight container is an article of transport equipment：

（1）Of a permanent character and accordingly strong enough to be suitable for repeated use；

（2）Specially designed to facilitate the carriage of goods，by one or more modes of transport，without intermediate reloading；

（3）Fitted with devices permitting its ready handling，particularly its transfer from one mode of transport to another；

（4）So designed as to be \easy to fill and empty；

（5）Having an internal volume of $1m^3$ or more。

The term freight container includes neither vehicles nor conventional packing。"

"集装箱的定义

集装箱是一种运输设备：

（1）具有足够的强度，可长期反复使用；

（2）适于一种或多种运输方式运送途中转运时，箱内货物不需换装；

（3）具有快速装卸和搬运的装置，特别便于从一种运输方式转移到另一种运输方式；

（4）便于货物装满和卸空；

（5）具有 $1m^3$ 及 $1m^3$ 以上的容积。

集装箱这一术语，不包括车辆和一般包装。"

（二）集装箱运输的定义

集装箱运输是指货物装在集装箱内进行运送的运输方式。它冲破了过去交通运输中的一切陈旧的规章制度和管理体制，形成一套独立的规章制度和管理体制，是最先进的现代化运输方式。它具有"安全、迅速、简便、价廉"的特点，有利于减少运输环节，可以通过综合利用铁路、公路、水路和航空等各种运输方式，进行多式联运，实现"门到门运输"。所以集装箱运输一出现，就深受各方面的欢迎，显示出了其强大的生命力和广阔的发展前景。

四、集装箱运输的特点和优越性

（一）集装箱运输方式的优越性

与传统件杂货运输方式相比，集装箱运输方式具有以下优越性。

1. 扩大成组单元，提高装卸效率，降低劳动强度

在装卸作业中，装卸成组单元越大，装卸效率越高。将托盘成组化与单件货物相比，装卸单元扩大了 20～40 倍；而集装箱与托盘成组化相比，装卸单元又扩大了 15～30 倍。所以集装箱化对装卸效率的提高是个不争的事实。

2. 减少货损、货差，提高货物运输的安全与质量水平

货物装入集装箱后，在整个运输过程中不再倒载。由于减少了装卸搬运的次数，就大大减少了货损、货差，提高了货物的安全与质量。据我国的统计，用火车装运玻璃器皿，一般破损率达到 30% 左右；而改用集装箱运输后，破损率下降到 5% 以下；在美国，类似运输损率不到 0.01%，日本也低于 0.03%。

3. 缩短货物在途时间，降低物流成本

集装箱化给港口和场站的货物装卸、堆码的全机械化和自动化创造了条件。标准化货物单元加大，提高了装卸效率，缩短了车船在港口和场站停留的时间。这一时间的缩短，对货主而言就意味着资金占用的大幅下降，可以很大程度地降低物流成本。

4．节省货物运输包装费用，简化理货工作

集装箱是相当坚固的金属（或非金属）箱子。集装箱化后，货物自身的包装强度可减弱，包装费用可下降。据统计，用集装箱方式运输电视机，本身的包装费用可节约50%，同时，由于集装箱装箱通关后，一次性铅封，在到达目的地前不再开启，也简化了理货工作，降低了相关费用。

5．减少货物运输费用

集装箱可节省船舶运费；节省运输环节的货物装卸费用；由于货物安全性提高，运输中保险费用也相应降低。

（二）集装箱运输方式的特点

从集装箱运输方式本身来说，它具有以下的特点。

1．集装箱是一种"门—门"运输

这里的"门—门"（door to door），一端是指制造企业的"门"，另一端是指市场的"门"。所谓"门—门"，就是从制造企业这个"门"将最后消费品生产完毕，装入集装箱后，不管进行多长距离、多么复杂的运输，中间不再进行任何装卸与倒载；一直到市场的"门"，再卸下直接进入商场。这既是这种运输方式的特点，又是采用这种运输方式所要达到的目标。凡使用集装箱运输货物，都应尽量不在运输中途进行拆箱与倒载。

2．集装箱运输是一种多式联运

由于集装箱"门—门"运输的特点，决定了其"多式联运"的特点。所谓多式联运，是指使用两种或两种以上不同的运输方式，对特定货物进行的接运。它是以各种运输工具的有机结合，协同完成全程运输为前提条件的。而集装箱运输在很多情况下，又是国际多式联运。所谓国际多式联运（international multimodal transport），是指根据一个单一的合同，以两种或两种以上的运输方式，把货物从一个国家运往另一个国家。这种单一的合同即为多式联运单据或合同，由组织这种运输的个人或企业（联运经营人）签发，并由其负责执行全程的运输业务。由于集装箱是一种封闭式的装载工具，在海关的监督下装货铅封以后，可以一票到底直达收货人。所以集装箱运输是最适合国际多式联运的一种方法。

3．集装箱运输方式是一种高效率的运输方式

这种高效率包含两方面的含义。一是时间上的高效率：由于集装箱在结构上是高度标准化的，与之配合的装卸机具、运输工具（船舶、卡车、火车等）也是高度标准化的，因此在各种运输工具之间换装与紧固均极迅捷，大大节省了运输时间；二是经济上的高效率：集装箱运输可以在很多方面节省装卸搬运费用、包装费用、货物破损损失、理货费用、保险费用等。这些都决定了集装箱运输是一种高效率的运输方式。

4．集装箱运输是一种抽象了所运货物外形差异的运输方式

在件杂货运输方式中，所运货物不管采用什么样的外包装，其物理、化学特性上的差异均比较明显，可以通过视觉、触觉甚至嗅觉加以区别。在货物的信息管理方面，即使有所缺陷，也可以用其他手段予以弥补，而集装箱则不然。货物装入集装箱后，其物理、化学特性全部被掩盖了，变成千篇一律的标准尺寸、标准外形的金属（或非金属）箱子，从其外形无法得到任何说明其内容的特征。所以集装箱的信息管理与件杂货运输相比，具有特别重要的意义。

任务二　集装箱运输系统

一、集装箱运输的基本要素

(一)适箱货源

从是否适于集装箱运输的角度,货物可以分成以下四类。

第一类:物理与化学属性适合于通过集装箱进行运输,且货物本身价值高,对运费的承受能力大的货物。

第二类:物理与化学属性适合于通过集装箱进行运输,且货物本身价值较高,对运费的承受能力较大的货物。

第三类:物理与化学属性上可以装箱,但货物本身价值较低,对运费的承受能力较差的货物。

第四类:物理与化学属性不适于装箱,或者对运费的承受能力很差,从经济上看不适于通过集装箱进行运输的货物。

第一类货物称为"最佳装箱货";第二类货物称为"适于装箱货";第三类货物称为"可装箱但不经济的装箱货";第四类货物称为"不适于装箱货"。集装箱运输所指的适箱货源,主要是前两类货物。

(二)标准集装箱

前面列出了国际标准集装箱的含义。除了国际标准集装箱外,各国还有一些国内和地区标准集装箱,如我国国家标准中,就有两种适于国内使用的标准集装箱(5D与10D)。关于标准集装箱的内容,在"任务三"中会给予详细介绍。

(三)集装箱船舶

集装箱船舶经历了一个由非专业到专业化转化的过程。最早的集装箱船舶是件杂货与集装箱混装的,没有专门的装载集装箱的结构。发展到现在,在国际海上集装箱运输使用的集装箱船舶,均已专业化,而且船型越来越大。内河运输的集装箱船,大多由原来的驳船改造而成。

(四)集装箱码头

与集装箱水路运输密切相关的是集装箱港口码头。集装箱水路运输的两端,必须在码头装船,在码头卸船。早期的集装箱码头也与件杂货码头交叉使用,只是在件杂货码头的原有基础上配置少量用于装卸集装箱的机械,用于处理混装的件杂货船舶上的少量集装箱。这类码头配置在我国目前一些中、小型的沿海港口和内河港口还经常可以看到。现代化的集装箱码头已高度专业化,码头前沿岸机配置、场地机械配置、堆场结构与装卸工艺配置,均完全与装卸集装箱配套。

(五)集装箱货运站

集装箱货运站在整个集装箱运输系统中发挥了"承上启下"的重要作用,是一个必不可少的基本要素。按其所处的地理位置和不同的职能，可分为三种：设在集装箱码头内的货运站，设在集装箱码头附近的货运站以及内陆货运站。

（六）集装箱卡车

集装箱卡车主要用于集装箱公路长途运输，陆上各结点之间的短驳以及集装箱的"末端运输"。

（七）集装箱铁路专用车

集装箱铁路专用车主要用于铁路集装箱运输。铁路集装箱专用车主要用于集装箱的陆上中、长距离运输以及所谓"陆桥运输"。

二、集装箱运输的子系统

集装箱运输的各个"基本要素"，以各种不同的方式组合起来，大致可以组成以下几个系统。

（一）集装箱水路运输子系统

集装箱船舶、集装箱码头与集装箱货运站等基本要素，可组成集装箱水路运输子系统。集装箱水路运输子系统完成集装箱的远洋运输、沿海运输和内河运输，是承担运量最大的一个子系统。集装箱水路运输子系统由集装箱航运系统和集装箱码头装卸系统两个次级系统组成。

（二）集装箱铁路运输子系统

集装箱铁路专用车、集装箱铁路办理站与铁路运输线等组成了集装箱铁路运输子系统。它是集装箱多式联运的重要组成部分。随着"陆桥运输"的起始与发展，集装箱铁路运输子系统在整个集装箱多式联运中，正起着更加重要的作用。

（三）集装箱公路运输子系统

集装箱卡车、集装箱公路中转站与公路网络，构成了集装箱公路运输子系统。集装箱公路运输子系统在集装箱多式联运过程中，担负短驳、串联和"末端运输"的任务。在不同国家和地区，由于地理环境不同，道路基础设施的条件不同，集装箱公路运输子系统处于不同的地位，发挥着不同的作用。

（四）集装箱航空运输子系统

在相当长一段时间内，由于航空运输价格昂贵、运量小，集装箱的航空运输占的份额很小，近年来，随着世界经济整体的增长，航空运输速度快、对需求响应及时，从而可缩短资金占用时间等优越性逐渐凸显。航空集装箱运输子系统的地位正在快速提升。

三、集装箱货物的流转程序

（一）典型的集装箱货物运输流程

（1）发货人将货物发至内陆某一地点，可能是一个内陆集装箱货运站，也可能是一个铁路集装箱办理站或公路集装箱中转站。可以是整箱货（full container cargo load，FCL），也可以是拼箱货（less than container cargo load，LCL）。如果是拼箱货，则在内陆集装箱货运站拼箱。

（2）集装箱在内陆某一地点通过铁路或公路运输，运达装船港。

（3）集装箱装船后，通过海上运输，运至卸船港。

（4）集装箱在卸船港卸船后，再通过铁路或公路运输，运至目的地内陆集装箱货运站、铁路集装箱办理站或公路集装箱中转站。

（5）如为整箱货，目的地内陆集装箱货运站（铁路集装箱办理站或公路集装箱中转站）将集装箱直接送收货人，在收货人处拆箱；如为拼箱货，则在货运站拆箱，收货人到货运站提货，如图 6-1 所示。

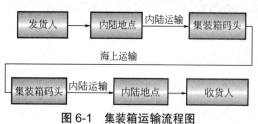

图 6-1 集装箱运输流程图

（二）整箱货与拼箱货的一般流转程序

（1）整箱货。所谓整箱货，是指由发货人自行装箱，并自行填写装箱单、场站收据，并由海关加铅封的货。整箱货又被习惯性地理解为"一个发货人、一个收货人"。

（2）整箱货流转程序。具体步骤如下。

第一步：在发货工厂或仓库配置集装箱。

第二步：由发货人自行装箱。

第三步：通过铁路、公路或内河运输。

第四步：在集装箱码头堆场办理交接。

第五步：将集装箱根据堆场计划堆放。

第六步：装船。

第七步：通过海上运输。

第八步：卸船。

第九步：将集装箱根据堆场计划堆放。

第十步：在集装箱堆场办理交接。

第十一步：通过内陆运输。

第十二步：在收货人工厂或仓库拆箱。

第十三步：集装箱空箱回运。

详细流程如图 6-2 所示。

上述从发货人运至集装箱码头堆场，以及从集装箱码头堆场运至收货人方面的内陆运输，可在三种运输系统之间选择。

第一，货主自行托运。按这一系统，有关空箱的配置、实箱的运输，均由货主自己负责，在将货运至集装箱码头堆场大门时，与承运人办理交接。

第二，承运人托运。按这一系统，有关空箱的配置以及实箱的运输（内陆），均由承运人安排并支付运费，承运人的责任从发货人的工厂或仓库开始。

第三，混合托运。按这一系统，承运人负责并监管空箱配置，而实箱的运输由货主安排并支付运费。

（3）拼箱货。所谓拼箱货，是指由集装箱货运站负责装箱，负责填写装箱单，并由海关加铅封的货。拼箱货又被习惯性地理解为"若干发货人、若干收货人"。

（4）拼箱货流转程序。具体步骤如下。

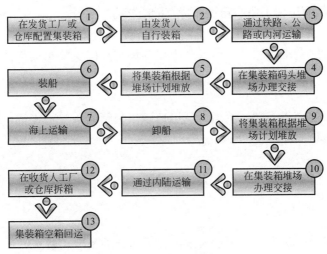

图 6-2 整箱货流转程序

第一步：货运站从码头堆场领取空箱。
第二步：货运站配箱、装箱。
第三步：对已装箱的实箱加铅封。
第四步：将实箱运至码头堆场。
第五步：装船。
第六步：通过海上运输。
第七步：卸船。
第八步：将实箱运至货运站。
第九步：货运站拆箱。
第十步：货运站交货。
第十一步：集装箱空箱回运。

详细流程如图 6-3 所示。

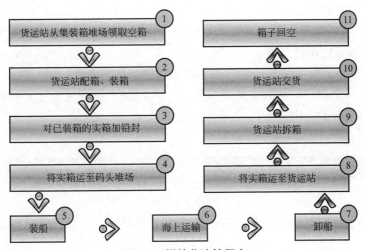

图 6-3 拼箱货流转程序

（三）集装箱运输的主要交接方式

随着集装箱运输的发展，特别是多式联运的发展，集装箱运输已突破了海运区段的范围向两岸大陆延伸，因而出现了集装箱运输特有的交接方式。

1. CY-CY

这是 FCL-FCL 的交货类型。承运人从出口国集装箱码头整箱接货，运至进口国集装箱码头整箱交货的一种交接方式。

2. CY-CFS

这是 FCL-LCL 的交货类型。承运人从出口国集装箱码头整箱接货，运至进口国指定的集装箱货运站，拆箱后散件交收货人。

3. CY-DOOR

这是 FCL-FCL 的交货类型。承运人从出口国集装箱码头整箱接货，运至进口国收货人的工厂或仓库整箱交货。

4. CFS-CY

这是 LCL-FCL 的交货类型。承运人从出口国指定的集装箱货运站散件接货，拼箱后运至进口国集装箱码头整箱交货。

5. CFS-CFS

这是 LCL-LCL 的交货类型。承运人从出口国指定的集装箱货运站散件接货，拼箱后运至进口国指定的集装箱货运站，拆箱后散件交收货人。

6. CFS-DOOR

这是 LCL-FCL 的交货类型。承运人从出口国指定的集装箱货运站散件接货，拼箱后运至进口国收货人的工厂或仓库整箱交货。

7. DOOR-CY

这是 FCL-FCL 的交货类型。承运人从出口国发货人的工厂或仓库整箱接货，运至进口国集装箱码头整箱交货。

8. DOOR-CFS

这是 FCL-LCL 的交货类型。承运人从出口国发货人的工厂或仓库整箱接货，运至进口国指定的集装箱货运站，拆箱后散件交收货人。

9. DOOR-DOOR

这是 FCL-FCL 的交货类型。承运人从出口国发货人的工厂或仓库整箱接货，运至进口国收货人的工厂或仓库整箱交货。

上述 9 种交接方式是集装箱运输产生后在实践中总结出来的，并为绝大多数国家的集装箱运输所采用。其中我国应用最多的交接方式是 CY-CY，最方便货主并体现集装箱综合运输优越性的是 DOOR-DOOR。

任务三　国际标准集装箱

国际标准集装箱的尺寸、类型、方位性术语、主要部件、标记等是集装箱运输的基础知识。

一、国际标准集装箱的尺寸

国际标准集装箱的尺寸可分为"外部尺寸"和"最小内部尺寸"。

（一）国际标准集装箱的外部尺寸

目前通用的第一系列集装箱，其外部尺寸可分为以下类别。

1. A 系列集装箱

这类集装箱长度均为 40ft，宽度均为 8ft，由高度的不同可以分为 4 种。

1AAA	高度为 9ft 6in；
1AAA	高度为 8ft 6in；
1A	高度为 8ft；
1AX	高度小于 8ft。

2. B 系列集装箱

这类集装箱长度均为 30ft（实际小于 30ft），宽度均为 8ft，由高度的不同可以分为 4 种。

1BBB	高度为 9ft 6in；
1BB	高度为 8ft 6in；
1B	高度为 8ft；
1BX	高度小于 8ft。

3. C 系列集装箱

这类集装箱长度均为 20ft（实际小于 20ft），宽度均为 8ft，由高度不同可以分为 3 种。

1CC	高度为 8ft 6in；
1C	高度为 8ft；
1CX	高度小于 8ft。

4. D 系列集装箱

这类集装箱长度均为 10ft（实际小于 10ft），宽度均为 8ft，由高度不同可以分为 2 种。

1D	高度为 8ft；
1DX	高度小于 8ft。

相关链接

关于第一系列集装箱的长度尺寸标准

由于在火车、卡车的同一车皮，堆场的同一箱位，集装箱船的同一箱位，可装载（堆存）一个 40ft 集装箱的位置，必须可同时装载（堆存）两个 20ft 集装箱，或一个 30ft 与一个 10ft 集装箱，所以，实际上除了 40ft 集装箱的长度允许正好为 40ft 外，30ft、20ft、10ft 的集装箱，其长度均必须小于其公称长度。国际标准规定：其长度之间的间距必须为 3ft（76mm）。

上述 A、B、C、D 四类集装箱中，以 A 类与 C（长度分别为 40ft 和 20ft）集装箱最为通用，其总数量也较多。从统计的角度，将一个 C 类集装箱（长度为 20ft），称为一个标准箱（TEU）；一个 40ft 的集装箱，为两个标准箱；一个 30ft 的集装箱，为 1.5 个标准箱；一个 10ft 的集装箱，为 0.5 个标准箱，如图 6-4 所示。

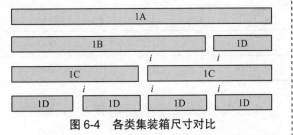

图 6-4　各类集装箱尺寸对比

> 1A 型—40ft（12192mm）；1B 型—30ft（9125mm）；1C 型—20ft（6058mm）；
> 1D 型—10ft（2991mm）；i（间距）=3in（76mm）。
> 各种集装箱箱型之间的尺寸关系：
> 1A=1B+1D+i=9125+2991+76=12192mm；
> 1B=3D+2i=3×2991+2×76=8973+152=9125mm；
> 1C=2D+i=2×2991+76=6058mm

（二）国际标准集装箱的最小内部尺寸

为了使国际标准集装箱的内部能合适地装载托盘和一定数量货物，国际标准集装箱（主要为干货箱）也规定了内部尺寸标准，见表6-1。

表6-1 第一系列集装箱的最小内部尺寸和箱门开口尺寸

箱型	最小内部尺寸/mm			最小箱门开口尺寸/mm	
	H	W	L	H	W
1AAA	外部尺寸减241	2330	11998	2566	2286
1AA			11998	2261	
1A			11998	2134	
1BBB			8931	2566	
1BB			8931	2261	
1B			8931	2134	
1CC			5867	2261	
1C			5767	2134	
1D			2802	2134	

中国国家标准化管理委员会对《集装箱外部尺寸和额定重量》（GB 1413—1985）中规定的四种标准集装箱（即1AA、1CC、10D、5D）最小内部尺寸，也制定了标准。国家标准《通用集装箱最小内部尺寸》（GB 1834—1980）中规定的数值如表6-2所示。

表6-2 《通用集装箱最小内部尺寸》（GB 1834—1980）的规定

箱型	最小内部尺寸/mm			最小内部容积/m³
	H	W	L	
1AA	2350	2330	11998	65.7
1CC	2350	2330	5867	32.1
10D	2197	2330	3823	19.6
5D	2197	2330	1780	9.1

二、国际标准集装箱的用途分类

国际标准集装箱按用途分类，可以分为以下类别。

（一）杂货集装箱

杂货集装箱又称干货箱，是一种通用集装箱（图6-5），适用范围很大，除需制冷、保温的货物与少数特殊货物（如液体、牲畜、植物等）外，只要在尺寸和重量方面适合用集装箱装运的货物，均可装运。在结构上，杂货集装箱可分为一端开门、两端开门与侧壁设有侧门三类。杂货集装箱的门均有水密性，可实现270°的开启。目前在国内外运营中的集装箱，大部分属于杂货集装箱。

图6-5　杂货集装箱

（二）开顶集装箱

开顶集装箱是一种特殊的通用集装箱（图6-6），除箱顶可以拆下外，其他结构与通用集装箱类似，分为"硬顶"和"软顶"两种。硬顶是指顶篷用一整块钢板制成；软顶是指顶篷用帆布、塑料布制成，以可拆式扩伸弓梁支撑。

图6-6　开顶集装箱

开顶集装箱主要适用于装载大型货物和重型货物，如钢材、木材、玻璃等。货物可用吊车从箱顶吊入箱内，这样不易损坏货物，可减轻装箱的劳动强度，又便于在箱内把货物固定。

（三）台架式集装箱

台架式集装箱（图6-7）没有箱顶和侧壁，可以用吊车从顶上装货，也可以用叉车从箱侧装货，适合于装载长大件和重件货，如重型机械、钢材、钢管、木材、钢锭、机床及各种设备。

台架式集装箱的结构种类很多，主要有以下类别（图6-8）。

各种台架式集装箱的主要特点：为了保持其纵向强度，箱底较厚，箱底的强度比一般集装箱大，而其内部高度比一般集装箱低。为了把装载的货物系紧，在下测梁和角柱上设有系环。为了防止运输过程中货物坍塌，在集装箱的两侧还设有立柱或栅栏。台架式集装箱没有水密性，怕水湿的货物不能装运。在陆上运输中或堆场上储存时，为了不淋湿货物，应用帆布遮盖。

（四）平台集装箱

平台集装箱（图6-9）指无上部结构，只有底结构的集装箱。平台集装箱又分有顶角件

图 6-7　台架式集装箱

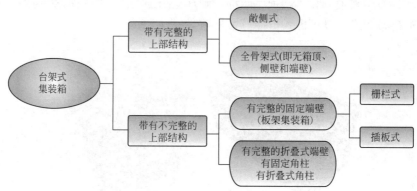

图 6-8　台架式集装箱的种类

和底角件的和只有底角件而没有顶角件的两种，在欧洲使用较多。

（五）冷藏集装箱

冷藏集装箱（图 6-10）指具有制冷或保温功能，可用于运输冷冻货或低温货的集装箱。冷藏集装箱主要有以下两种类型。

图 6-9　平台集装箱

图 6-10　冷藏集装箱

1. 机械式冷藏集装箱

机械式冷藏集装箱内装有冷冻机，只需要外界供电，就能制冷。冷冻装置装在箱体内，不会妨碍集装箱专用机械的搬运和装卸。

在船上，机械式冷藏集装箱由船舶发电机供电；在陆上，由码头或堆场专用电源供电；在火车上，由装有发电机组的专用车辆供电。所以，有关的船舶、火车、集装箱堆场，均须配备有专门的供电设施。

在使用与运输中需注意的问题：①冷藏集装箱本身没有冻结能力；②机械式冷藏箱有"空冷"和"水冷"两种冷却方式。

2. 离合式冷藏箱

离合式冷藏箱是指冷冻机可与集装箱体联合与分离的集装箱。实际上，集装箱本体只是一个具有良好隔热层的箱体，在陆上运输时，一般与冷冻机相连；在海上运输时，则与冷冻机分开。在集装箱堆场与码头，如配备有集中的冷冻设备与冷风管道系统，离合式冷藏箱也可与冷冻机分开，采用集中供冷形式。

它不仅可装运 0℃ 以下的货物，还可装运 0℃ 以上的货物。有的冷藏集装箱具有加温设备，可使箱内温度保持在 0～25℃ 范围内。

（六）散货集装箱

散货集装箱（图 6-11）主要用于装运麦芽、粒状化学品和谷物等，也可用于装运普通的件杂货。

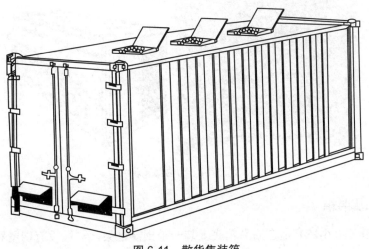

图 6-11　散货集装箱

（七）通风集装箱

通风集装箱（图 6-12）外表与杂货集装箱类似，其区别在于在侧壁或端壁上设有 4～6 个通风口。适于装载球根类作物、食品等易"汗湿"变质的货物。如将其通风口关闭，通风集装箱可作为杂货集装箱使用。

（八）罐装集装箱

罐装集装箱（图 6-13）是专门用于装运油类（如动、植物油）、酒类、液体食品及液态化学品的集装箱，可装运酒精和其他液体危险品。罐状集装箱由罐体和箱体框架两部分

图 6-12 通风集装箱

图 6-13 罐装集装箱

构成。

（九）动物集装箱

动物集装箱（图 6-14）是指装运鸡、鸭、鹅等活家禽和牛、马、羊、猪等活家畜用的。箱顶采用胶合板覆盖，侧面和端面都有金属网制的窗，以便通风良好。侧壁的下方设有清扫口和排水口，便于清洁。

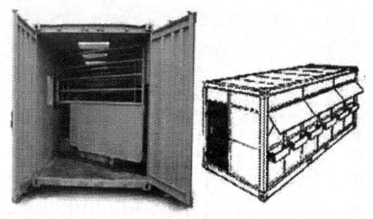

图 6-14 动物集装箱

（十）汽车集装箱

汽车集装箱（图 6-15）是在简易箱底上装一个钢制框架。一般没有端壁和侧壁，箱底应采用防滑钢板。

（十一）服装集装箱

服装集装箱（图 6-16）是杂货集装箱的一种变形，是在集装箱内侧梁上装有许多横杆，每根横杆垂下若干绳扣。

（十二）组合式集装箱

组合式集装箱，又称"子母箱"，俗称奇泰纳（G-tainer）。它的结构是在独立的底盘上，箱顶、侧壁和端壁可以分解和组合，既可以单独运输货物，也可以紧密地装在 20ft 和 40ft 箱内，作为辅助集装箱使用。它拆掉壁板后，形似托盘，所以又称为"盘式集装箱"。

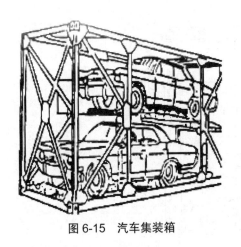
图 6-15　汽车集装箱

图 6-16　服装集装箱

三、集装箱的方位性术语

集装箱的方位性术语主要是指区分集装箱的前、后、左、右以及纵、横的方向和位置的定义。

占集装箱总数 85% 以上的通用集装箱，均一端设门，另一端是盲端。这类集装箱的方位性术语如下。前端（front）：指没有箱门的一端。后端（rear）：指有箱门的一端。

相关链接

使用前后端术语的注意事项

当集装箱在卡车上时，其没有箱门的一端朝着卡车行进方向，有箱门的一端背着行进方向，这样，集装箱就可以方便地开门。如集装箱两端结构相同，则应避免使用前端和后端这两个术语，若必须使用时，应依据标记、铭牌等特征加以区别。左侧、右侧等术语确定的原理也是一样。

左侧（left）：从集装箱后端向前看，左边的一侧。右侧（right）：从集装箱后端向前看，右边的一侧。路缘侧（gurbside）：当集装箱底盘车在公路上沿右侧向前行驶时，靠近路缘的一侧。公路侧（roadside）：当集装箱底盘车在公路上沿右侧向前行驶时，靠近马路中央的一侧。纵向（longitudinal）：指集装箱的前后方向。横向（transverse）：指集装箱的左右、与纵向垂直的方向。

四、通用集装箱上主要部件名称和说明

通用集装箱上各主要部件的位置如图 6-17 所示。

1. 角件（corner fitting）

集装箱箱体的 8 个角上都设有角件。角件用于支承、堆码、装卸和拴固集装箱。集装箱上部的角件称顶角件，下部的角件称底角件。在我国国家标准《集装箱角件的技术条件》（GB 1835—1985）中规定，角件分为甲、乙两种，甲种角件适用于 1AA 型和 1CC 型集装箱，乙种角件适用于 10D 型和 5D 型集装箱。对于小型集装箱，如 5D 型集装箱，也可以不设角件而采用吊环或其他形状的吊栓方案。但采用角件方案时，则必须符合《集装箱角件的技术条件》（GB 1835—1985）标准的要求。

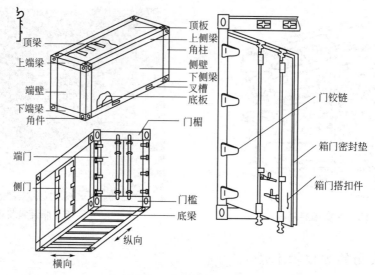

图 6-17 各部件位置图

2. 角柱（corner post）

角柱指连接顶角件与底角件的立柱，是集装箱的主要承重部件。

3. 角结构（corner structures）

角结构是指由顶角件、角柱和底角件组成的构件，是承受集装箱堆码载荷的强力构件。角件和角柱均为铸钢件，用焊接方法连接在一起。铸钢件应按国家标准进行热处理。

4. 上端梁（top end transverse member）

上端梁指箱体端部与左、右顶角件连接的横向构件。

5. 下端梁（bottom end transverse member）

下端梁指箱体端部与左、右底角件连接的横向构件。

6. 门楣（door header）

门楣指箱门上方的梁。

7. 门槛（door sill）

门槛指箱门下方的梁。

8. 上侧梁（top side rail）

上侧梁指侧壁上部与前、后顶角件连接的纵向构件。左面的称左上侧梁，右面的称右上侧梁。

9. 下侧梁（bottom side rail）

下侧梁指侧壁下部与前、后底角件连接的纵向构件。左面的称左下侧梁，右面的称右下侧梁。

10. 顶板（roof sheet）

顶板指箱体顶部的板。顶板要求用一张整板制成，不得用铆接或焊接成的板，以防铆钉松动或焊接开裂而造成漏水。

11. 顶梁（roof bows）

顶梁指在顶板下连接上侧梁，用于支承箱顶的横向构件。

12. 箱顶（roof）

箱顶指在端框架上和上侧梁范围内，由顶板和顶梁组合而成的组合件，使集装箱封顶。

箱顶应具有标准规定的强度。

13. 底板（floor）

底板指铺在底梁上承托载荷的板。一般由底梁和下端梁支承，是集装箱的主要承载构件。箱内装货的载荷由底板承受后，通过底梁传导给下侧梁，因此底板必须有足够的强度，通常用硬木板或胶合板制成。

14. 底梁（floor bearers or cross member）

底梁指在底板下连接下侧梁，用于支承底板的横向构件。底梁从箱门起一直排列到端板为止。底梁一般用"C""Z"或"T"形型钢或其他断面的型钢制作。

15. 底结构和底框架（base structures and base frame）

底结构是指由集装箱底部的四个角件、左、右两根下侧梁、下端梁、门槛、底板和底梁组成。在1C型和1CC型集装箱的底结构上还设有叉槽，1A型和1AA型集装箱的底结构上，有的设有鹅颈槽。底框架是由下侧梁和底梁组成的框架。

16. 叉槽（fork pockets）

叉槽是指横向贯穿箱底结构、供叉车的叉齿插入的槽。20ft型集装箱上一般设一对叉槽，必要时也可以设两对叉槽。40ft型集装箱上一般不设叉槽。

17. 鹅颈槽（gooseneck tunnel）

鹅颈槽是指设在集装箱箱底前部，用以配合鹅颈式底盘车上的凹槽，其目的是为了降低集装箱卡车整车的高度，适合在通行高度受限的道路和隧道、桥梁等使用（图6-18）。

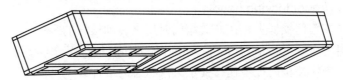

图 6-18　底结构和鹅颈槽

18. 端框架（end frame）

端框架是指集装箱前端的框架，由前面的两组角结构、上端梁和下端梁组成。后端的框架实际为门框架，它由后端的两组角结构、门楣和门槛组成。

19. 端壁（end wall）

端壁是指在端框架平面内与端框架相连形成封闭的板壁（不包括端框架在内）。在侧壁的里面一般有端柱，以加强端壁的强度。

20. 侧壁（side wall）

侧壁与上侧梁、下侧梁和角结构相连接，形成封闭的板壁（不包括上侧梁、下侧梁和角结构在内）。在侧壁的里面一般有侧柱，以加强侧壁的强度。

21. 端板（end panel）

端板是指覆盖在集装箱端部外表面的板。

22. 侧板（side panel）

侧板是指覆盖在集装箱侧部外表面的板。

23. 箱门（door）

箱门通常为两扇后端开启的门，用铰链安装在角柱上，并用门锁装置进行关闭。

24. 端门（end door）

端门是指设在箱端的门，一般通用集装箱前端设端壁。后端设箱门。

25. 门铰链（door hinge）

门铰链是指靠短插销（一般用不锈钢制）使箱门与角柱连接起来，保证箱门能自由转动的零件。

26. 箱门密封垫（door seal gasket）

箱门密封垫是指箱门周边为保证密封而设的零件。密封垫的材料一般采用氯丁橡胶。

27. 箱门搭扣件（door holder）

箱门搭扣件是指进行装、卸货物作业时，保证箱门开启状态的零件。它设在箱门下方和相对应的侧壁上。有采用钩环的，也有采用钩链或绳索的。

28. 箱门锁杆（door locking bar or door locking rod）

箱门锁杆是设在箱门上垂直的轴或杆。锁杆两端有凸轮，锁杆转动后凸轮即嵌入锁杆凸轮座内，把箱门锁住。锁杆还起着加强箱门承托力的作用。

29. 锁杆托架（door lock rod bracket）

锁杆托架是把锁杆固定在箱门上并使之能转动的承托件。

30. 锁杆凸轮（locking bar cams）

锁杆凸轮是设于锁杆端部的门锁件，通过锁件的转动，把凸轮嵌入凸轮座内，将门锁住。

31. 锁杆凸轮座（locking bar cam retainer or keeper）

锁杆凸轮座是保持凸轮成闭锁状态的内承装置，又称卡铁。

32. 门锁把手（door locking handle）

门锁把手是装在箱门锁杆上，在开关箱门时用来转动锁杆的零件。

33. 把手锁件（door locking handle retainer or handle lock）

把手锁件是用来保持箱门把手使它处于关闭状态的零件。

34. 海关铅封件（customs seal retainer）

海关铅封件是通常设在箱门的把手锁件上，海关用于施加铅封的设置。一般都采用孔的形式。

35. 海关铅封保护罩（customs seal protection cover）

海关铅封保护罩是设在把手锁件上方，用于保护海关铅封而加装的防雨罩，一般用帆布制（图 6-19）。

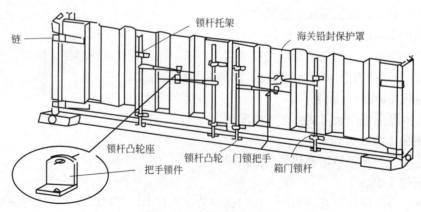

图 6-19 海关铅封保护罩

五、国际标准集装箱的标记

(一) 国际标准集装箱标记的类别

国际标准化组织(International Organization for Standard，ISO)规定有"必备标记"和"自选标记"两类；每一类标记中，又分"识别标记"和"作业标记"两种。具体位置如图 6-20 所示。

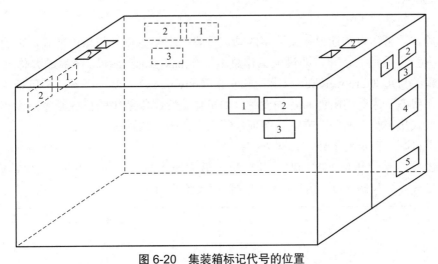

图 6-20 集装箱标记代号的位置
1—箱主代号；2—箱号或顺序号、核对数字；3—集装箱尺寸及类型代号；
4—集装箱总量、自重和容积；5—集装箱制造厂名及出厂日期

1. 识别标记

识别标记包括如下几类。

(1) 箱主代号。即集装箱所有人的代号，用三个大写拉丁字母表示。为防止箱主代号出现重复，所有箱主在使用代号之前应向国际集装箱局(BIC)登记注册。目前国际集装箱局已在 16 个国家和地区设有注册机构，在中国北京也设有注册机构。国际集装箱局每隔半年公布一次在册的箱主代号一览表。

(2) 设备识别代号。分别为"U""J""Z"三个字母。"U"表示集装箱；"J"表示集装箱所配置的挂装设备；"Z"表示集装箱专用车和底盘车。

箱主代号和设备识别代号一般四个字母连续排列，如 ABCU，即为箱主代号—ABC；设备识别号—U。

(3) 顺序号。又称箱号，用 6 位阿拉伯数字表示。若有效数字不足 6 位，则在前面加"0"，补足 6 位。如，有效数字为 1234，则集装箱号为 001234。

(4) 核对数字。核对数字由一位阿拉伯数字表示，列于 6 位箱号之后，置于方框之中。

> **相关链接**
>
> 核对数字的作用
>
> 在集装箱的识别标记中设置核对数字的目的，是为了防止箱号在记录时发生差错。运营中的集装箱频繁地在各种运输方式之间转换，如从火车到卡车到船舶等，

不断地从这个国家到那个国家，进出车站、码头、堆场、集装箱货运站。每进行一次转换和交接，就要记录一次箱号。在多次记录中，如果偶然发生差错，记错一个字符，就会使该集装箱从此"不知下落"。为不致发生此类"丢失"集装箱及所装货物的事故，在箱号记录中就设置了一个"自检测系统"，即设置一位"核对数字"。

2. 作业标记

作业标记包括如下几类。

（1）额定重量和自重标记。集装箱的额定重量（空箱重量）与箱内装载货物的最大容许重量（最大容许质量）之和，即最大工作总重量（max gross mass）简称最大总重，以 R 表示。集装箱的自重（tare weight）又称空箱重量（tare mass），以 T 表示。它包括各种集装箱在正常工作状态下应有的附件和各种设备，如机械式冷藏集装箱的机械制冷装置及其所需的燃油、台架式集装箱上两侧的立柱、敞顶集装箱上的帆布顶篷等。

额定重量减去自重等于载重，即 $P=R-T$。

在标出额定重量和自重的同时，还可称出最大净货载（net weight）。三种重量标出时，要求用千克（kg）和磅（lb）两种单位同时表示（图 6-21）。

图 6-21　额定重量、自重和最大净货载标记

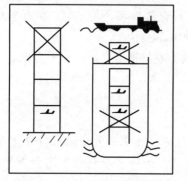

图 6-22　空陆水联运集装箱标记

（2）空陆水联运集装箱标记。空陆水联运集装箱是指可在飞机、船舶、卡车、火车之间联运的集装箱，其容积为 $1m^3$ 或 $1m^3$ 以上，装有顶角件和底角件，具有与飞机机舱内栓固系统相配合的栓固装置，箱底可全部冲洗并能用滚装装卸系统进行装运。为适用于空运，这种集装箱自重较轻、结构较弱，强度仅能堆码两层，为此，国际标准化组织规定了特殊的标记（图 6-22）。标记的最小尺寸为：高 127mm（5in），长 355mm（14in）。字母标记的字体高度至少为 76mm（3in）。标记表示要求：第一，在陆地上堆码时只允许在箱上堆码 2 层；第二，在海上运输时，不准在甲板上堆码，在舱内堆码时只能堆装 1 层。

（3）登箱顶触电警告标记。凡装有登箱顶梯子的集装箱，应设有"登箱顶触电警告标记"（图

6-23）。该标记一般设在罐式集装箱上，位于邻近登箱顶的扶梯上。

（4）超高标记。凡高度超过 8.5ft（2.6m）的集装箱必须标出"超高标记"（图 6-24）。该标记表明超高实际高度为 9.5ft（9ft 6in），相当于公制 2.9m。

图 6-23　登箱顶触电警告标记

图 6-24　超高标记

（二）自选标记

1. 识别标记

识别标记主要由"尺寸代号"与"类型代号"组成。

（1）尺寸代号。尺寸代号以两个字符表示。第一个字符表示箱长，其中 10 ft 箱长代号为"1"；20 ft 箱长代号为"2"；30ft 箱长代号为"3"；40ft 箱长代号为"4"。5～9 为"未定号"。另外以英文字母 A～P 为特殊箱长的集装箱代号（表 6-3）。第二个字符表示箱宽与箱高。其中 8 ft 高，代号为"0"；8 ft 6 in 高，代号为"2"；9 ft 高，代号为"4"；9 ft 6 in 高，代号为"5"；高于 9 ft 6 in，代号为"6"。半高箱（箱高 4 ft 3 in）代号为"8"；低于 4 ft 代号为"9"。另外英文字母反映箱宽不是 8 ft 的特殊宽度集装箱。

表 6-3　第 1 个字符尺寸代号

箱长		代码	箱长		代码
mm	ft		mm	ft	
2991	10	1	未定号		9
6058	20	2	7150		A
9125	30	3	7315	24	B
12192	40	4	7430	24 6	C
未定号		5	7450		D
未定号		6	7820		E
未定号		7	8100		F
未定号		8	12500		G

续表

箱长		代码	箱长		代码
mm	ft		mm	ft	
13106		H	14935		N
13600		K	16154		P
13716		L	未定号		R
14630		M	未定号		

（2）类型代号。类型代号反映集装箱按用途属于哪种类型。类型代号原用2个阿拉伯数字表示，1995年改为用2个字符表示。其中第一个字符为拉丁字母，表示集装箱的类型。如G（General）表示通用集装箱；V（Ventilated）表示通风集装箱；B（Bulk）表示散货集装箱；S（Sample）表示以货物命名的集装箱；R（Reefer）表示保温集装箱中的冷藏集装箱；H（Heated）表示集装箱中的隔热集装箱；U（Up）表示敞顶集装箱；P（Platform）表示平台集装箱；T（Tank）表示罐式集装箱；A（Air）表示空陆水联运集装箱。

第二个字符为阿拉伯数字，表示某类型集装箱的特征。如通用集装箱，一端或两端有箱门，类型代号为"G0"。

2. 作业标记

作业标记主要为"国际铁路联盟标记"。各国的铁路都有各自的规章制度，手续极为复杂。为简化手续，国际铁路联盟制定了《国际铁路联盟条例》。该条例对集装箱技术条件作了许多规定，凡满足其中规定的集装箱，可获取"国际铁路联盟"标记。在欧洲铁路上运输集装箱时，必须有该标记。

国际铁路联盟标记如图6-25所示，方框上部的"i""c"，表示国际铁路联盟；方框下部的两位阿拉伯数字，为各铁路公司的代号。如"33"为"中华人民共和国铁路"的代号。

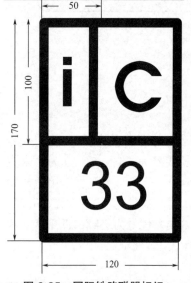

图 6-25 国际铁路联盟标记

（三）通行标记

集装箱上除有必须的必备标记与自选标记外，还必须拥有一些允许其在各国间通行的牌照，称为"通行标记"。现有的集装箱通行标记主要有安全合格牌照、集装箱批准牌照、检验合格徽等。

1. 安全合格牌照

该牌照表示集装箱已按照《国际集装箱安全公约》（International Convention for safe Container，简称CSC公约）的规定，经有关部门试验合格，符合有关的安全要求，允许在运输运营中使用。安全合格牌照是一块长方形金属牌，尺寸要求不得小于200mm×100mm，牌上应记有"CSC安全合格"字样，同时标有其他内容的文字。在运输运营中使用的集装箱，在安全合格牌照上还必须标明维修间隔的时间。

安全合格牌照主要标示内容如下。

（1）批准国、批准证书号和批准日期、批准国家用国际公路运输车辆登记国的标识符号加以标示。

（2）出厂日期（年、月）。

（3）集装箱制造厂商产品号码，如为号码不详的现有集装箱，则标上由行政主管部门指定的号码。

（4）最大营运总重量（以 kg 和 lb 表示）。

（5）对 1.8g 的允许堆码重量（以 kg 和 lb 表示）。

（6）横向挤拉试验载荷数值（以 kg 和 lb 表示）。

2. 集装箱批准牌照

为便于集装箱在各国间通行，可由海关加封运行，不必开箱检查箱内的货物。联合国欧洲经济委员会制定了一个《集装箱海关公约》，凡符合《集装箱海关公约》规定的集装箱，可以装上"集装箱批准牌照"（图 6-26），在各国间加封运输。

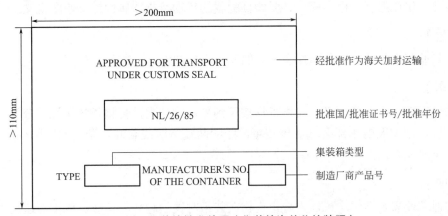

图 6-26　集装箱批准牌照（集装箱海关公约牌照）

3. 检验合格徽

集装箱上的"安全合格牌照"，主要是确保集装箱不对人的生命安全造成威胁。但集装箱还必须确保在运输过程中不对运输工具（如船舶、货车、拖车等）的安全造成威胁。所以国际标准化组织要求各检验机关必须对集装箱进行各种相应试验，并在试验合格后，在集装箱箱门上贴上代表该检验机关的合格徽。如图 6-27 所示为中国船级社的检验合格徽。

上述"通行标记"在集装箱进行国际运输时是必需的。不带这些"通行标记"的集装箱，会在卸船后被扣押在码头上，经过必要的相关检验，认为符合有关规定后，才会被放行。

图 6-27　中国船级社的检验合格徽

职业技能训练

【训练目标】

根据辅助资料及项目情景,新增船舶基本信息、船图定义、查询、增加、修改船期表,编制一个"东鸿"号船舶的货物堆放空间图,并在堆放说明中说明所选组的层、列大致区域中放置何种货物,为何要这样放置。

【情景描述】

船舶计划员需对公司负责装卸的"东鸿"号船舶基本信息资料进行登记、查询,包括船舶代码、船舶名称、载重吨位等信息。记录船舶资料,如船舶的船名、船主、地址、航线、联系电话、长、宽、深、容积、功率、集装箱箱量等反映船舶信息。系统将根据船舶主尺度和主机条件,生成船型。根据船型、船舶预配载的货物及货物属性进行船图定义。

【工作流程】

登记船舶基本信息—编制船期表—对船舶进行船图定义—制作贝位图

【操作步骤】

①船舶属性;②船图定义(先将货物按所到港进行分类,再将货物按性质分类,选择船舱大致位置,根据船的中部区域放集装箱,船的两端货舱装载其他杂货的原则排放);③船期录入;④船期查询。

【注意事项】

本实训主要需要学生注意,为防止货物在装箱时发生超载、偏载、偏重等违反水路货物运输安全情况发生,在作业时一定按标准要求作业。

【实训成果】

要求在计算机上完成交互式实训,并且提交总结性报告。

同步测试

一、单项选择题

1. 早期集装箱的特征仅限于( )。
   A. 公路运输　　　　　　　　　B. 海上运输
   C. 航空运输　　　　　　　　　D. 铁路运输
2. 在下列哪种交接方式下,运输经营人一般是以拼箱形态接受货物,以整箱形态交付货物?( )
   A. CFS to CY　　B. CFS to CFS　　C. CY to CFS　　　D. CY to CY
3. 下列关于集装箱的叙述中,不正确的是( )。

A．具有足够的强度和耐久性，可长期反复使用
B．适用一种或多种运输方式，途中转运时箱内货物无需换装
C．适用快速装卸装置作业，便于货物装满和卸空
D．容积为 1 立方米或以下
4．下列集装箱部件中，主要用于集装箱紧固和吊装的是（　　）。
A．上、下端梁　　　B．叉槽　　　C．角件　　　D．箱顶
5．集装箱的主要承载部件是（　　）。
A．角柱　　　B．箱梁　　　C．底板　　　D．底结构
6．运输鱼、肉、新鲜水果、蔬菜等食品最适合使用的集装箱是（　　）。
A．通用集装箱　　　B．冷藏集装箱　　　C．保温集装箱　　　D．通风集装箱
7．运输重型机械、钢材、钢管、木材、钢锭、机床及各种设备等最适合使用的集装箱是（　　）。
A．通用集装箱　　　B．台架集装箱　　　C．开顶集装箱　　　D．汽车集装箱
8．装运散货、颗粒或粉状货等最适合使用的集装箱是（　　）。
A．通用集装箱　　　B．台架集装箱　　　C．开顶集装箱　　　D．罐式集装箱
9．下列一般不是国际标准集装箱的是（　　）。
A．罐式集装箱　　　B．汽车集装箱　　　C．动物集装箱　　　D．服装集装箱
10．（　　）集装箱可在空箱运输时，提高营运的经济性。
A．折叠式　　　B．固定式　　　C．内柱式　　　D．外柱式

二、多项选择题
1．下列属于标示集装箱的最大总重量的是（　　）。
A．Max Gross Mass　　　B．Tare Weight
C．M.G.M　　　D．MAX WT.
2．多式联运是（　　）的组合。
A．公、铁运输方式　　　B．多种运输方式
C．海、海运输方式　　　D．铁、海运输方式
3．国际货物运输的特点是（　　）。
A．环节多　　　B．情况复杂　　　C．风险较大　　　D．速度低
4．目前通用的第一系列集装箱，其外部尺寸可分为以下（　　）类别。
A．A 系列集装箱　　　B．C 系列集装箱
C．D 系列集装箱　　　D．B 系列集装箱
5．集装箱运输所指的适箱货源，主要是指哪几类货物（　　）。
A．最佳装箱货　　　B．可装箱但不经济的装箱货
C．适于装箱货　　　D．不适于装箱货

项目七
集装箱水路运输实务

【开章语】

集装箱运输本质上是一种国际间的运输方式,所以集装箱水路运输,在集装箱的各种运输方式中,运输量最大,地位最重要。集装箱船舶配载是整个码头作业系统中的重要一环,直接关系到码头装船作业的质量和效率,关系到集装箱班轮的船期,同时也影响到码头的声誉。因此现代集装箱码头十分重视船舶配载的工作质量,并设置专门的配载岗位。

【知识目标】

1. 掌握集装箱水路运输组织的基本知识;
2. 掌握集装箱船舶结构的一般知识;
3. 掌握集装箱配积载的知识。

【能力目标】

1. 能进行集装箱水路运输的一般操作;
2. 能进行集装箱船舶的配积载;
3. 能熟练使用集装箱码头装卸设备。

【内容架构】

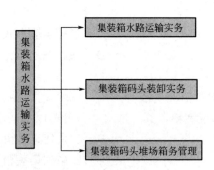

【项目引例】

一起船舶违章装载、船翻货损案

2016 年 12 月 28 日,买方华虹公司与卖方港富公司签订一份买卖合同,约定由华虹公司向港富公司购买美国特灵公司生产的 TRANE 2250USRT 冷冻机组一套,包括两台冷冻机和相应配件,两台冷冻机的价值为 600300 美元,配件价值为 29700 美元,总价值为 630000 美元。2017 年 4 月 19 日,中银集团保险有限公司就前述货物向港富公司签发了编号为 MCG/01-M0139080 的海运货物保险单,该保险单正面记载的被保险人为港富公司,船名航次为"川河"070WO,开航日期为 2017 年 4 月 20 日,航程为从美国西雅图港至中国上海港,保险金额为693000美元的定值保险,险别为海洋货物运输一切险、战争险,索赔支付地为中国上海,如发生货损检验代理为华泰保险咨询有限公司,保险单还约定了保证货物装载在舱内或者集装箱内等其他条款。2017年4月20日,中远公司作为承运人签发了编号为COSU250C63431的指示提单,该提单记载的托运人为特灵公司,通知方为华虹公司,承运船舶为"川河"轮,装货港为美国西雅图港,卸货港中国上海港,货物分别装在三个集装箱内,两台冷冻机分别装在两个20ft框架集装箱内,相应配件装在一个40ft集装箱内。同年5月8日,上述货物被运至上海集装箱码头有限公司张华浜码头,卸入该码头堆场19箱区51位61号的位置。同月14日8:30时左右,上海交运集装箱发展有限公司的驾驶员许国亮驾驶的车号为"沪A50443"的集装箱卡车将箱号为CBHU9200573的20ft框架集装箱撞坏,箱内冷冻机受损,受损冷冻机的实际价值为300150美元。

案例中涉及的集装箱码头装卸业务、堆场箱务管理以及海运提单等内容,本项目将一一做出解答。

任务一 集装箱水路运输实务

一、集装箱水路运输的参与各方

集装箱水路运输是各种运输方式中组织程序最为复杂、运量最大的一种,也是参与各方最多的一种。集装箱水路运输的参与各方,除托运人与收货人外,大致还有以下几方面。

(一)集装箱班轮公司

这是集装箱水路运输的主角,它完成集装箱海上与内河的航运任务,是集装箱水路运输的主要参与方。进行集装箱水路运输的主要是各集装箱班轮公司,它们组成规模大小不同的船队,在各集装箱干线、支线、内支线上进行集装箱航运。

(二)集装箱码头公司

这是集装箱水路运输的另一个主角,它完成集装箱水路运输起点和终点的装卸任务。如果是集装箱水路运输起点港,它同时承担集装箱整箱货的集货、卸货和拼箱货的集货、装箱、装卸任务;如果是集装箱水路运输的目的港,它同时承担集装箱整箱货的装卸、疏运交接和拼箱货的装卸、拆箱及送达任务。集装箱码头通常有一定面积的堆箱场和集装箱货运站(CFS),具备相关业务的处理能力。

集装箱运输除以上两个主要参与方外,还有其他富有特色的各类公司。

(三)无船承运人公司

无船承运人是指在集装箱运输中,经营集装箱货运,但不经营船舶的承运人。它是随着集装箱多式联运的发展而出现的联运经营人。联运经营人可由参与某一运输区段的实际承运人担任,也可由不参加实际运输的经营者——无船承运人来担任。

> **相关链接**
>
> 无船承运人的特征和业务范围
>
> 通常无船承运人具有以下特征。
> （1）是国际贸易合同的当事人。
> （2）在法律上有权订立运输合同。
> （3）本人不拥有运输工具。
> （4）有权签发提单，并受提单条款的约束。
> （5）由于与托运人订立运输合同，所以对货物全程运输负责。
> （6）具有双重身份：对货物托运人来说，是承运人或运输经营人；而对实际运输货物的承运人而言，又是货物托运人。
>
> 通常无船承运人经营的业务范围有：
> （1）作为承运人签发货运提单，并因签发提单而对货物托运人负责。
> （2）代表托运人承办订舱业务，根据货物托运人的要求和货物的具体情况，洽订运输工具。
> （3）承办货物交接。无船承运人根据托运人的委托，在指定地点接受货物，并转交承运人或其他人，在交接过程中为委托人办理理货、检验、报关等手续。
> （4）代办库场业务。
>
> 无船承运人作为集装箱多式联运的中介，建立起了货主与船公司之间的相互联系和协作，对集装箱国际多式联运的发展发挥了重要的作用。

（四）集装箱租箱公司

集装箱价格昂贵，货主不可能为运输几单货物而自己去购置集装箱；集装箱班轮公司为延揽运箱业务，会投资购置部分集装箱，但通常预置的箱量必须达到船舶载箱量的三倍，才足以应付周转需要，所以集装箱班轮公司一般也难以投入如此巨资，购置数量如此庞大的箱量，同时，集装箱的箱务管理很复杂，包括集装箱在运营过程中的回空、堆放、保管、更新等问题，需要非常专业的管理，这也使集装箱班轮公司不堪负担。于是就出现了专门填补这一空白的专业公司——集装箱租箱公司。集装箱租箱公司购置一定数量的集装箱，专业从事租箱业务，同时进行箱务管理，一般还经营堆箱场，专门满足货主与船公司对集装箱空箱租赁的需求。

（五）集装箱船舶租赁公司

虽然集装箱水运以班轮运输为主，但由于集装箱运输市场供求关系的变化，航线货流的不平衡，经常会产生短时间的支线集装箱运输需求，这时就需要由集装箱船舶租赁公司提供较小型的集装箱船，通过租船运输加以满足。向集装箱船舶租赁公司租船的承运人，有货主，也有不同规模的集装箱班轮公司。目前，集装箱租船市场的份额和规模有不断上升的趋势。

（六）国际货运代理人

随着国际贸易与运输方式的发展，尤其是集装箱国际多式联运的发展，运输货物涉及的面越来越广,情况越来越复杂,一般货主和运输经营人既没有时间与精力,也缺乏专门知识去自己办理每一项具体业务。于是,出现了专业公司——国际货运代理人,专门为货主代理各类货运业务。

> **相关链接**
>
> 国际货运代理人的主要业务
>
> 国际货运代理人的主要业务通常包括:
> (1)订舱,即代理货主向集装箱班轮公司订舱;
> (2)报关,即代理货主将进、出口集装箱货物向海关报送、结关;
> (3)拆装箱,即对整箱货与拼箱货,均代理货主安排集装箱货运站,进行空箱装箱与重箱拆箱;
> (4)理货,即由国际货运公司亲自或委托理货公司对集装箱装、拆箱进行理货;
> (5)租箱,即代理货主或船公司向租箱公司租用集装箱,并按合同归还空箱;
> (6)办理集装箱装卸业务,即代理货主安排在起运港码头将集装箱装上船舶及在目的港码头将集装箱卸下船舶;
> (7)货物保险,即代理货主办理各种运输保险业务。

二、集装箱水路运输的组织

集装箱水路运输的组织,一般从对象、方式、程序三个角度进行考虑与构架。

(一)集装箱水路运输的货物与货源调查

集装箱水路运输的对象,就是集装箱的适箱货。所以必须先搞清楚集装箱适箱货的具体类型、具体货源与货物流向,然后可进入航线组织和挂靠港的选择工作,最后确定运输组织的程序。

1. 集装箱运输的货物

集装箱化后,由于各种不同的集装箱适合装载各种不同的货物,所以货物分类的方法与普通货船运输时也有不同,一般可分为普通货物和特殊货物。普通货物又可分为清洁货(细货、精良货)和污货(粗货);特殊货物可分为冷藏货、活动植物、重货、高价货、危险货、液体货、易腐货和散货等。

> **拓展提高**
>
> 货物的一般分类
>
> 货物从运输角度,一般可分为普通货物和特殊货物。
> 1. 普通货物(general cargo)
> 普通货物一般通称为百杂货,是指不需要用特殊方法进行装卸和保管,可按件计数的货物的总称。其特点通常是批量不大,单价较高,具有较强的运费负担能力。经常用定期船运输。百杂货根据其包装形式和货物的性质,又可分为清洁货和污货两类。
> (1)清洁货(clean cargo)。又称"细货"(fine cargo)或"精良货",是指清洁

而干燥，在积载和保管时，货物本身无特殊要求，如与其他货物混载，不会损坏或污染其他货物的货物。如罐头食品、纺织品、棉纱、布匹、橡胶制品、陶瓷器、漆器、电气制品、玩具等。

（2）污货（dirty cargo）。又称"粗货"（rough cargo，troublesome cargo），是指按货物本身的性质和状态，容易发潮、发热、风化、融解、发臭，或者有可能渗出液汁、飞扬货粉、产生害虫而使其他商品遭受损失的货物。如可能渗出液汁的兽皮，飞扬粉末的水泥、石墨，污损其他货物的油脂、沥青，生虫的椰子核、牛骨、干燥生皮，发生强烈气味的胡椒、樟脑、牛皮等。

2. 特殊货物（special cargo）

特殊货物是指在性质上、重量上、价值上、货物形态上具有特殊性，运输时需要用特殊集装箱装载的货物。它包括冷藏货、活动植物、重货、高价货、危险货、液体货、易腐货和散货等许多种。

（1）冷藏货（refrigerated cargo）。指需用冷藏集装箱或保温集装箱运输的货物，如水果、蔬菜、鱼类、肉类、鸡蛋、奶油、干酪等。

（2）活动植物（livestock cargo）。指活的家禽、家畜及其他动物，以及树苗、其他苗木等植物。

（3）重货（heavy cargo）。指单件重量特别大的货物，如重型机械等。按我国规定：水路运输中的笨重货物有如下三个标准。

① 交通运输部沿海直属水运企业规定：重量超过 3 t，长度超过 12 m。

② 长江航运和各省（市、自治区）沿海水运企业规定：重量超过 2 t，长度超过 10 m。

③ 各省（市、自治区）内河水运企业规定：重量超过 1 t，长度超过 7 m。

在国外一般平均每件重量超过 3.6 t 的货物，按笨重货处理。

（4）高价货（valuable cargo）。指货物无论从容积或重量来计算，其价格都比较昂贵的货物，如生丝、绸缎、丝织品、照相机、电视机以及其他家用电器等。

（5）危险货（dangerous cargo）。指货物本身具有易燃、易爆、有毒、有腐蚀性、放射性等危险特性的货物。危险货物装箱时必须有特别的安全措施。若有危险货物的集装箱装船时，也同样如此，以保证运输设备及人身的安全。

（6）液体货（liquid cargo）。指需装在罐、桶、瓶等容器内进行运输的液体或半液体货。许多液体货还具有一定程度的危险性。液体货易泄漏和挥发，经常会出现污损或污染其他货物的情况。

（7）易腐货（perishable cargo）。指在运输途中因通风不良，或遇高温、高湿等原因容易腐败变质的货物。

（8）散货（bulk cargo）。指粮食、盐、煤、矿石等无特殊包装的散装运输的货物。随着集装箱运输的发展，水泥、糖等也可用集装箱散装运输。

2. 集装箱水路运输货源调查

弄清了集装箱适合装运的主要货种，接下来就可进行集装箱水路运输的货源调查。集装箱水路运输货源与货流的形成，与一般件杂货水路运输货源货流的形成有些不同的特点。大致可归纳如下。

（1）与人口稠密程度和经济发达程度存在密切关系。人口稠密的地区，一般会存在大量商品的产出与原材料和消费品的需求，通常其需运输的货物的货源就比较多，货流就比较大。可以说各类货物、各种运输方式，与地区人口密度都成正比。但集装箱货物的货源和货流固然与人口稠密程度有关，但更与经济发达程度有关。

（2）货流比件杂货运输更趋于集中。现代集装箱多式联运的发展，使集装箱水路运输的货流比件杂货运输显得更为集中。这是因为：首先，集装箱运输是一种资金密集型的运输方式，形成一个集装箱码头，组成一个集装箱船队，其投资的起点比件杂货高得多。由此就造成这类企业进入成本较高，如没有足够的货流，难以确保投资的回收。所以集装箱水路运输的规模效益特点比件杂货明显，其集中程度也高于一般件杂货运输。其次，集装箱运输是一种高效率的运输方式，由于其标准化程度高，便于各种运输工具之间的换装，所以更适宜通过多式联运，将分散的货源集中到少数中心港口，通过庞大的船队，进行集中的长途水运，以降低运输成本。所以集装箱水路运输与一般件杂货的水路运输相比，表现出货流更为集中的特点。

考虑到集装箱水路运输货源与货流的以上特点，集装箱水路运输货源调查主要考虑以下因素。

第一，腹地经济发达程度和人口稠密程度。

经济发达程度与人口稠密程度必须同时予以考虑。人口稠密地区进出口商品流量相对会比较大，但其中的适箱货比例不一定很高。只有经济达到一定的发达程度，适箱货比例才会相应提高，集装箱化程度也会比较高。

第二，周边地区集装箱多式联运发展的程度。

在沿海、沿河地区，应充分考虑世界主要集装箱班轮航线和国内沿海支线、内河支线的走向，以便确定本地区在整个集装箱水路运输网络中的地位和发展前途，由此确定集装箱货源的发展趋势，货流形成的可能性和规模，集装箱货源揽集的主要方向。如果是在内陆地区，则应调查周边集装箱铁路办理站、公路中转站和内陆集装箱货运站的设置、规模、主要流向，这样就可以确定开展集装箱运输的可能性、揽货的方向、形成货流以后最经济的处理方法和流向。

第三，政府运输政策和布局。

集装箱运输是大投资、大布局、进行规模运输和多式联运网式运输的运输方式。特定地区集装箱运输开展的可能性、发展趋势、发展方向，通常与政府的运输政策和宏观物流布局存在密切关系。因此，特定地区集装箱货源的调查，一定先要收集政府相关宏观政策与布局的资料，要与政府的宏观控制同步规划和发展。

拓展提高

集装箱水路运输货源调查的定量处理

集装箱水路运输货源调查的定量处理，要做以下一些工作：

（1）调查本地区与相应腹地的经济总量、货物总出口量与进口量；

（2）货物进出口总量中适箱货的总量；

（3）适箱货的主要流向；

（4）适箱货总量中，会通过本地码头（河港、海港）进行水运的数量，或通过一定的多式联运路线，从邻近港口进行水运的数量。

（二）集装箱水路运输航线和挂靠港

集装箱水路运输的航线设计和挂靠港的确定，一般采取以下方式和考虑以下一些相应因素。

1. 集装箱水路运输航线设计的类型

目前，集装箱水路运输航线的设计大致可分为以下两种类型。

（1）多港挂靠的直达运输航线。多港挂靠的直达运输航线，是传统班轮营运中最普遍采用的一种航线结构。船舶每个往返航次通常要挂靠5～10个港口。这种航线结构的优点是：能够将货物直接运送到目的港，可减少运输环节，具有较高的送达速度和货运质量。但如果货源并不充足，为了有限数量的货物，挂靠过多港口，无论在船期上，还是在费用上都会产生浪费。限于港口自然条件和货源条件，这种航线设计往往不能采用大型集装箱船舶，载箱量一般在1000～2000TEU之间，无法更好地发挥集装箱运输的优势。因此，近年来，这种具有传统特征的班轮航线逐步地被干线支线中转运输航线所取代。

（2）干线支线的中转运输航线，即通过支线集装箱运输，将货物集中到少数中转港，再通过干线运输，将货物运往目的港。采用这种航线结构，选择的中转港一般都具有各方面的优越条件。在干线上可配大型的集装箱船，支线运输则采用小型灵活的喂给船来承担。这种航线结构可以充分发挥集装箱运输的规模经济效益，克服传统多港挂靠航线的缺点。但是，由于采用了中转运输的方法，实际的货物装卸费用将增加，并且还要支付二程船的费用，同时由于环节增多，货物实际运达时间可能延长。

拓展提高

集装箱水路运输的航线设计应考虑的因素

采用什么样的集装箱水路运输的航线设计类型，通常要考虑以下一些因素：

（1）大港干线集装箱船的箱位数；

（2）支线船的箱位数；

（3）大港与中、小港的距离；

（4）中、小港集装箱卸箱数。

一般来说，干线上的集装箱船越大，支线运输的运距越长，中途港的装卸量越小，则用支线运输更有利。

---

2. 集装箱水路运输航线配船

航线配船是在集装箱运输航线上如何最合理地配置船型、船舶规模及其数量，使其不仅能满足每条航线的技术、营运要求，而且能使船公司获得良好的经济效益。因此，所配船舶的技术性能，应与航线上的货物种类、流向以及船舶挂靠港口的状况相适应。

拓展提高

集装箱航线配船应考虑的因素

集装箱航线配船通常应考虑以下因素：

（1）在考虑航线配船时，应考虑船舶的航行性能要适应航行的运营条件，船舶的尺度、性能要适应航道水深、泊位水深，船舶的结构性能及船舶设备等应满足航线货源及港口装卸条件的要求。

（2）必须遵循"大线配大船"的原则。在适箱货源充足，港口现代化水平高的集装箱航线上，应配置大吨位集装箱船；而在集装箱化程度不高，集装箱货源较少或处于集装箱运输发展初期的航线上，则适宜使用中、小型集装箱船或多用途船。

（3）在航线条件允许的情况下，船舶规模的大小与适箱货源的多少及航行班次有关。在货运量一定的情况下，发船间隔越大，航行班次越少，船舶数越少，船舶规模则越大。在发船间隔或航行班次一定的情况下，船舶规模与货运量成正比，即货运量越大，船舶规模也越大。在货运量和发船间隔一定的情况下，船舶规模与往返航次的时间和船舶数有关，即船舶规模与往返航次时间成正比，与船舶数成反比。当船舶数和挂靠港数目不变时，航线上船舶航速越快，往返航次时间就越短，船舶规模可缩小。

（4）在我国广阔的内河水系，进行内支线集装箱运输时，应考虑河道航运条件、沿河港口装卸条件、配用集装箱拖驳船队等。可采用带独杆吊的集装箱驳船，这样即使在没有集装箱岸边起重机的港口，也可进行集装箱装卸。

3. 航线挂靠港的确定

所谓集装箱航线的挂靠港，是指一条集装箱航线沿途停靠的港口。船舶的停靠与火车、汽车的停靠不同，进港和出港的消耗时间很长，所以正确确定集装箱水路运输航线的挂靠港，通常决定了该航线运营的成败。

拓展提高

集装箱水路运输航线挂靠港的选择

集装箱水路运输航线挂靠港选择的相关因素通常如下。

1. 地理位置

挂靠港位置应在集装箱航线之上或离航线不远。挂靠港应与铁路集装箱办理站与公路集装箱中转站靠近，便于集装箱多式联运的开展。挂靠港应有相对有利的开辟沿海支线运输与内支线运输的条件。

2. 货源与腹地经济条件

这是选择挂靠港最重要的因素。挂靠港所在地区经济应较发达，本地进出的适箱货源较多，其经济腹地消化的适箱货源量较大。要达到以上条件，挂靠港（尤其是集装箱干线航线的挂靠港）通常应依托经济发达、人口稠密的大城市，应优先考虑以沿海的大城市为挂靠港。

3. 港口自身条件

港口自身条件是指港口的水深、航道水深、港口泊位数量、泊位长度、装卸机械配备情况、装卸机械数量、港口管理的效率、现代化程度等。国际集装箱干线航线所使用的船舶一般都较大，吃水深，所以航道与码头前沿的水深都应比较好。而且像超巴拿马型船，船体宽度超过 32m，所以码头应具有相应跨度的集装箱桥吊，同时港口还应有足够大的堆场，有良好的集疏运条件，这样能确保港口不堵塞，不会出现船舶等泊的情况。另外，干线航线的挂靠港应尽可能设备齐备，如拥有堆放冷藏集装箱的相应电源、设备等。

4. 其他相应条件

作为一个条件良好的挂靠港，还应有发达的金融、保险等企业，有各类中介服务企业和设施，便于集装箱运输各类相关业务的开展。

（三）集装箱班轮船期表编制

制定班轮船期表，是集装箱班轮运营组织工作的一项重要内容。班轮公司制定和公布船期表，一是为了招揽航线途经港口的货载；二是有利于船舶、港口和货物及时衔接，使船舶在挂靠港口短暂停泊中达到尽可能高的工作效率；三是有利于提高船公司航线经营的计划质量。

班轮船期表的内容通常包括：航线、船名、航次编号；始发港、终点港港名；到达和驶离各港的时间，其他相关事项等。典型船期表如表 7-1 所示。

表 7-1　班轮船期表

船名	航次 VOY	大连 DAL	新港 XIN	青岛 QIN	神户 KOB	温哥华 VCR	长滩 LGB	大连 DAL	新港 XIN	青岛 QIN
		CEN/ 美国周班线			联系人：			电话：		
秀河	0070E/0071E	23~23/05	24~27/05	26~27/05	29~29/05	10~11/06	14~15/06	04~04/07	05~06/07	07~08/07
茶河	0079E/0080E	30~30/05	31~01/06	03~03/06	05~05/06	17~18/06	21~22/06	11~11/07	12~13/07	14~15/07
雅河	0067E/0068E	06~06/06	07~08/06	09~10/06	12~12/06	24~25/06	28~29/06	18~18/07	19~20/07	21~22/07

集装箱班轮运输具有速度快、装卸效率高、码头作业基本不受天气影响等优点，所以相对于其他班轮的船期表，集装箱班轮的船期表可以编制得十分精确。

拓展提高

编制船期表的基本要素

编制船期表通常有以下基本要求。

1. 船舶的往返航次时间（班期）应是发船间隔的整数倍

船舶往返航次时间与发船间隔时间之比，应等于航线配船数。很明显，航线上投入的船舶数必须是整数，所以船舶往返航次时间应是发船间隔的整数倍。实际操作中，按航线参数及船舶技术参数计算得到的往返航次时间，往往不能达到这一要求，多数情况下是采取延长实际往返航次时间的办法，人为地使其成为倍数关系。

2. 船舶到达和驶离港口的时间要恰当

船舶应尽可能避免在双休日、节假日、夜间到达港口，最好在早晨 6:00 到达港口，这样可减少船舶在港口的非工作停泊，到达后就可开工，加速船舶周转。一般港口的白天作业，装卸费率也是最低的。当有几个班轮公司的船舶同时到达某一港口，装卸公司一般会具体安排每艘船舶的停泊时间。在这种情况下，制定船期表，还必须考虑这方面的时间限制。

3. 船期表要有一定弹性

在制定船舶运行的各项时间时,均应留有余地。因为海上航行影响因素多,条件变化复杂。在港口停泊中,因装卸效率变化、航道潮水影响等,对船期也会产生复杂的影响,对这些问题,都应根据统计资料和以往经验,留有一定的余地,保持足够的弹性。

(四)集装箱水路运输组织的一般程序

集装箱水路运输组织的一般程序大致包括以下步骤。

1. 订舱

订舱又称"暂定订舱",是指发货人或托运人根据贸易合同或信用证的有关规定,向船公司或其代理人、经营人申请订舱,填制订舱单。如发货人已与货运代理签订运输合同,则由货运代理人代替发货人向船公司或其代理人申请订舱。订舱单的内容主要包括:启运港和目的港;每箱的总重量;集装箱的种类、类型和数量;应注明在备注中的特种箱的特性和运输要求。

2. 接受托运申请

接受托运申请又称"确定订舱"。接受托运申请前:船公司或其代理人应考虑航线、港口、运输条件等能否满足托运人的具体要求;接受托运申请后:船公司或其代理人应着手编制"订舱清单"。分送码头堆场和货运站,据以安排空箱调动和办理货运交接手续。订舱清单形式见图7-1。

M/V BINGHE VOY.18 BOOKING SUMMARY
("冰河"轮18航次订舱摘要)

POL/POD	GROSS WEIGHT	QUANTITY		REMARK
(装/卸港)	(TONS/PERUNIT)	20′	40′	(备注)
	(t/每箱)	(数量)		
SHA/KOB	22	1		
(上海/神户)	21	4		
	20	37	2	INCL.IMDG 6.1 20′×1
	19	14		(内含国际危规6.1级20′箱一只)
	18	6	2	
	17	9		

图 7-1 航次订舱清单

图7-1是"冰河"轮18号航次的订舱摘要。从图中可见,上海→神户共84TEU,总重量1449t,其中6.1级20′(ft)危险货物箱1只;40′(ft)集装箱1只,每只毛重22t;40′(ft)集装箱4只,每只毛重21t;20′(ft)集装箱37只,每只毛重20t;40′(ft)集装箱2只,每只毛重20t;20′(ft)集装箱14只,每只毛重19t;40′(ft)集装箱2只,每只毛重18t;20′(ft)集装箱6只,每只毛重18t;20′(ft)集装箱9只,每只毛重17t。

3. 发放空箱

发放空箱时,应区别"整箱货"还是"拼箱货"两种情况。

（1）整箱货空箱：应由发货人或其货运代理人到码头堆场领取。

（2）拼箱货空箱：应由集装箱货运站负责领取。

4. 拼箱货装箱

应由发货人将货物送到集装箱货运站，由集装箱货运站根据"订舱清单"，核对"场站收据"后装箱。

5. 整箱货交接

应由发货人或其货运代理人自行负责装箱，并加海关封志，然后将整箱货送至码头堆场。码头根据"订舱清单"，核对"场站收据"及"装箱单"后，验收货物。

6. 集装箱交接签证

码头堆场在验收货物和集装箱后，应在"场站收据"上签字，并将已签署的"场站收据"交还给收货人或其货运代理人，据以换取提单。

7. 换发提单

发货人或其货运代理人凭已签署的"场站收据"，向船公司或其代理人换取提单，凭此向银行结汇。

8. 装船

码头堆场根据待装船的货箱情况，制订"装船计划"，待船舶靠泊后即安排装船。

9. 海上运输

装好船后，按指定航线在海上运输。

10. 卸船

船舶抵达卸货港前，卸货港码头堆场根据装货港代理人寄送的有关货运单证，制订"卸船计划"，待船舶靠泊后，即安排卸船。

11. 整箱货交付

如果内陆运输由收货人或其货运代理人自行安排，则由码头堆场根据收货人或其货运代理人出具的提货单，将整箱货交付。否则，将由承运人或其代理人安排内陆运输，将整箱货运至指定地点交付。

12. 拼箱货交付

拼箱货一般先在指定的集装箱货运站掏箱，然后由集装箱货运站根据提货单将拼箱货交付给收货人或其代理。

13. 空箱回运

收货人或集装箱货运站在掏箱完毕后，应及时将空箱运回到指定的码头堆场。

三、集装箱船舶的配载、积载

集装箱水路运输使用专门的集装箱船舶进行。船公司对集装箱航线配货，并将集装箱积载到集装箱船上，称为集装箱船舶配载、积载。

（一）船舶的配载、积载的含义和联系

船舶积载则是指对货物在船上的配置与堆装方式作出合理的安排，即船上大副或港口有关部门在配载的基础上，根据装货清单确定货物在各货舱、各层舱配装的品种、数量、堆码位置及正确的堆装工艺。积载的结果，要编制一个计划积载图。积载计划用一个简单的示意图把船舶拟装载的各票货物的名称、装货单号、目的港、包装形式、件数、吨数、体积及货

位详细地标示出来。完整的积载图的内容还应包括：船舶本航次的启运港、中途港及目的港，离港及预计到港日期，装货后船舶前、后吃水与平均吃水，本航次装运各港口货物的数量及其在船上各货舱的配置情况、装卸货的特殊要求及其注意事项等。

船舶配载与积载是既紧密联系又互有区别的两个阶段的工作。配载是积载的前提和依据，它应为积载创造便利的条件；积载是配载的继续和具体实施，它要保证配载计划的完成。

配载图由外轮代理公司根据订舱清单、装箱单及堆场积载计划编制，并在船舶抵港征得船方同意后，即使行装船。如系中途靠港，船上已装有集装箱，就应将有关资料电告船上配载等回电后据以编制。配载图是由集装箱船各排每列和分层的横断面构成。

（二）船舶积载的基本要求

船舶积载必须达到如下要求。
（1）保证船舶纵断面的强度和船舶的稳性。
（2）保证理想的吃水差，使船舶取得最好的航行性能，即具有良好的操纵性和快速性。
（3）最合理地利用船舶的载重量和舱容。
（4）保证集装箱在舱内完整无损及在甲板上的安全。
（5）要考虑便于装卸作业。
（6）同航次多港装卸时，必须注意后一挂靠港的集装箱积载在下，前一挂靠港的集装箱积载在上，否则港口装卸时就会"翻舱"（倒箱）。

（三）集装箱船舶的配积载概述

1. 集装箱船舶的结构特点

集装箱船舶一般有以下特点。
（1）单层甲板，宽舱口。6000TEU 集装箱船舶的舱内最多横向 15 列，舱面 17 列。
（2）舱内设有固定的箱格导轨，舱面设有集装箱系固设备。
（3）采用双层体船壳结构，设置有大容量压载水舱，便于在积载后，以压舱水"配平"。
（4）采用尾机型或中后机型。

2. 集装箱船舶配载图（pre-stowage plan）和积载图（stowage plan）

从配载图和积载图英文含义可以看出：前者字面上可译为"预先装载计划"，是船公司对订舱单进行分类整理后编制而成；后者字面上可译为"装载计划"，是在集装箱装上船之后，启运港或理货公司根据实际装箱情况编制而成。在实务中，常称配载图、积载图为船图。

集装箱船舶配积载图主要用来表示所装集装箱的启运港、目的港、重量、性质、状态以及装载位置等，它分为预配图、实配图和最终积载图三种。其中，集装箱预配图是集装箱船舶配积载最重要、最关键的环节。集装箱预配图由字母、重量图、特殊箱图组成。集装箱实配图由两张封面图组成：一张是封面，另一张是每一行位（排位）的行箱位图。集装箱实配图是港口装卸公司收到预配图后，根据预配图和码头实际进箱情况编制而成的，因此它又叫集装箱码头配载图，最终积载图是根据集装箱预配图与集装箱实配图确定。

3. 集装箱船舶配载、积载图编制过程

集装箱船舶实配图和最终积载图编制过程如下。
（1）由船公司的集装箱配载中心或船上的大副，根据代理公司整理的订舱单，编制本航

次集装箱预配图。

（2）航次集装箱预配图由船公司直接寄送给港口的集装箱装卸公司，或通过船舶代理用电报、电传、E-mail 或传真形式传给港口集装箱装卸公司。

（3）港口集装箱装卸公司收到预配图后，由码头集装箱配载员，根据航次预配图和码头实际进箱情况，编制集装箱船舶实配图。由于实配图由码头制作，它又叫码头配载图。

（4）待集装箱船舶靠泊后，码头配载员持实配图上船，交由大副审查，经船方同意后由船方签字认可。

（5）码头按大副签字认可的实配图装船。

（6）集装箱装船完毕后，由理货公司的理货员按船舶实际装箱情况，编制最终积载图。

4. 配载、积载图上集装箱位置的表示方法

在配载、积载图上，通常用"箱位号"表示每个集装箱在船舶上的准确位置，箱位号由 6 位阿拉伯数字组成，6 位数字反映了箱子在船舶上的三维空间坐标，如图 7-2 所示。前 2 位表示集装箱的排号（行号），中间 2 位表示集装箱的列号，后 2 位表示集装箱的层号。

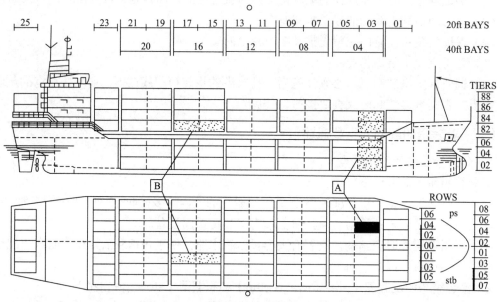

图 7-2　集装箱在船上的装载位置示意图

（1）排号（bay No.）表示方法。排号是指集装箱在船舶纵向（首尾方向）的排列序号。排号表示的原则是以 20ft 集装箱排位号为奇数，40ft 集装箱排位号为偶数。自艏向艉，装 20ft 箱的箱位上依次按 01、03、05……奇数表示，如图 7-3 所示。当纵向两个连续 20ft 箱位上被用于装载 40ft 集装箱时，则该 40ft 集装箱箱位的排号以介于所占的两个 20ft 箱位的奇数排号之间的一个偶数表示。

（2）列号（slot or row No.）表示方法。列号是指集装箱在船舶横向的排列顺序号。列号表示的原则是从船舶中间列算起（即以中纵剖面为基准），分别往左右两边走，按"左偶右奇"的原则排列，即左半部分用从小到大连续的偶数表示，右半部分用从小到大连续的奇数表示。即船舶左半部分自船中向左舷边的列位号分别为 02、04、06、08……船舶右半部分自船中至右舷边列位号分别为 01、03、05、07……当船舶的总列数为奇数时（即船舶首尾上有箱格），中间列（即中纵剖面上的一列）列号为 00，总列数为偶数时（即首尾线上没箱

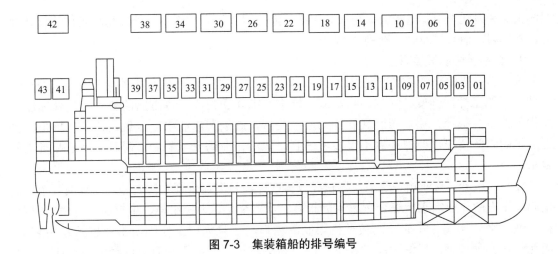

图 7-3　集装箱船的排号编号

格），则不存在 00 列。

（3）层号（tier No.）表示方法。全部以偶数表示层号，甲板与舱内分开表示，即舱内自下而上依次用 02、04、06……表示；甲板上从甲板底层算起，往上依次用数字 82、84、86……表示。之所以采用偶数表示层号，是因为某些国家使用半高集装箱（指箱高低于 8ft 的集装箱），当半高箱与国际标准高度的集装箱同时积载时，可以用奇数表示半高箱的层号，用偶数表示标准高度集装箱的层号。

（四）船公司预配中心配积载工作

船公司预配中心主要负责本公司经营航线集装箱船舶的配载管理，制定船舶的集装箱预配方案以及制订空箱装卸计划，根据资料测算航线上集装箱船舶的装卸能力，指导口岸船舶代理、码头和船舶的集装箱实际装卸，保障船货安全，提高载箱率。

1. **集装箱船舶装载资料**

集装箱船舶的装载资料对配载工作起到非常关键的作用，是保障船货安全的基础，需备以下的资料、图纸：船舶总布置图（general arrangement plan）；舱容图（capacity plan）；集装箱积载图（container stowage plan）；冷藏箱和 45ft 箱布置图（reefer and 45ft container plan）；稳性报告书（trim and stability booklet）；集装箱绑扎手册（securing manual）；集装箱装载软件及加密装置（loading program with password or bard lock, if any）；危险货物适装证书（special requirements for ships carrying dangerous goods）。

2. **对配积载人员的基本要求**

（1）航线配载人员必须熟练掌握集装箱船舶配载的计算机应用软件，熟悉使用功能及各种配套文件，并且与船公司集装箱运输信息系统有机地结合起来，检查、校核、改正和补齐船图中箱型代码、目的港及提单编号等数据。

（2）认真研究和学习国际、国内关于海上集装箱运输的法规、制度、指南和要求，掌握集装箱型代码标准的编码规律，了解船公司自有集装箱和常租箱的箱号编号规律以及各种类型集装箱的外部尺寸、内部尺寸及装载能力等参数。

（3）具有统筹兼顾、突出重点、细心发现问题、及时跟进工作的能力。在船舶抵港以前，应及时确认上一港的最新开航船图。对进口船的船图应进行全面分析和检查，如发现船图资料缺损，要及时通过集装箱运输信息系统等途径补全，同时要确保该港船舶代理用最新船图报关和发送 EDI（电子数据交换）中心、港方码头等有关部门。处理每项工作不仅要细心、不遗漏，而且要及时、准确。

3. 集装箱配积载要求

（1）满足船舶安全要求。配积载必须保障船舶和货物安全，满足相关规范及船公司安全文件对船舶稳性、强度、吃水、吃水差、堆重、绑扎和视线等各方面的要求。具体船舶的配积载方案必须经过船公司装载软件的模拟校核，燃油和压载水的数量及位置的模拟应接近船上的实际情况，模拟计算不仅要考虑到启运港作业的安全顺利，同时要满足卸货港的要求。

（2）满足港口作业相关要求。配积载方案应能满足港口合理安排装卸作业线的要求，满足码头岸机的作业需求，综合考虑装货卸货、重箱空箱、大柜小柜、甲板舱内等诸多因素。在一些受潮汐影响、作业时间被严格限制的港口，一旦因码头原因来不及按积载图装货，应允许作合理调整，以缩短船舶在港时间，为集装箱班轮准班和海上以经济航速航行创造条件。

（3）能应对装卸作业条件的变化。配积载方案应准备多种预案，以应对各种变化情况，避免或减少倒箱的发生。应考虑充分利用有些港口免费倒箱的有利条件，降低运输成本。在因危险品箱、冷藏箱、空箱众多，港序变化复杂，或由于航行安全和船舶结构等原因导致倒箱不可避免时，应预备条件，以便合理安排倒箱。

（4）能应对航线安排的变化。船舶发生改航线、改变挂港靠港顺序和跳港时，配载人员必须通过船公司的集装箱运输信息系统，及时将 EDI 船图中的集装箱目的港和提单号等项目补齐、补正确，作出正确的改港船图，所载重箱的目的港必须以船公司集装箱运输信息系统最新资料为准。如有任何疑问，必须和船公司航线部门调度、目的港船舶代理核对清楚，确定无误后才能操作。

（5）特殊情况的处理。在甲板上允许兼容装箱的船舶配载，即两个小箱的上面可以配装大箱时，必须充分考虑由于集装箱"角件"存在公差影响，40ft 箱可能盖不上去，因此 40ft 箱底下一般配载一层 20ft 箱为宜。对航程中可能出现的危险品箱、冷藏箱和框架箱等特种箱，应预先保留合适的位置。

4. 倒箱操作的安排

倒箱作业是指在航线的某些中间挂靠港，需要将积载于上层的集装箱先暂时卸下，待卸完积载于下层的集装箱后，再将先期卸下的集装箱再装上的作业。在一般情况下，倒箱作业是应避免的，船舶积载时应预先予以充分考虑。但有时出于某些原因，倒箱作业不可避免，则配积载人员需要认真考虑以下问题。

（1）倒箱作业应预先予以科学计算，除注意倒箱费用，还要考虑由于倒箱作业而产生的额外留港时间等，防止因为倒箱作业而导致船舶滞港脱班。

（2）掌握和比较各港口的倒箱费用，注意是否提供免费的倒箱数量，比较同港位倒箱费用、落地倒箱费用、空重箱倒箱费用的差别，以及大、小箱的倒箱费用的差别，力求在合适的地方，以最低的倒箱成本，安排倒箱作业。

（3）应尽量避免冷藏箱和危险品箱的倒箱作业，如必须倒箱，应先确认作业港口是否具备进行该类作业的条件。同时在倒箱清单中要注明危险品级别、联合国编号和冷藏箱的设定温度等数据。

（五）危险品集装箱操作特殊要求

1.《国际海运危险货物规则》和《危险货物适装证书》

（1）能够接受配载的危险品集装箱货物必须是《国际海运危险货物规则》中列明的危险货物，配载前应确认危险货物的下列内容：①危险品类别，包括副危险标志；②联合国编号；③货物的标准名称；④如是液体物质，查明有无闪点，闪点多少；⑤积载和隔离要求、包装类别；⑥装卸、运输、储存注意事项；⑦危险品的理化特性；⑧应急措施。

（2）配积载人员应理解和执行《国际海运危险货物规则》中的有关规定，掌握和熟练使用海运危险品的积载、隔离等相关知识。危险品运输各环节应符合有关港口所在国的规定。

（3）配积载人员应贯彻船公司对危险品集装箱货物运输的相关政策，认真查阅船舶《危险货物适装证书》中记载的有关内容，掌握其装载能力，还应熟悉租船合同中对危险品装载的限制，查核订舱的危险品是否符合上述要求。

2. 危险货物集装箱配积载

（1）配积载人员根据拟定承运危险货物集装箱船舶的《危险货物适装证书》的装载规定、船舶现已积载的危险货物集装箱分布、危险货物集装箱的隔离要求和船舶航行安全必要条件等，测算出计划承运船舶该航次所能装载危险货物集装箱的宜载计划。

（2）航线配积载人员根据所申报的危险品性质，结合船存过境危险品的数量位置，合理安排危险品集装箱的装船位置，该位置必须符合《国际海运危险货物规则》《危险货物适装证书》以及卸货港口所在国的相关要求。如果危险品的副危险标志积载隔离要求严于危险品主类别要求，必须按照副危险标志的积载隔离要求进行配载。危险品集装箱船指令除积载图外，应另附配载清单，清单中包括装载位置、箱型、危险品类别、副危险标志、联合国编号和船公司作业规范等内容。

（3）如果条件允许，航线配载人员应将本航次配载的危险品积载图在船舶抵港 12 小时前发送至有关船舶，让船舶事先做好核对准备工作。

3. 危险品集装箱货物实装

根据《国际船舶安全营运和防止污染管理规则》（ISM 规则）的要求，船舶船长、大副必须严格审核配船的危险品是否符合《国际海运危险货物规则》的各项规定，尤其是有关集装箱积载、隔离的要求是否得到满足，同时是否满足本船《危险货物适装证书》的相关要求。如存在任何疑问，应及时提出，并汇报相关部门，待查清落实后方可同意装船。船舶船长对装运危险品具有最后的决定权。

船舶在装载危险品集装箱货物时，当值驾驶员应亲临现场进行监装，认真核对箱号、箱位是否与实配船图一致；核实危险品箱是否按规定贴妥相应的国际违规危险品标志；甲板、梯口是否悬挂了严禁吸烟或严禁明火作业的警示牌；并在开航前仔细检查落实危险品箱的绑扎情况。

（六）启运港码头现场工作

1. 配积载的跟踪与调整

船舶在港作业期间，航线配积载人员必须与现场船舶代理、港方码头配积载人员和船舶船长或大副保持密切联系，跟踪配载、装船全过程，并根据现场集装箱实际数量的变化，不分昼夜随时采取相关措施，调整优化配载方案，做到集装箱配载合理完善，符合各项安全要求。

船舶靠泊应前备妥进口船图，靠泊后及时上船确定卸船数量。现场操作人员应及时获取集装箱进港信息，以便调整配载计划。收到配载部门集装箱预配船图后，配合港方配载人员按预配进行实配，按预配意向图留出直接装箱和加载箱的位置，有疑问应及时联系解决。配载计划如有较大更改，需获船公司配载人员认可。

2. 启运港码头现场船舶代理的工作要求

为使集装箱配载装船工作顺利进行，口岸码头现场船舶代理的相关人员应熟悉、掌握集装箱配载业务知识，如船舶稳性、强度、堆重限制、弯矩剪刀、集装箱绑扎要求、视线要求、危险品隔离等专业知识，能熟悉使用船公司和船舶的配载软件，并备齐有关船舶的配载资料。

为合理配载，保证船舶安全适航又能多港顺利装卸，有条件的各港现场船舶代理必须提前提供码头实配的 EDI 电子船图，供配载人员校核。如发现不合理，现场船舶代理应根据要求及时通知港方调整。各港现场船舶代理必须做到船到人到，船离人离，并随时保持通信联系畅通。

3. 甲板重箱的配载

甲板上集装箱必须严格按照上轻下重的原则堆放。对大于 20t 的重箱，禁止配载在甲板上第五、六层，原则上甲板第五、六层只能配载小于 13t 的重箱。如果船舶代理配备有绑扎计算机软件，装载的集装箱应通过绑扎计算机软件的校核。禁止在甲板上堆装单列五层或六层重箱。装货预配图必须交船舶船长或大副校核后确认，并获得船长或大副签字。

在甲板装卸货过程中，港方应积极配合船方监督理货和装卸作业，采取船长或大副的正确意见，满足船方提出的合理要求，加强和船方的工作协调。

4. 危险品及特种箱装载

危险品集装箱要按照预配船图的指示位置堆放，危险品集装箱装船位置和数量必须得到船长或大副的确认，满足危险品集装箱的隔离要求，备妥必要的危险品舱单等资料，并及时送达船方。冷藏箱装卸时，应注意冷藏箱的工况和设定温度，做好船方与港方冷藏箱书面交接手续。装卸特种箱时，应加强现场监督，船方应督促港方做好框架箱等大型散件货的绑扎工作。

5. 装船完毕工作

在保障船舶安全的前提下多装货，以航线效益为中心，提高装箱率。装货结束后向船方索取装载计算资料（船舶油水舱报告、吃水、稳性资料等），认真查看并记录开船时实际吃水情况。开船后及时将实装集装箱船图传送给预配中心、相关部门和下一港船舶代理。

任务二　集装箱码头装卸实务

一、集装箱码头的功能

在现代集装箱运输链中，集装箱码头是一个极其重要的节点。随着现代物流的发展，集装箱码头又成为物资流、资金流、商品流和信息流的汇集地，成为现代物流的重要平台。在传统的运输链中，集装箱码头只是供集装箱船舶停靠和装卸作业的场所；在现代物流链中，集装箱码头被赋予更多的功能。

（一）集装箱码头是海运与陆运的连接点，是海陆多式联运的枢纽

集装箱码头是集装箱物流链中的主要节点，将集装箱海运、集装箱铁路运输、集装箱公路运输联系了起来，是现代集装箱多式联运的枢纽和转换点。

> **相关链接**
>
> 集装箱码头在集装箱多式联运中的功能
>
> 　　现代运输中，海运占有75%以上的份额。在国际集装箱运输中，都是以海运为中心，通过码头这一连接点将海运与两岸大陆的陆运连接起来，并通过内陆运输，实现货物从发货人直至收货人的运输过程。在集装箱多式联运中，由于海陆多式联运占有绝大部分的比例，集装箱码头不仅是海上运输和陆上运输的连接点，同时，与运输有关的货物、单证、信息以及集拼、分拨、转运存储等业务管理也在集装箱码头交叉、汇集，从而使集装箱码头成为多式联运的运输及管理的枢纽。

（二）集装箱码头是换装转运的中心

随着集装箱船舶的大型化，国际集装箱海运格局发生了根本的变化，即从原来单一的港—港运输转变为干线与支线相结合，以枢纽港中转为中心的运输，形成了"中心—辐射"的新运输格局。在这一新的运输格局中，集装箱码头，尤其是处于重要地位的大型国际集装箱码头，成为不同区域的国际货物中转中心。通过集装箱码头的装卸转运，把干线与支线有机结合起来，从而实现大型集装箱船舶的规模效益，实现货物从始发港到目的港的快速运输。

（三）集装箱码头是物流链中最重要的环节之一

现代物流把运输和与运输相关的作业构成一个从生产起点到消费终点的物流链，在这个物流链中，力求在全球寻求最佳的结合点，使综合成本最低、流通时间最短、服务质量最高。由于集装箱码头不可替代的重要地位和作用，已成为现代物流重要的环节，并为物流的运作提供了一个良好的平台。

> **实例分析**
>
> 上海国际港口集团公司的业务拓展
>
> 　　上海国际港口集团公司是我国最大的港口企业，主要从事集装箱码头装卸业务，其集装箱年吞吐量2006年达到2171万TEU，居世界第三位。从2003年开始，该企业明确宣布将主要业务由单纯的集装箱码头装卸发展为集装箱港口业务和现代物流业务两个方面，在旗下建立了规模很大的物流企业"浦东物流"。
>
> 　　分析：现代国内外的大型港口均已纷纷进军现代物流业，说明了现代物流已赋予了集装箱码头新的功能，也为现代集装箱码头提供了更大的发展空间。集装箱码头在开拓物流业务方面具有很多先天的优势，应充分利用自身的优势，发展仓储、配送、流通加工等业务，成功地发挥自身的物流平台作用。

二、集装箱码头的基本要求

集装箱码头主要作业对象是集装箱船舶。围绕船舶作业这一核心，集装箱码头的基本要求如下。

（一）具有供集装箱船舶安全进出港的水域和方便装卸的泊位

集装箱船进出港的水域包括航道、调头区、锚地等，水域不仅要求足够的水深，同时要求足够的宽度或面积，以供集装箱船安全进出港。集装箱码头的泊位是集装箱船舶停靠和作业的主要场所，泊位水深应能满足挂靠的最大集装箱船的吃水要求。

> **相关链接**
>
> 集装箱码头水深和泊位长度要求
>
> 通常，3000～4000TEU 集装箱船的吃水为 -12.5m，5000TEU 以上集装箱船的吃水为 -14m，集装箱深水泊位前沿的水深应能适应这一要求，同时，一个码头泊位的总长（泊位数），应能满足各航线集装箱船的挂靠频率，而且，每一泊位的长度也应视集装箱船舶的大小而定。例如，3000～4000TEU 集装箱船要求的泊位长度为 300m，5000TEU 以上集装箱船的标准泊位长度为 350m。

（二）具有一定数量和技术性能良好的集装箱专用机械设备

目前我国集装箱码头绝大多数采用集装箱装卸桥龙门吊装卸工艺系统，该工艺系统也为世界各国集装箱码头所采用。这种装卸工艺系统各机种的分工配合是：由集装箱装卸桥承担岸边船舶的集装箱装卸，由集装箱牵引车承担岸边到堆场的集装箱水平搬运，由轮胎式龙门吊承担堆场集装箱的堆取和搬移。集装箱码头不仅要配备数量足够和技术性能良好的集装箱专用机械，还与这三个主要作业环节的能力配比，从而保证码头作业连续、高效地进行。

（三）具有宽敞的堆场和必要堆场设施

堆场占有集装箱码头主要面积，这是因为堆场在集装箱码头中具有十分重要的作用：供出口集装箱暂时存堆，以便发货人报关和码头配载后装船出运；供进口集装箱暂时堆放，以方便收货人报关后提运；此外，堆场也是对所有进入码头的集装箱进行调度管理的作业场所。

> **相关链接**
>
> 对集装箱码头堆场面积的要求
>
> 随着集装箱船舶的大型化和集装箱码头作业的高效化，对集装箱码头堆场的面积要求也更高，例如一个 350 m 的标准泊位，其配套的堆场面积要求大致为 350×500=175 000 ㎡。除足够的堆场面积外，集装箱码头还要为堆场作业配备必要的作业区域和设备设施，如集装箱牵引车道区域、龙门吊行走路线区域、夜间作业的照明设施、冷藏箱区的供电系统堆箱区域、危险品箱的堆箱区域和喷淋降温设备，以及洗箱熏箱的相关区域和排污系统设施等。

（四）具有必要的装拆箱设备和能力

目前，我国集装箱运输中绝大部分采用 CY-CY 交接方式，这使得集装箱码头的装拆箱功能被弱化，但由于运输服务的多样化以及国际商品的小批量、多品种化，CFS-CFS 交接方式仍不断出现，特别是一些货主要求码头代装箱、代拆箱，集装箱码头仍应保留必要的装拆箱的设施和能力，以满足集装箱运输市场的要求。

> **相关链接**
>
> 码头CFS
>
> 集装箱码头内装拆箱，主要在集装箱货运站（CFS）内进行。早年，我国集装箱多式联运能力非常弱，集装箱的交接方式多为 CFS-CFS 方式，集装箱码头内的 CFS 十分繁忙。现在，在上海、深圳等经济发达地区，集装箱的交接方式已多为 CY-CY 方式，集装箱码头内 CFS 的作用已大大下降。但在一些经济较不发达地区，码头内的 CFS 的作用仍然很重要。集装箱码头内装拆箱的设施设备主要包括货物仓库、装拆箱作业堆场和装卸箱作业机械等。

（五）具有完善的计算机生产管理系统

集装箱码头机械化、高效化、大规模的作业特点，必须配备与之相适应的计算机生产管理系统，采用先进的管理手段和管理方法，充分发挥集装箱码头的最佳效益，同时为货主、船公司提供良好、及时和周到的服务。

> **相关链接**
>
> 集装箱码头信息管理的特点
>
> 由于集装箱这一运输方式高度抽象了货物的物理和化学特点，所以必须通过计算机硬件、软件系统，进行完善的信息管理。现代集装箱码头无一例外地将计算机生产管理系统作为码头建设的重点，其核心一是满足当前生产需要，对集装箱码头的装卸操作进行实时控制；二是根据国际集装箱运输发展新趋势、新特点、新工艺、新技术，不断提升和完善系统功能。

（六）具有通畅的集疏运条件

在集装箱运输系统中，集装箱码头处于一个重要节点的位置，通过这个节点完成集装箱从发货地到收货地的运输全过程。因此，集装箱码头除本身的硬件、软件技术外，还应与内陆集疏运联成一个有机系统，通过公路、铁路、内河，甚至航空等多种运输方式，把分散在内地各处的集装箱汇集到码头装船出口，同时通过内陆集疏运系统将大量卸下的进口集装箱运送到目的地。从国外先进的集装箱运输经验看，内陆集疏运条件是否良好，是影响集装箱码头发展的一个极其重要的因素。

（七）具有现代化集装箱运输专业人才

人是生产力中最活跃、最有决定性影响的因素，对现代化集装箱码头更是如此。先进的管理模式和管理手段，高效的集装箱专用机械和设备，科学的作业程序和方法，无一不需要与之相应的现代化集装箱专业人才。没有国际集装箱运输的专业知识和业务技能，就无法对先进的集装箱运输进行有效的管理，也就不能发挥集装箱码头应有的重要作用。

三、集装箱码头的布局和基本组织

集装箱码头是以高度机械化和大规模生产方式作业的，要求有很高的生产作业效率，因此集装箱码头的布局与传统的件杂货码头有着根本的不同，即要求集装箱码头的布局以船舶作业为核心，将码头与船舶连接成一个有机整体，从而实现高效地、有条不紊地连续作业。为达到这一要求，集装箱码头通常应具备基本的设施和进行合理的布局。

（一）泊位

泊位是供集装箱船舶停靠和作业的场所。泊位的建造因地质和水深的需要，通常有三种形式：顺岸式、突堤式和栈桥式（图7-4）。集装箱码头通常采用顺岸式，其优点是建造成本相对较低，从岸线到堆场距离较近，装卸作业也较方便，同时对多个泊位的码头来说，还可以因装卸量的不同便于装卸桥在泊位间移动。

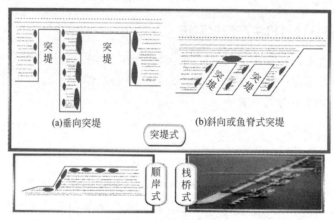

图7-4 泊位建造形式

泊位除足够的水深和泊位岸线长度外，还应设有系缆桩和碰垫。由于集装箱船的船型较大、甲板箱较多，横向受风面积大，所以集装箱泊位的系缆桩要求有更高的强度，碰垫也采用性能良好的橡胶制成。

1. 前沿

是指泊位岸线至堆场的这部分区域，主要供布置集装箱装卸桥及其轨道和集装箱牵引车通道。

集装箱码头前沿的宽度通常由以下三个部分组成。

（1）从岸线至第一条轨道。这部分的面积主要供船舶系解缆作业、放置舷梯、设置装卸桥供电系统、设置船舶供水系统以及照明系统，其宽度为2～3m。

（2）装卸桥轨距。这部分面积主要用于安装集装箱装卸桥和布置集装箱牵引车的车道。轨距视装卸桥的大小而定，一般为15～30m。轨距内的车道宽度视装卸工艺而定，底盘车工艺和龙门吊工艺每车道宽3.5m（2.5m车宽+1m余量），由于装卸桥在结构上有一部分空出在轨距之内，故16m轨距可布置3条车道，30m轨距可布置7条车道。

（3）第二根轨道至堆场的距离。这部分面积的用途是装卸时辅助作业和供车辆90°转弯进入堆场，其宽度为10～25m。

2. 堆场

堆场是集装箱码头堆放集装箱的场地，主要的作用是作为进口集装箱的短期堆放场所和出口集装箱的货物集中的场所，是一种"通过性堆场"，所以集装箱在码头堆场上不能长期堆存，否则就可能引起码头堆场的堵塞。通常码头企业会提供给进口集装箱一个很短的免费堆存期，超过免费堆场期，如货主还没有提货，码头就会将集装箱疏运到港外的营业性堆场去。

为提高码头作业效率，堆场又可分为前方堆场和后方堆场两个部分。

（1）前方堆场。前方堆场位于码头前沿与后方堆场之间，主要用于出口集装箱或进口集装箱的临时堆放，以加快装卸船的作业效率。从一个泊位看，其面积应能堆放该泊位最大船载箱量的两倍。

（2）后方堆场。后方堆场紧靠前方堆场，是码头堆放集装箱的主要部分，用于堆放和保管各种重箱和空箱。按箱务管理和堆场作业要求，后方堆场通常还可进一步分为重箱箱区、空箱箱区、冷藏箱箱区、特种箱箱区以及危险品箱箱区等。集装箱码头因陆域面积的大小不同，有的将堆场明确地划分为前方和后方，有的只对前后作一大致划分，并无明确的分界线。

（二）控制室

控制室又称中心控制室，简称"中控"（图7-5），是集装箱码头各项生产作业的中枢，集指挥、监督、协调、控制于一体，是集装箱码头独有的重要的业务部门。由于现代集装箱码头多用计算机作业系统进行管理，控制室与各部门、各作业现场以及各装箱搬运机械的计算机终端通过有线或无线连接，成为码头各项作业信息的汇集和处理中心。对于尚未实现实时控制的集装

图7-5 控制室

箱码头，控制室可设在码头建筑的最高层，以便中控人员能环视整个码头的作业状况。

（三）检查口

检查口俗称"道口"（图7-6），是公路集装箱进出码头的必经之处，也是划分对集装

图7-6 检查口

责任的分界点，同时还是处理进出口集装箱有关业务的重要部分，如箱体检验与交接、单证的审核与签发签收、进箱和提箱的堆场位置确定、进出码头集装箱的信息记录等。检查口设在码头的后方靠大门处，按业务需要可分为进场检查口和出场检查口，其集装箱牵引车车道数视集装箱码头的规模而定。

> **拓展提高**
>
> 集装箱码头检查口（道口）的重要作用
>
> 集装箱是非常昂贵的设备，在作业过程中又比较容易损坏，其维修的费用也很高，所以集装箱在各个运输作业环节之间，必须进行严格的设备交接，以分清损坏的责任，落实相关费用的承担问题。检查进出码头的集装箱的状况，填写设备交接单，以分清集装箱损坏的责任，就是集装箱码头检查口的主要作用。

图 7-7　集装箱货运站

（四）集装箱货运站（CFS）

集装箱货运站主要用于装箱和拆箱。作为集装箱码头的辅助功能，集装箱货运站（图 7-7）通常设于码头的后方，其侧面靠近码头外接公路或铁路的区域，以方便货主的散件接运，同时又不对整个码头的主要作业造成影响。

（五）维修车间

维修车间是集装箱码头对集装箱专用机械设备以及集装箱进行检修和保养（图 7-8）的部门。由于集装箱码头的特点，需要使用专用机械设备经常保持良好的状态，以保证集装箱码头作业效率的充分发挥。

图 7-8　维修车间

四、检查口业务及其流程

检查口业务按进出场可分为收箱和发箱两种，按贸易又可分为出口和进口两种。下面以出口和进口分别介绍实行计算机化的检查口主要业务及流程。

（一）检查口的出口业务

1. 提运空箱

发货人根据贸易合同及其转运期，在订舱托运和完成备货后，通常委托集卡司机凭承运人或船代人签发的集装箱空箱放箱凭证到码头办理提空箱手续。

> **相关链接**
>
> 提运空箱业务流程
>
> 　　集卡（即"集装箱卡车"）进入检查口时，司机向业务人员提交提空箱凭证和集装箱设备交接单，检查口业务人员审核单证后将提运集装箱的箱号、箱型、尺寸以及作业号、集卡车牌号等信息输入计算机，由计算机自动打印指定堆场箱位的发箱凭证交集卡司机，同时由计算机系统通知堆场机械司机所发空箱的箱号、堆场箱位和集卡车牌号。集卡司机根据发箱凭证指定的堆场位置装箱，集卡装载空箱后驶回检查口，司机与业务人员共同检验箱体，如无异常则双方在集装箱设备交接单上无批注签字确认，集卡司机托运空箱驶离码头。如空箱有残损不适合装货，由检查口业务人员取消该次作业，重新办理提空箱手续。

2. 重箱进场

发货人负责装箱、施封、填制集装箱装箱单后，在装船前 3 天课委托集卡司机托运重箱进场。

> **相关链接**
>
> 重箱进场业务流程
>
> 　　集卡司机在检查口向业务人员递交集装箱装箱单和集装箱设备交接单，检查口应审核单证是否一致，包括船名、航次、箱号、箱型、尺寸、提单号等，并核对单证上的箱号与集装箱上的箱号是否一致，同时将集装箱的实际重量标注在集装箱箱单上。检查口验箱员与集卡司机共同检验箱体和封志，如无异常，双方在集装箱设备交接单上无批注签字确认；如有异常，由检查口业务人员如实在集装箱设备交接单上批注，并由双方签字以明确责任。对冷藏箱还应检查箱子温度是否与装箱单注明的温度一致；对危险品箱还应审核危险货物集装箱装箱证明书，并检查箱体四面的危标是否完好无损；对框架箱、平台箱等装载重大件的集装箱，还应检查货物包装及其固定是否良好。上述工作完成后，业务员收下单证，由计算机打印收箱凭证，并自动通知堆场机械司机据以收箱。集卡卸箱后经出场检查口，递交收箱凭证后再驶离码头。

3. 中转箱进场和出场

集装箱码头的中转箱通常一程船在本码头卸船，二程船在本码头装船，此外也有一程船和二程船不是在同一码头卸船和装船的情况。

对于中转箱进场，检查口业务人员应先审核集卡司机递交的中转箱进场凭证和集装箱设备交接单，然后按重箱进场业务程序操作；对于中转箱出场，检查口业务人员应先审核集卡司机提交的中转箱出场凭证和集装箱设备交接单,然后按重箱出场业务程序操作。

4. 退关箱出场

退关箱是指由于货主的原因(例如变更贸易合同)或船方的原因(例如爆舱)造成不能正常装船出运而滞留的集装箱。发货人如暂时不打算出口,在海关、船代、码头办妥退关等手续后,委托集卡司机凭提箱凭证到码头提运退关箱,检查口业务员审核提箱凭证和设备交接单后,按提运重箱业务程序操作。

(二)检查口的进口业务

1. 提运重箱

收货人办妥报关报验等进口手续后,通常委托集卡司机凭提货单到码头办理提运进口重箱手续。集卡司机在检查口向业务员递交提箱凭证和集装箱设备交接单,检查口审核单证后,将箱号、箱型、尺寸、提单号以及作业号、集卡车牌号等信息输入计算机,由计算机打印发箱凭证交集卡司机。集卡载箱后驶回检查口。检查口业务人员核对所载运集装箱的箱号,并与集卡司机检验箱体和封志,共同在集装箱设备交接单上签字确认后,集卡托重箱驶离码头。

2. 回空箱进场

收货人完成拆箱后,还应负责将空箱按时返回指定的还箱点,如还箱点为码头,应由检查口办理回空箱进场手续,集卡司机在检查口向业务人员递交集装箱设备交接单,检查口将箱号、箱型、尺寸、持箱人以及集卡车牌号等信息输入计算机,验箱员与集卡司机共同检验箱体,如箱体良好,双方在集装箱设备交接单上无批注签字确认;如箱体有损坏,由检查口人员在集装箱设备交接单上如实批注后双方签字确认。完成验箱及其单证手续后,由计算机打印收箱凭证交司机,集卡驶到指定的堆场箱区卸箱后驶离码头。

(三)检查口作业流程

1. 检查口出口作业流程

检查口出口业务中最基本的是提运空箱和重箱进场的作业流程,如图7-9和图7-10所示。

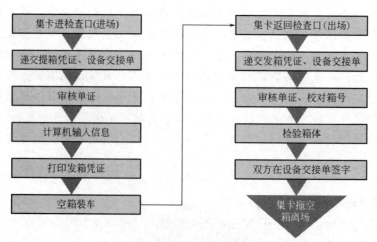

图7-9 提运空箱作业流程

2. 检查口进口作业流程

检查口进口作业流程主要为提运重箱和返回空箱两部分,如图7-11和图7-12所示。

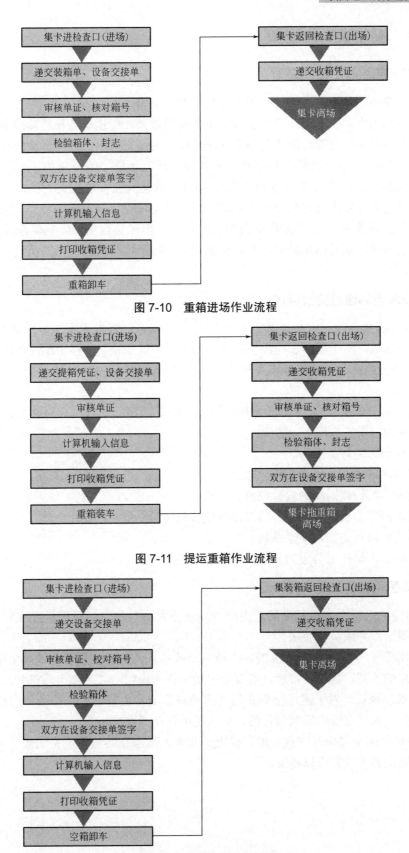

图 7-10 重箱进场作业流程

图 7-11 提运重箱作业流程

图 7-12 返回空箱作业流程

五、集装箱的检验交接

（一）集装箱检验交接的必要性

目前国际集装箱运输绝大部分使用船东箱，船公司为开辟航线，必须购置或租用大量集装箱，置箱成本很大。一方面，为了提高资金的使用效果，促进集装箱运输的顺利开展，作为箱主的船公司采用国际通行的集装箱设备交接单，通过交接双方的箱体检验和集装箱设备交接单的签字确认，划分供箱人与用箱人的责任，从而保护了船公司的正当利益。另一方面，在国际集装箱运输中大多采用 FCL-FCL 条款，承运人在接收托运人的货物时，集装箱是密封的，承运人对箱内货物情况并不知悉，因此承运人对货物运输的责任，仅限于箱体外表状况良好、封志完整状态下接收货物和交付货物，箱体是否良好，也是涉及承运人的责任。在实际业务中，通常由集装箱码头代表承运人在检查口与货主或内陆承运人进行集装箱检验与交接。

（二）集装箱的检验交接标准

① 箱体的四个角柱、六个面和八个角件等结构完好，要求无变形、无破洞、无裂痕、无割伤等箱损状况，对于箱体表面，一般要求凹损不超过 3cm，凸损不超过角件；

② 箱门及其门杆、手柄、铰连及封条等附件齐全完好，要求箱门能开启 270°，关闭后无漏水、无漏光；

③ 箱号清晰，CSC 等铭牌完好无损，箱体表面无涂写、无污物，对装运过危险货物的集装箱，箱体内四周的危标必须清除；

④ 重箱的封志完好无损；

⑤ 空箱的内部清洁、干燥、无异味；

⑥ 危险品箱的箱体四周的危标完整、一致；

⑦ 冷藏箱的冷冻机正常运转，其温度与集装箱装箱单要求的温度一致；

⑧ 敞顶箱的油布完好，绳索系紧；

⑨ 平台箱、框架箱所装运的货物包装良好，固定可靠。

（三）集装箱设备交接单的签证

① 箱体检验后符合交接标准的，由检查口业务人员与集卡司机无批注在集装箱设备交接单上共同签字，完成箱体交接。

② 箱体检验后不符合交接标准的，由检查口业务人员如实在集装箱设备交接单上批注，注明箱体残损的类型、部位、程度，必要时可加以文字说明，并与集卡司机共同在集装箱设备交接单上签字确认。对于进场出口重箱严重残损影响箱内货物的，检查口有权谢绝进场，对于出场提运空箱严重残损影响装货的，集卡司机有权调换空箱。

③ 在箱体检验交接中凡有残损的，检查口业务人员除在集装箱设备交接单上加批注外，还应将残损情况输入计算机以备案。

任务三　集装箱码头堆场箱务管理

一、箱务管理的意义

做好集装箱箱务管理工作，对提高集装箱运输质量和运输效益都具重要意义，对船公司的意义更为重要。以单船往返航线为例，一艘 1000TEU 的船舶需要配置三套共 3000TEU；如为派多船的航线，则需用箱量更多。

二、集装箱码头箱务管理的作用

集装箱码头是集装箱运输系统的集结点和枢纽站，通常有大量的集装箱在码头集中、暂存和转运。从船公司的箱务管理角度而言，集装箱码头是整个箱务管理系统中最重要的环节。集装箱码头箱务管理效率的高低，直接关系到船公司的利益性，关系到货主的方便性，同时也关系到集装箱码头本身的作业效率和企业声誉，正因为如此，通常集装箱码头都设置专职的箱管部门和岗位，加强对所有进出集装箱码头集装箱的箱务管理。

三、集装箱码头箱务管理的内容

集装箱码头箱务管理包含有四个方面的内容：空箱管理；冷藏箱管理；危险品箱管理；特种箱管理。

（一）空箱管理

1. 空箱进场管理

空箱进入集装箱码头有两条途径：一是空箱进场，包括收货人拆箱后的还空箱和船公司的空箱调动出口；二是进口空箱卸船进场。空箱进场经过码头检查口时，集卡（即集装箱卡车）司机与检查口人员必须共同检验箱体，如实批注或不批注，双方在设备交接单上签字以划分港内外的责任。进口空箱卸船时，码头检箱员必须与外理员共同检验箱体，如有异常，首先分清原残与工残，如为工残则填制设备交接单或残损报告，双方签字确认。空箱进场时，应按不同的箱型、尺寸分开堆放；同时，对拆箱后还空箱的，一般还要按不同持箱人分开堆放，对船公司的调运空箱，一般还要按船名航次堆放。

2. 空箱出场管理

空箱出场也分检查口出场和装船出口两条途径。与空箱进场业务一样，空箱出场的交接双方也必须共同检验箱体，并在设备交接单上签字确认。

对船公司装船出口的空箱，必须先取得船公司或船代的指令（例如出口装船用箱指令或工作联系单、空箱装船清单）和场站收据，并按指令的箱量、箱型、尺寸配载后装船发运。

对发货人出口装运而提运空箱，在提运空箱经过检查口时，双方应进行箱体检验和交接手续。

对船公司提空箱到场外堆场，必须有船公司或船代的指令（空箱提运联系单），然后组织发放空箱。对因检验、清洗、熏蒸、修理等原因的空箱提运，应根据船公司或船代的工作联系单和设备交接单发放空箱并进行箱体检验和交接。

（二）冷藏箱管理

冷藏箱因所装载货物的不同而设有指定的温度，在冷藏箱存放在集装箱码头的整个时间内，必须保证其指定温度要求，从而保证货物不受损坏。

1. 出口冷藏箱的管理

出口冷藏箱进入码头检查口时，检查口人员除认真检查箱体和冷冻机设备进行交接外，还要认真检查冷藏箱设定的温度，包括装箱单指定的温度、冷藏箱设定的温度和冷藏箱记录的温度，这三个温度应一致无误。冷藏箱应堆放于冷藏箱区，并由专人负责，在码头堆放期间应使制冷机按规定温度处于正常工作状态。冷藏箱装船前应检查温度状况正常后切断电源，并卷好电源线和插头，然后按配载图装船出运。

2. 进口冷藏箱的管理

卸船前先检查冷藏箱制冷温度和箱体状况，如一切正常则切断电源，并卷好电源线和插头，进行卸船。冷藏箱进入冷藏箱区后，接通电源、启动开关，使冷冻机按规定温度进入工作状态。冷藏箱出场前应检查温度状况后切断电源，并卷好电源线和插头，然后发箱装车。

（三）危险品箱管理

危险品通常系国际危规中列明的危险货物，集装箱码头装卸危险品箱必须事先取得船公司或船代经海事局核准签发的船舶载运危险货物申报单，码头凭船方申报中列明的危险货物的不同类别实施装卸。对属于烈性危险货物（如《国际海运危险货物规则》1类爆炸品、2类压缩气体和液化气体、7类放射性物品），通常采取直装直卸的方法。

1. 出口危险品箱的管理

出口危险品箱进入码头检查口时，集卡司机除递交装箱单、设备交接单外，还应递交经海关局核准签发的危险货物集装箱装箱证明书，双方认真检验箱体，作好交接手续。危险品应堆放于危险品专用箱区，并由专职人员管理。危险品箱区要有明显的警告标志，并有与其他箱区的隔离设施以及防护设备。对进入该箱区的危险品箱，还应按国际危规的隔离要求堆放，并作好有关记录。危险品箱装运时，装卸机械设备必须处于良好状态，并有适当的功率储备，然后按配载图或船方要求谨慎装船。

2. 进口危险品箱的管理

进口危险品箱管理与出口业务基本相似，所不同的是业务流程为其反操作。需要强调的是：一是集装箱码头应根据本身实际情况制定严格的危险品箱管理制度，并设专职管理；二是无论装或卸危险品箱，必须事先取得船申报单证，否则不能擅自装卸。

（四）特种箱管理

对于开顶箱、框架箱、平台箱、罐装箱、通风箱等特种箱必须堆放于特种箱区。对四超箱（超高、超长、超宽、超重）通常限于堆放一层高，并采用相应的特种箱操作工艺作业，如高架排装卸工艺、钢丝绳底角件吊装工艺、货物拆箱分体装卸工艺等。

四、集装箱码头堆场管理

集装箱进入码头后，码头就要对集装箱负有保管责任，要及时跟踪和掌握集装箱在堆场的每一次搬移与动向，因此堆场管理与箱务管理密不可分。箱务管理的前提和基础就是堆场管理。

（一）堆场的堆箱规则

堆场的堆箱规则主要取决于装卸工艺系统，目前我国绝大部分集装箱码头采用的是装卸桥轮胎式龙门吊装卸工艺系统，与该工艺系统相应的是"六列加一通道"堆箱规则，即每个箱区的宽度为6列箱宽再加上一条集卡车道的宽度（图7-13），同时，堆高层数视龙门吊的作业高度而定，有堆三过四的，也有堆四过五或堆五过六的，国外有的集装箱码头最大堆高层数已达9层。目前我国沿海港口基本采用堆四过五的堆箱规则（图7-14）。

图7-13 "六列加一通道"堆箱实例

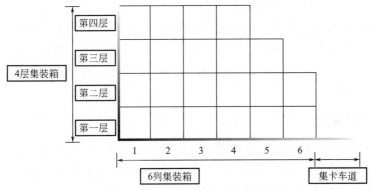

图7-14 集装箱码头堆场的堆箱规则

为了便于箱区的集装箱管理，码头通常还规定了堆场箱位的表示方法。堆场箱位的表示方法目前尚不统一，由各集装箱码头用字母、数字或字母与数字相结合来表示。如图7-15所示的是6位阿拉伯数字的堆场箱位表示方法。

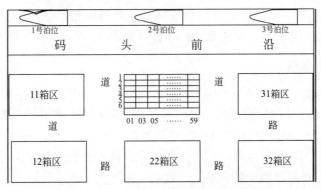

图7-15 用6位阿拉伯数字表示的堆场箱位

> **相关链接**
>
> 堆场箱位的编码方法
>
> 集装箱码头堆场箱位编码通常采用6位数字，6位数字的头两位表示箱区，其中第一位数字表示对应的泊位，第二位数字表示从海侧开始的箱区排序。中间两位数字表示位，即沿用船箱位BAY的表示方法，分别以奇数表示20′箱位，偶数表示40′箱位。最后两位数字的前一个数字表示列，用数字1~6分别表示；最后一个数字表示层，从底层至第四层用1~4表示。例如210533，表示21箱区，05位，第3列，第3层箱位。

（二）堆场的分区

堆场从不同的角度有不同的分区：
① 按堆场的前后位置，可分为前方堆场和后方堆场；
② 按进口和出口业务，可分为进口箱区和出口箱区；
③ 按不同的箱型可分为普通箱区、特种箱区、冷藏箱区和危险品箱区；
④ 按集装箱的空重，可分为空箱区和重箱区；
⑤ 按中转类型，可分为国际中转箱区和国内中转箱区。

上述堆场分区一般应根据集装箱码头的堆场容量、作业方式和码头的集装箱容量而综合加以应用，例如堆场面积不足的则不分前方堆场和后方堆场，无中转箱业务的则不划分中转箱区。特别地，对冷藏箱区和危险品箱区应该定专门的管理制度和专职人员，以保证集装箱的安全操作和安全堆存。

（三）出口箱的堆放

集装箱码头通常在装船前3天开始受理出口重箱进场作业，由于货主重箱进场的随机性与船舶稳性及吃水差既定性的矛盾，必须科学、合理地安排出口重箱进场，力求提高堆场利用率，减少翻箱量，保证船舶规范要求和船期。

在安排出口重箱进场时，应满足以下基本要求：
① 根据船舶计划的靠泊位置和作业路线，安排进口箱时要尽可能靠近船舶靠泊的泊位；
② 根据船舶稳性、吃水差规范要求和沿线船舶靠港作业要求，将不同卸港、不同吨级、不同箱型和不同尺寸的集装箱分开堆放；
③ 集装箱码头生产任务繁忙，箱区的安排分配要与船舶泊位、作业路线、作业量以及机械分配等各种因素结合起来，力求最佳的动态平衡点。

（四）进口重箱堆放

进口重箱自卸船后7天内要按不同的收货人发箱提运，应满足以下基本要求。
① 根据船舶计划的靠泊位置和作业路线选择合适的箱区，提高卸船作业效率。
② 不同箱子分开堆放，即重箱与空箱分开堆放、不同尺寸箱子分开堆放、不同箱型分开堆放、好箱与坏箱污箱分开堆放。应严格做到中转箱堆放于海关确认的中转箱区，冷藏箱堆放于冷藏箱区，特种箱堆放于特种箱区，危险品箱堆放于危险品箱区。此外，对大票箱尽

量相对集中堆放，以提高堆场机械发箱作业效率；对空箱还应该按不同持箱人堆放，以便空箱发放或调运。

（五）集装箱在堆场的搬移

为了方便堆场作业需要，提高堆场利用率和机械作业效率，集装箱码头还对堆场上的集装箱进行必要的搬移，主要有以下几种情况。

1. 装船结束后退关箱的搬移

出口箱进入码头后，由于报关或船舶超载等原因，会有一些集装箱不能装船出运，造成退关。退关箱稀疏地滞留在原来的出口箱区内，会影响其他船舶出口箱的进场，因此装船结束后必须将这些退关箱及时核实和处理，或相对集中堆放于原箱区内，或转移到其他箱区。

2. 进口箱集中提运前的搬移

如进口箱堆场安排欠妥或当时无法兼顾，当集装箱码头受理台受理提箱作业后，应将进口箱作适当的搬移，以方便货主提箱，减少等待时间，同时又可充分发挥堆场机械的作业效率。例如，将受理提箱的集装箱移入一个单独的箱区，以方便发箱；又如，将大批量同一货主的集装箱转移一部分至其他箱区，以减少集卡排队等候时间。

3. 进口箱提箱作业基本结束后的搬移

收货人在办妥进口清关手续后，通常会在相对集中的几天时间内到码头提运进口重箱，当这一提箱高峰过后，由于少数货主的原因不能及时提箱，使这些集装箱零星地分散在进口箱区中，故码头也必须及时进行搬移归并。

4. 空箱的搬移

空箱的搬移主要是指收货人拆箱后的还空箱、CFS 条款拆箱后的空箱及时转入空箱区，以及按发货人提空箱的需要对空箱进行必要的搬移，以方便发放空箱。

5. 装船需要的搬移

装船需要的搬移是指因船舶稳性、吃水差、装卸顺序等船舶装运的需要，同时为提高码头作业效率、保证班轮船期，对一些不适合的集装箱进行必要的搬移。

职业技能训练

【训练目标】

通过让学生模拟操作办理集装箱码头进口业务，熟悉掌握集装箱码头作业的工作任务及岗位职责，使学生掌握船舶的装卸货流程，能准确认识和使用码头的各类作业工具及设备。

【情景描述】

广州南沙港收到船公司文件员发来的关于 PACIFIC 号的船舶资料、预报信息、船图清单、舱单、船期信息、离港信息及危险货物申报单，预计 2017 年 1 月 21 日 10:23 分将抵达广州南沙港，预计 10:35 分靠泊，确报到港时间为：2017 年 1 月 21 日 12:10 分。2017 年 1 月 21 日 12:30 分抵锚，12:45 分靠泊（并停靠在 2 号泊位），13:20 分联检。计划 2017 年 1 月 30 日 07:10 分离港，并准时正常离港。请码头工作人员完成进口船舶相关作业任务。

【工作流程】

船舶维护—堆场箱位安排—调度控制—码头卸船

【操作步骤】

①船舶管理;②单证资料发送;③闸口管理;④堆场管理;⑤中控室指令操作;⑥装卸队作业。

【注意事项】

本实训主要需要学生注意,整箱货和拼箱货的业务单证以及拆装箱的流程有所不同。

【实训成果】

要求在计算机上完成交互式实训,并且提交总结性报告。

同步测试

一、单项选择题

1. 签发海运提单的日期是（　　）。
   A. 货物集港的日期　　　　　　　B. 货物开始装船的日期
   C. 货物全部装船完毕的日期　　　D. 船舶启航的日期
2. 出口人完成装运后，凭以向船公司换取已装船提单的单据是（　　）。
   A. Shipping Order　　　　　　　B. Mate's Receipt
   C. Freight Receipt　　　　　　　D. Loading list
3. 集装箱提单上批注的依据是（　　）。
   A. 托运单　　　B. 设备交接单　　　C. 提货单　　　D. 场站收据
4. SWBL 是（　　）。
   A. 可转让买卖　　　　　　　　　B. 不可转让买卖
   C. 签发 B/L 依据　　　　　　　　D. 签发大副收据的依据
5. 设备交接单的当事人为（　　）。
   A. 箱主与货主　　　B. 船主与货主　　　C. 箱主与用箱人　　　D. 箱主与货代
6. 下列有关集装箱运输优越性的叙述中，不正确的是（　　）。
   A. 提高装卸效率，减轻劳动强度　　B. 提高运输质量，减少货损货差
   C. 延长在途时间，减缓车船周转　　D. 节省运输包装，减少运输费用
7. 集装箱运输子系统中承担运量最大的是（　　）。
   A. 集装箱水路运输子系统　　　　B. 集装箱铁路运输子系统
   C. 集装箱公路运输子系统　　　　D. 集装箱航空运输子系统
8. 下列不属于集装箱运输工具的是（　　）。
   A. 集装箱船舶　　　　　　　　　B. 集装箱装卸搬运设备
   C. 集装箱铁路专用车　　　　　　D. 集装箱卡车
9. 下列有关集装箱物流结点的叙述中，错误的是（　　）。
   A. 可以连接个同运输方式　　　　B. 可以存放集装箱及货物

C．可以组织物资流通　　　　　　　D．不需配备任何设备
10．集装箱水路运输子系统的组成要素不包括（　　）。
A．集装箱船舶　　　　　　　　　　B．集装箱卡车
C．集装箱码头　　　　　　　　　　D．集装箱货运站

二、多项选择题

1．根据提单上的抬头不同，可分为（　　）提单。
A．记名　　　　　B．清洁　　　　C．不记名　　　　D．指示
2．集装箱运输发展的趋势有（　　）。
A．集装箱体向大型化发展　　　　　B．集装箱船向大型化发展
C．集装箱码头向深水化发展　　　　D．集装箱运输量不断增长
3．集装箱托运单的第七联是（　　）。
A．场站收据　　　　　　　　　　　B．港区配载的依据
C．配舱回单　　　　　　　　　　　D．签发提单的依据
4．集装箱出口货运流程分：订舱、接受托运申请、发放空箱以及（　　）。
A．拼箱货装箱　　　B．整箱货交接　　C．办理交接签证　　D．换取提单
5．期租船的特点主要有（　　）。
A．船东负责配备船员并负担其工资和伙食
B．承租人有对包括船长在内船员的指挥权
C．承租人负责船舶调度和船舶的营运费用
D．租金按船舶的夏季满载载重吨计算，每吨若干元由双方商定

项目八
集装箱公路运输实务

【开章语】

汽车运输是集装箱多式联运物流系统中的第一个和最后一个环节。集装箱运输的经济性集中表现在"门—门"的运输，但它的实现最终只能通过汽车运输才能予以保证。集装箱多式联运链上的各个环节缺一不可，但从实现集装箱"门—门"运输意义上看，汽车运输更是处于举足轻重的地位，它是实现集装箱"门—门"多式联运中必不可少的环节。

【知识目标】

1. 了解集装箱公路运输的特点；
2. 了解集装箱公路运输的一般流程；
3. 了解集装箱公路中转站组织结构；
4. 了解集装箱公路运输车辆。

【能力目标】

1. 能进行集装箱公路运输的基本操作；
2. 能从事集装箱公路中转站一线管理岗位的作业；
3. 能够处理公路集装箱拼箱与拆箱业务；
4. 能够对箱内货物进行科学配载。

【内容架构】

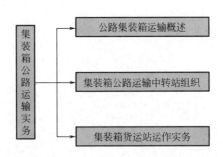

【项目引例】

"一带一路"的友谊通道——中泰昆曼公路

昆曼高速公路（以下简称"昆曼公路"）是中国的第一条国际高速公路，起于云南省省会昆明，止于泰国首都曼谷，是亚洲公路编号为AH3公路中的一段。全长约1807千米，中国境内688千米、老挝境内229千米、泰国境内约890千米，于2008年12月试通车。主要进行"蔬菜换石油"的国际陆运，即是泰国公司通过昆曼公路用油罐车把油拉到中国磨憨口岸，中国向泰国出口新鲜蔬菜，用来缓解云南成品油供应长期紧张和泰国不易种植蔬菜的问题，而且还有利于打造"云菜"品牌，带动农民增收。

朝发夕至，是昆曼公路对外界描绘出的完美蓝图，然而现在看来，这样的"承诺"更像是一张画在纸上的"大饼"。2013年之前走通昆曼公路需要办理4次出入境手续，各国通关手续时间长短不一，收费标准、种类不同，理论上20个小时的路程，即使连夜兼程、通关顺利也至少需要两三天，费用也较多。在老挝境内，还要面临收费混乱、强要小费、通关效率低下等人为障碍。更麻烦的是中泰两国车辆，特别是货车至今无法实现互通。

2013年6月，在云南省东南亚经贸合作发展联合会、老挝国家工商会、泰国城乡发展基金会三方举行的第二次中老泰昆曼经济走廊民间协调机制会议上，三方共同签署了"昆曼公路便利化运输民间先行解决方案"。根据方案，货物车辆从昆明腾俊国际陆港验关出发后，仅在老挝会晒有一次甩挂作业，即可直达泰国曼谷物流中心，全程1800多千米的昆曼公路中途不再掏箱验关，这将大幅节约物流的时间和成本。

方案确认了昆曼公路陆路运输试行路线为：昆明—磨憨（中国）—磨丁（老挝）—会晒（老挝）—清孔（泰国）—曼谷；陆水联运试行路线为昆明—景洪港（中国）—清盛港（泰国）—曼谷。支持昆明国际陆港和会晒物流中心开展甩挂运输试点建设，支持在磨憨使用货运专用通道。

具体操作方式为：货物车辆在昆明国际陆港出发，经磨憨货运通道，抵达老挝后加挂老挝车牌，货车使用双牌照通行到达老挝会晒物流中心，进行甩挂作业，进入泰国清孔使用泰国车牌，直达泰国曼谷物流中心。反之，货物车辆在泰国曼谷物流中心出发，经泰国清孔物流中心，进行甩挂作业，抵达老挝会晒物流中心使用老挝牌照，加挂中国牌照，经磨憨口岸直达昆明国际陆港。物流时间预计从现在的72小时左右缩短为48小时左右，减少1/3左右的时间，物流成本也将大幅缩减。

此次方案旨在促进政府《大湄公河次区域便利货物及人员跨境运输协定》尽早完成法律程序，是昆曼公路通关便利化的一次民间先行推进。此外，海关、工商、税务、检疫等政府职能部门，在腾俊国际陆港将实现一站式服务，将极大地缩短货物进出关的时间，通关手续更快捷一些。

另外一件好事是，2014年12月11日连接老挝会晒和泰国清孔的会晒大桥正式贯通，至此，昆曼大通道正式全线无缝连接。随着会晒大桥的建成，货运成本将降低，在大桥通车之后，不但缩短了通行时间，还将大大节约通行成本，原本混乱的通关环节也将在"曼昆公路便利化运输民间先行解决方案"推出后进一步得到改善。

对于新鲜蔬果来说"速度就是价格"，中泰两国人民一直盼望着昆曼公路能全线贯通。

任务一　公路集装箱运输概述

汽车运输是集装箱多式联运物流系统中的第一个和最后一个环节。集装箱运输的经济性集中表现在"门—门"的运输，但它的实现最终只能通过汽车运输才能予以保证。集装箱多式联运链上的各个环节缺一不可，但从实现集装箱"门—门"运输意义上看，汽车运输更是处于举足轻重的地位，它是实现集装箱"门—门"多式联运中必不可少的环节。

一、集装箱公路运输产生

集装箱最初是从卡车车厢脱胎而来的，集装箱运输的雏形是早年偶然发生的将卡车车厢整个脱离底盘的运输实践。现代国际标准集装箱的外形和尺寸，基本与卡车车厢类似；甚至现代物流过程中使用的 ISO（即国际标准化组织）标准托盘尺寸，也是脱胎于对卡车车厢内尺寸的"整数分割"。所以集装箱运输与卡车公路运输有着悠久的历史渊源，深厚的不解之缘。

二、集装箱公路运输的特点

现代集装箱运输发展到目前，公路集装箱运输大约表现出以下一些方面的特点。

（1）集装箱运输是一种"门—门"运输，这是集装箱运输突出的特征，也是其优越性所在。而集装箱运输最终要实现"门—门"运输，绝对离不开集装箱卡车运输这种"末端运输"方式。

所谓"末端运输"，是指运输活动开始与结束部分的活动。即从发货人那里取货和将货送到收货人门上。纵观集装箱各种运输过程，不管是水路运输、铁路运输还是航空运输，其开始和结束，都不可能离开集装箱卡车的运输。离开集装箱卡车，集装箱运输"门—门"的优势就荡然无存。

（2）在大多数情况下，集装箱卡车运输在集装箱的各种运输方式之间起衔接性、辅助性的作用，是通过陆上"短驳"，将各种运输方式衔接起来，或最终完成一个运输过程。只在少数情况下，集装箱公路运输扮演"主力"角色，从头至尾完成一次完整的运输过程。

集装箱公路运输这种辅助性的、衔接性的货运形式，可以表现为以下几种。

① 重箱：从码头（目的港）、铁路办理站（终点站）、集装箱堆场到收货人"门"的运输。

② 重箱：从码头（目的港）到铁路办理站（始发站）、集装箱堆场的运输。

③ 重箱：从发货人"门"到集装箱货运站、码头（始发港）的运输。

④ 重箱：从发货人"门"到铁路办理站（始发站）、集装箱堆场的运输。

⑤ 空箱：集装箱货运站或铁路办理站到发货人"门"的运输。

⑥ 空箱：铁路办理站或集装箱货运站到堆场，或堆场到站的运输。

⑦ 空箱：集装箱货运站到集装箱堆场和铁路办理站之间的运输。

⑧ 空箱：收货人"门"到集装箱堆场、铁路办理站、集装箱货运站之间的运输。

（3）表现出公路运输共有的缺点。不管是不是运输集装箱，公路运输均表现出一些共同的弱点：运力与速度低于铁路运输；能耗与成本却高于铁路、水路运输，安全性低于铁路和水路运输；对环境污染的程度高于铁路和水路运输。所以，在有些国家和地区（如欧洲的许多国家）都以立法和税收优惠政策等方式，鼓励内河运输与铁路运输，限制集装箱的长途公路运输。如在欧洲，荷兰等国家规定：货物的长途运输采用水路运输方式税收最低；采用铁路运输方式其次；采用公路运输方式则最高。

集装箱公路运输合适的距离，与各个国家和地区的经济发展程度、地理环境有关。如美国，由于内陆幅员辽阔，高速公路网发达，一般认为 600km 为集装箱公路运输的合适距离；日本四周环海，沿海驳运很方便，所以认为集装箱公路运输在 200km 之内比较合理；我国虽然内陆也幅员辽阔，但公路网络迄今为止还较差，铁路网络相对较发达，所以一般认为公路运输应控制在 300km 左右。

三、集装箱公路运输车辆

1. 集装箱牵引车（Tractor）

集装箱牵引车本身不具备装货平台，必须与挂车连在一起使用。牵引车按其司机室的形式可分为"平头式"和"长头式"两种。如图8-1所示。

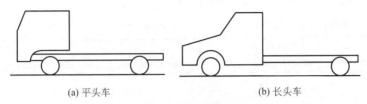

图 8-1　集装箱牵引车

（1）平头式牵引车。这种牵引车的优点是司机室短，视线好，轴距和车身短，转弯半径小；缺点是发动机直接布置在司机座位下面，司机受到机器振动影响，舒适感较差。

（2）长头式（又叫凸头式）牵引车。这种牵引车的发动机和前轮布置在司机室的前面，司机舒适感较好；万一发生撞车时，司机较为安全；开启发动机罩修理发动机较为方便；主要缺点是司机室较长，因而整个车身长，回转半径较大。

由于各国对公路、桥梁和涵洞的尺寸有严格的规定、车身短的平头式牵引车应用日益增加。

2. 集装箱牵引车拖带挂车的方式

（1）半拖挂方式。半拖挂方式是用牵引车来拖带装载了集装箱的挂车。这类车型集装箱的重量由牵引车和挂车的车轴共同分担，故轴压力小；另外，由于后车轴承受了部分集装箱的重量，故能得到较大的驱动力；这种拖挂车的全长较短，便于倒车和转向，安全可靠；挂车前端的底部装有支腿，便于甩挂运输。图8-2为用太脱拉T8156H6.2型作牵引车的40ft集装箱半挂车。

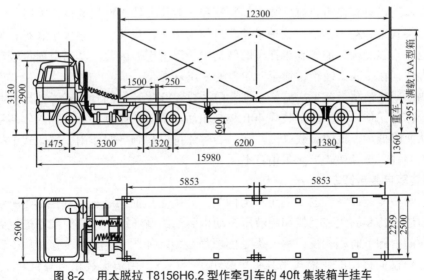

图 8-2　用太脱拉 T8156H6.2 型作牵引车的 40ft 集装箱半挂车

（2）全拖挂方式。全拖挂方式是通过牵引杆架与挂车连接，牵引车本身可作为普通载重货车使用。挂车亦可用支腿单独支承，全挂车是仅次于半拖挂车的一种常用的拖带方式，操作比半拖挂车困难。

（3）双联拖挂方式。双联拖挂方式是半拖挂方式牵引车后面再加上一个全挂车。实际上是牵引车拖带两节底盘车。这种拖挂方式在高速行进中，后面一节挂车会摆动前进，后退时操作性能不好，故目前应用不广。

集装箱牵引车拖带挂车的三种方式如图 8-3 所示。

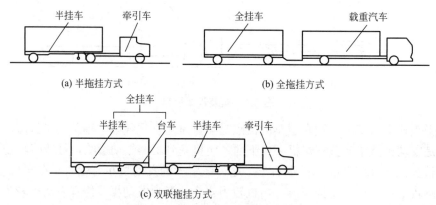

图 8-3 集装箱牵引车拖带挂车的方式

集装箱牵引车按其车轴的数量分，有 3 轴至 5 轴的，有单轴驱动至 3 轴驱动的不等；按其用途分，有箱货两用的、专用的、能自装自卸的；按挂车结构分，有骨架式、直梁平板式、阶梯梁鹅颈式等。

3. 集装箱半挂车

（1）平板式集装箱半挂车。这种半挂车除有两条承重的主梁外，还有若干横向的支撑梁，并在这些支撑梁上全部铺上花纹钢板或木板。同时在集装箱固定装置的位置，按集装箱的尺寸和角件的规格要求，全部安装旋锁件。因而它既能装运国际标准集装箱，又能装运一般货物。在装运一般货物时，整个平台承受载荷。平板式集装箱半挂车由于自身质量较大，承载面较高，所以只有在需要兼顾装运集装箱和一般长大件货物的场合才采用。

（2）骨架式集装箱半挂车。这种半挂车专门用于运输集装箱。它仅由底盘骨架构成，而且集装箱也作为强度构件加入到半挂车的结构中予以考虑。因此，其自身质量较轻，结构简单，维修方便，在专业集装箱运输企业中普遍采用这类车。

（3）鹅颈式集装箱半挂车。这是一种专门运载 40ft 集装箱的骨架式半挂车。其车架前端拱起的部分称作鹅颈。当半挂车装载 40ft 集装箱后，车架的鹅颈部分可插入集装箱底部的鹅颈槽内，从而降低了车辆的装载高度，在吊装时还可以起到导向作用。鹅颈式半挂车的集装箱固定转锁装置，与骨架式半挂车稍有不同。

4. 集装箱自装自卸车

这种车辆按其装卸形式的不同可分为两类：一类是后面吊装型，如图 8-4 所示，它是从车辆的后面通过特制的滚装框架和由液压电动机驱动的循环链条，将集装箱拖拉到车辆上完成吊装作业的，卸下时则相反；另一类是侧面吊装型，如图 8-5 所示，它是从车辆的侧面通过可在车上作横向移动的变幅式吊具将集装箱吊上吊下。由于集装箱自装自卸车具有运输、装卸两种功能，在开展由港口至货主间的门到门运输时，无须其他装卸工具的帮助，而且使用方便，装卸平稳可靠，又能与各种牵引车配套使用，除了装卸和运输集装箱外，还可以运输大件货物和进行装卸作业，因此深受欢迎，应用范围也日益广泛。

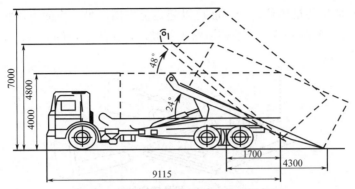

图 8-4　后面吊装型集装箱自装自卸车组

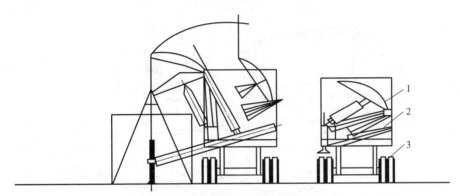

图 8-5　侧面吊装型集装箱自装自卸车组
1—吊具；2—支腿；3—半挂车

5. 集装箱在公路运输车辆上的固定

为了保证集装箱在公路上运输的安全，集装箱必须用四个底角件牢牢地固定在运输车辆上，如图 8-6 所示。

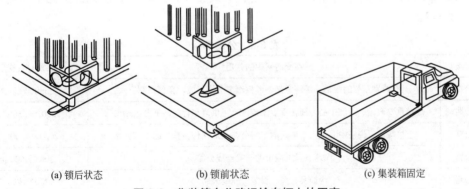

(a) 锁后状态　　　　　　(b) 锁前状态　　　　　　(c) 集装箱固定

图 8-6　集装箱在公路运输车辆上的固定

在公路车辆上通常使用的固定方法是扭锁。这种扭锁的顶端锥体状的蘑菇头（cone）可以手动操作，摆动手柄就能使它旋转 90°。图 8-6（a）为锁后状态，图 8-6（b）为锁前状态。

除了扭锁之外，公路车辆上还有其他固定集装箱的固定件，如锥体固定件（图 8-7）和导位板固定件（图 8-8）。

锥体和导位板固定件一般是在港站内低速和短距离行驶的条件下使用，使用时必须用锁销（locking pin）把集装箱锁住，一方面可以起定位作用，另一方面可以承受水平方向和垂直方向的反作用力，否则车辆在不平整道路上行驶时，由于车辆的颠簸，集装箱可能会跌落下来。

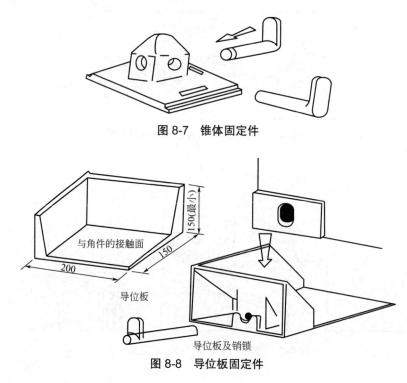

图 8-7　锥体固定件

图 8-8　导位板固定件

四、集装箱运输对公路的要求

1. 我国公路的等级划分与设计车速

我国的公路划分为高速公路、一级公路、二级公路、三级公路和四级公路五个等级，见表 8-1、表 8-2。

表 8-1　公路等级

公路等级	在交通网中的作用	年平均昼夜交通量
高速公路	具有特别重要的政治、经济意义。专供汽车分道行驶，全部控制出入	25000 辆以上
一级公路	连接重要政治、经济中心，通往重点工矿区，可供汽车行驶，部分控制出入	5000～25000 辆
二级公路	连接政治、经济中心或大工矿区的干线公路；运输任务繁忙的城郊公路	2000～5000 辆
三级公路	沟通县以上城市的一般干线公路	200～500 辆
四级公路	沟通县、乡、村等的支线公路	200 辆以下

表 8-2　各级公路设计车速　　　　　　　　　　　　　　　单位：km/h

公路等级	一		二		三		四	
地形	平原微丘	山岭重丘	平原微丘	山岭重丘	平原微丘	山岭重丘	平原微丘	山岭重丘
设计车速	100	60	80	40	60	30	40	20

2. 集装箱运输对公路技术规格的要求

运箱 20ft、30ft、40ft 的集装箱，公路必须满足下列要求：车道宽度 3m；路面最小宽度 30m；最大坡度 1∶10；停车视线最短距离 25m；最低通行高度 4m。

根据我国国家标准《货运挂车系列型谱》（GB/T 6420—2017）的规定，要求集装箱卡车的最大载重量不超过 45t，单轴最大载重量不超过 12t，双联轴最大载重量不超过 20t。按国际标准，40ft 集装箱最大额定重量为 30.48t，则装载 40ft 集装箱的卡车，其最大总重在 43～45t，基本上可以适合在我国二级公路上行驶。但如果一辆集装箱卡车装载两只 20ft 集装箱，则必须限制每箱净载重在 15t 以下，或一只空箱、一只重箱配载。

五、集装箱公路运输营运管理

集装箱公路运输的营运管理，主要做好两方面工作：一是货源组织；二是车辆运行管理。

（一）集装箱公路运输货源组织的特点

从事集装箱公路运输的主要是各类集装箱卡车运输公司。集装箱卡车运输公司车辆配备数与运力是固定的，但运输市场对集装箱卡车的需求在数量、流向、时间、地域上是不均衡的。这是集装箱公路运输货源组织最突出的特点，也是面临的最大矛盾。总体来说，在集装箱运输大系统中，都存在运力与需求之间的不平衡。但相对于集装箱水路运输子系统、铁路运输子系统，集装箱公路运输需求的波动与供需的矛盾更为突出。

（二）集装箱公路运输货源组织的形式

1. 统一受理、计划调拨

这是集装箱公路运输货源组织的最基本形式。公路运输代理公司或配载中心统一受理由口岸进出口需用集装箱卡车运输的货源，然后根据各集装箱卡车公司的车型、运力、营运特点，统一调拨运力。这种方式对公路集装箱运输的运力调拨和结构调整起着指导作用，能较好地克服能力与需求的不平衡，也能较好地保证集装箱卡车公司的收益。

2. 合同运输

这是计划调拨运输的一种补充形式。船公司、货运代理公司和货主在某些情况下与集装箱卡车公司直接签订合同，确定某段时间、某一地区的运输任务。

3. 临时托运

集装箱卡车公司也接受短期、临时客户小批量托运的集装箱。这是对计划调拨运输和合同运输必不可少的补充。

（三）集装箱卡车运输公司货源组织的手段

1. 委托公路运输代理公司或配载中心组货

这是集装箱卡车公司主要的组货渠道。因为公路运输代理公司或配载中心与各类口岸企业有密切的联系，熟悉业务，便于进行商务处理。由公路运输代理公司集中地向众多货主揽货，然后分配给各集装箱卡车公司，也便于提高效率，降低交易成本。

2. 建立营业受理点

集装箱卡车公司也可以在主要货主、码头、集装箱货运站或公路集装箱中转站设立营业受理点，自行组织货源。这样做，能及时解决客户的急需或特殊需求，也便于集装箱卡车公司更快地掌握运输市场动态，以便为其运输经营的改革提供依据。

3. 参加集装箱联办会议和访问货主

集装箱卡车公司可通过参加集装箱联办会议，与港区、货运代理公司、货主企业进行沟通，了解货源市场情况，争取组织货源。也可以定期访问货主，一方面听取货主意见，改进工作；另一方面掌握市场动向，积极争取货源，与货主建立稳定的业务联系。

六、集装箱公路运输运行管理

集装箱公路运箱的业务形式多变，不像水路运输与铁路运输那么规范，所处理的货物数量也变化悬殊，所以很难规范地描述其业务程序。这里仅就以口岸或大型公路集装箱中转站为背景的集装箱卡车运输公司的典型业务为对象，讨论其业务程序和运行管理。

（一）进口货运业务

这里的"进口"，是指班轮运输的集装箱，到达目的港卸下以后，通过集装箱卡车运往收货人处的货运业务。这类业务的一般处理程序如下。

1. 编制进口箱运量计划

集装箱卡车运输公司根据港口企业或公路运输代理公司提供的集装箱班轮船期动态，或者船公司、货运代理公司提供的进口船期、载箱量、需要通过公路疏运、送达的箱量等，结合本公司的运力情况，编制月、旬、周或日的运量计划。

2. 接受托运

集装箱卡车公司通过各种方式接受公路运输代理公司、货运代理公司或货主等提出的进口集装箱陆上运输申请，根据自身条件许可情况，接受托运。

3. 申请整箱放行计划

在接受托运以后，集装箱卡车运输公司向联合运输营业所申请整箱放行计划；如为拆箱货，则向陆上运输管理处申请批准。

4. 安排运输作业

集装箱卡车运输公司根据各种托运，合理派车，安排运输。对各种超重、超高等超标准箱，应向有关管理部门申请超限证；如属跨省运输，则应开具路单。

5. 申请机械、理货和卫检

如待运的集装箱在码头、公路中转站，应提前向码头与公路中转站申请装车机械和相应人力。如需拆箱，还应代替收货人向有关部门提出理货、卫检和其他一些特殊需要的申请。

6. 提取重箱

完成以上程序后，集装箱卡车运输公司派出集装箱卡车，持集装箱放行单和设备交接单，到指定箱区提取重箱，并在大门检查站办理出场集装箱设备交接。

7. 交箱

集装箱卡车将重箱送往收货人处。如系在收货人处拆箱、同时运回空箱的，须由理货公司派员理货。货主接收货物后在交接单上签收，集装箱卡车运输的货物交接责任遂告结束。

8. 送还空箱

集装箱的空箱应按规定时间、地点送回。集装箱卡车在送回空箱时，应在码头大门检查站进行检查，取得进场集装箱设备交接单，然后到堆场办理空箱交接。

（二）出口货物业务

这里的"出口"，是指发货人通过集装箱卡车，将集装箱重箱送达起点港，装上集装箱班轮，运往目的港的货运业务。这类业务的一般处理程序如下。

1. 接受托运

集装箱卡车运输公司通过各种形式接受公路运输代理公司、货运代理公司或货主的托运申请，在了解掌握待装货物情况和装箱地点后，有能力接受的，予以承运，并订立运输合同。

2. 安排作业计划

集装箱卡车运输公司根据承运合同，编制集装箱卡车作业计划。对超重、超高、跨省运输的，提前向有关管理部门办理申请。同时，在送箱的前一天，向码头申请装卸机械与人力。

3. 领取空箱

集装箱卡车运输公司凭货运代理签发的出场集装设备交接单和托运单，到指定地点提取空箱，送往托运人处装箱。

4. 送交重箱

装箱完毕，集装箱卡车运输公司将重箱连同装箱单、设备交接单送到指定码头交付，办理集装箱设备交接。

> **课堂活动**
>
> 熟悉集装箱卡车运输业务流程
>
> 教师让学生分别担任集装箱卡车进口和出口业务中的不同企业与岗位角色，模拟一单集装箱卡车进口或出口业务，要求学生分别叙述在每一个环节上要处理的业务和相关单证。

任务二　集装箱公路运输中转站组织

一、集装箱公路运输中转站的功能

集装箱公路运输中转站，是指设在港口或铁路办理站附近，用于水运、铁路运输向内陆和经济腹地延伸的基地和枢纽。是集装箱内陆腹地运输的重要作业点之一。

（一）集装箱公路运输中转站的分类

按我国国家标准《集装箱公路中转站站级划分及设备配备》（GB/T 12419—1990），集装箱公路运输中转站有两种分类方法。

（1）按集装箱公路运输中转站年箱运量和年堆存量及其所在地理位置，可划分成四级：一级站、二级站、三级站和四级站。其划分标准见表8-3。

（2）按所运箱子的类型，可分为国际箱中转站和国内箱中转站。对同时经营国际箱和国内箱的中转站，如果其国际集装箱年箱运量达到年总箱运量的70%以上者，视为国际集装箱中转站。

表 8-3 集装箱公路运输中转站划分标准

站级	类型	地理位置	年箱运量/TEU	年堆存量/TEU
一级站	国际箱中转站	位于大型海港附近	30000 以上	9000 以上
	国内箱中转站	位于大河港或主要陆运交通枢纽附近	20000 以上	6000 以上
二级站	国际箱中转站	位于中型海港或主要陆运交通枢纽附近	16000～30000	6500～9500
	国内箱中转站	位于中型河港或主要陆运交通枢纽附近	10000～20000	4000～9000
三级站	国际箱中转站	位于中型海港或主要陆运交通枢纽附近	8000～16000	4000～6500
	国内箱中转站	位于中型河港或主要陆运交通枢纽附近	5000～10000	2500～4000
四级站	国际箱中转站	位于小型海港或主要陆运交通枢纽附近	4000～8000	2500～4000
	国内箱中转站	位于小型河港或主要陆运交通枢纽附近	2000～5000	1000～2500

（二）集装箱公路运输中转站的主要功能

我国集装箱公路运输中转站，具有以下主要功能。

（1）承担集装箱水运目的港、集装箱铁路办理站的终点站和收货人之间集装箱公路转移的任务，完成"门—门"运输。或实现集装箱在内地（CY）交接方式，并可组织腹地内的干支线、长短途运输，或"水—公"联运的衔接配合，创造有利条件。

（2）相当于一种内陆的集装箱货运站（CFS），办理集装箱拼箱货的拆箱与拼箱作业，同时发挥拼箱货集货、货物仓储及向货主接取、送达的作用。

（3）靠近大型集装箱口岸与铁路集装箱办理站的，可作为疏运集装箱的缓冲区域、集装箱堆场或集装箱集散点。

（4）进行空、重集装箱的装卸、堆存和集装箱的检查、清洗、消毒、维修等作业，并可作为船公司箱管或外轮代理公司在内陆指定的还箱点，进行空箱堆放和调度作业。

（5）为货主代办报关、报检、理货及货运代理等业务。

二、集装箱公路运输中转站的设置

（一）集装箱公路运输中转站的前期论证

目前我国成规模的集装箱公路运输中转站还很少，这同我国集装箱内陆多式联运尚未充分开展有关，也与我国的公路网络尚未充分构建、公路级别低有关。同时，我国某些地区的城市化程度也较差，消费能力有限，一定程度上还存在自然经济状况，这也客观上制约了现代化程度很高的集装箱公路运输的发展。另外，由于我国目前一些高等级道路均由各市、县自筹资金修建，为建设资金的回收，在国家政策允许的范围内均分段设卡，对过路车辆收取费用。这大大加重了公路集装箱卡车的运输成本。据统计，从上海通过公路运输一只 40ft 集装箱到成都，仅过路费就高达 2000 元左右，这就大大抵消了集装箱运输的优势，制约了这种高效运输方式在公路运输中的运用。

但随着我国经济的进一步增长、公路建设的发展，尤其是西部开发，迅速改善了原经济落后地区的交通状况，集装箱的公路运输将会在内陆地区得到很好发展。这会刺激大量集装箱公路运输中转站的投资与建设。

集装箱公路运输中转站的设置，一般应进行以下方面的论证。

1. 货源论证

这是最重要的一种论证。只有拥有充足的货源，才有可能形成一个集装箱公路运输中转站。货源论证应从以下几个方面调研。

（1）周边地区经济调查。主要调查周边地区的经济总量；经济增长情况；各种原材料和商品的进口情况、出口情况、储存情况。

（2）周边地区物流情况调查。主要调查周边地区物流发展水平，有没有大的物流中心、配送中心；物流的主要流向；主要运输企业，运输企业的能力，尤其是公路运输企业的能力。

（3）周边地区集装箱运输的发展状况调查。主要是弄清周边地区有没有成规模的集装箱海港、集装箱河港、集装箱铁路货运站、其他集装箱公路运输中转站、大的内陆集装箱堆场。了解这些集装箱运输集散点的每年吞吐能力，主要业务操作流程；集装箱的流向，其中通过公路运输的箱量与流向；主要货主的情况，每年需求量，未来生产增长的趋势等。

2. 交通状况论证

这也是建立集装箱运输公路中转站的重要前提之一。即使周边地区集装箱货源较为充足，如没有充分发展的道路资源，也不可能较好地开展集装箱公路运输。交通状况论证包含以下内容。

（1）所选择的集装箱主要集散点的道路状况。

（2）道路向各主要集装箱运输需求地点发射的情况，能否进行"门—门"的送达。

（3）在道路网络中，能否找到适当地点设置集装箱公路运输中转站。

相关链接

建立集装箱公路中转站的地理和地质条件

适当建立集装箱中转站地点的条件是：

① 有一定面积的平面区域；

② 处于主要的高速公路或高等级公路的旁边，可以最快地进入高等级公路网络，最好是无障碍公路（高速公路）网络；

③ 有现成的供水、供电条件；

④ 为当地环保等政策与布局等所允许；

⑤ 地质条件能否满足需要。集装箱公路运输中转站站区地基土的容许承载力要大于 $5t/m^2$，地下水的最高水位应在土的冻结温深度以下，要避开断层、塌方、滑坡地带。

---

3. 经济论证

如前两方面论证认为有设置集装箱运输公路中转站的可能性，则可进入经济论证阶段。集装箱运输公路中转站归根结底是一个经济组织，它必须收支相抵，能取得盈利，能在适当期间收回投资，才可能生存。

(1) 项目总投资包括设计费用、基础设施投资、机械设备投资、辅助设施投资、贷款利息等。

(2) 项目运行成本中转站投入运营后，估计一年的运行成本，包括：人员工资；机械设备、房屋建筑折旧；各项管理费用；利息与税收。

(3) 项目运行收入中转站投入运营后，预计一年的营业收入，包括中转装卸收入、堆存收入、拆装箱收入、代理收入、修箱收入、其他收入等。

(4) 项目可行性分析预计总投资、收入、成本后，就可以按项目可行性分析的程序，采用一些方法，计算有关指标，如投资回收期、净现值、净现值指数、内含报酬率等，全面论证项目的经济可行性。除了进行项目经济可行性的分析，还要进行项目环境可行性分析。因为集装箱公路中转站可能引起对周边环境的污染，如空气污染、噪声污染等。

(5) 筹资方案论证如经过经济分析，认为项目有较好的经济前景，就可进行筹资的方案论证，确定筹资渠道、筹资结构、筹资成本、债务偿还的方式等。

【拓展提高】

微观效益与宏观效益的兼顾

在进行集装箱公路运输中转站投资的经济论证时，在考虑微观效益的同时，还一定要考虑其宏观效益。因为交通设施的投资，在相当大的程度上，会带动周边地区经济的增长，有很大的"前向乘数"与"后向乘数"效应，所以一定要充分考虑这些因素。交通运输设施本身大多是微利的，有些投资，仅靠自身的效益，要很长时期才能得到回收，甚至根本不可能得到回收。但它却可能给周边经济发展带来巨大的机会和收益。所以，在集装箱运输公路中转站项目论证时，应充分取得当地政府的支持，努力争取政策倾斜。如取得低息贷款等，使项目更具有经济可行性。

（二）集装箱公路运输中转站的一般平面布置

集装箱公路运输中转站的一般平面布置如图8-9所示（采用叉车工艺）。

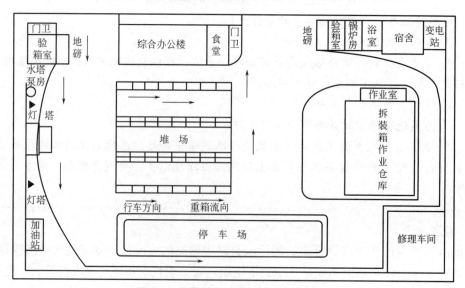

图8-9 集装箱公路运输中转站布局图

集装箱公路运输中转站一般由以下部分组成。

1. 主作业区

通常主作业区分成以下两大部分。

（1）集装箱堆场。在这一区域完成集装箱卡车进场卸箱作业与出场装箱作业的全过程；同时在这一区域进行集装箱日常堆存。集装箱堆场可按空箱、重箱分别划分区域；如代理船公司、租箱公司作为内陆收箱点的，还可按箱主分别划分堆箱区域。在堆箱区域中，国内箱（小型箱）与国际标准箱要分开。通常国内箱区应放在较靠外的位置，国际标准箱放在较靠里的位置。集装箱堆场的地面必须作负重特殊处理，以满足相关的负荷要求。堆场地面必须符合规格，避免场地被损坏。

（2）集装箱拆装箱作业仓库。在这一区域主要完成集装箱拆箱、装箱作业和集装箱拼箱货集货、集装箱拆箱货分拣、暂时储存，以及某些中转货物的中转储存等工作。仓库的规模应能满足拼、拆箱量的需求，在仓库一侧一般设置"月台"，以备集装箱卡车进行不卸车的拼、拆箱。应有适当开阔面积的拼、拆箱作业区，便于货物集中、分拣与叉车作业。按需要，可设置进行货物分拣的皮带输送机系统。同时，应有适当规模的货物储存区域。

从现代物流各种运输与物流环节"整合"的角度考虑，集装箱公路运输中转站在其集装箱拆、装箱作业仓库，还可以根据需要与可能，发展一些流通加工业务与配送业务，在某种程度上，行使"第三方物流"的职能，使自身的业务面进一步拓展。

2. 辅助作业区

（1）大门检查站。主要负责进站集装箱的设备检查与交接，以便分清责任。

（2）综合办公楼。主要进行各种单证、票据的处理、信息交换、作业调度等。

（3）加油站。满足进出站集装箱卡车的油料补给。

（4）停车场、洗车场。

（5）修理车间。主要满足集装箱卡车、装卸机械的修理任务；如有条件和必要，可配备集装箱修理的力量。

同时按照站内外运输道路及站内车辆的流向，合理确定各区域的进出口通道和中转站大门的位置，尽量避免站内外车辆的交叉流动。站内一般采用单向环形道路，路面宽 4m，如采用双行道，路面宽取 7～8m，以便于汽车在站内安全运行，主要通道的转弯直径宜为 36m。

（三）集装箱公路运输中转站装卸工艺方案选择

集装箱公路运输中转站装卸工艺方案可有以下 6 种选择。

1. 轮胎式龙门起重机装卸工艺方案

在集装箱堆场上，配置轮胎式龙门起重机，集装箱卡车送达或起运的集装箱，均通过轮胎式龙门起重机装卸。

2. 跨运车装卸工艺方案

集装箱卡车进场送达与起运出场的箱子，均通过跨运车装卸。

3. 正面吊装卸工艺方案

集装箱卡车进场送达与起运出场的箱子，均通过正面吊装卸。

4. 集装箱叉车装卸工艺方案

集装箱卡车进场送达与启运出场的箱子，均通过集装箱叉车进行装卸。

5. 汽车起重机或轮胎式起重机装卸工艺方案

以汽车起重机或轮胎式起重机代替正面吊,进行进出场箱装卸。

6. 底盘车工艺方案

进出场的集装箱均不予装卸,进场时集装箱与车头拆开,底盘车直接停在场地上;出场时与车头挂上,直接开出。

上述工艺方案中,轮胎式龙门吊工艺与跨运车工艺方案初始投资较大,只适合规模大、运量稳定的公路中转站采用。正面吊工艺方案由于其初始投资较小,使用灵活,正在被越来越广泛地采用;规模一般或较小的中转站,可考虑采用叉车工艺。中转站规模与装卸工艺方案的选择,可按下列配比考虑。

(1)年堆存量为 9000 TEU 以上的一级站,以轮胎式龙门起重机为主,集装箱叉车为辅。

(2)年堆存量为 4000 ~ 9000 TEU 的二级、三级中转站,宜以正面吊为主,集装箱叉车为辅。

(3)年堆存量为 4000 TEU 以下的四级站,宜以叉车为主,汽车起重机为辅。

(4)处于起步阶段的中转站,采用汽车起重机或底盘车工艺。

任务三 集装箱货运站运作实务

集装箱货运站(CFS)是指进行集装箱拼箱与拆箱业务的企业或部门,专门处理集装箱拼箱货。集装箱货运站在整个集装箱运输和集装箱多式联运中,发挥了"链接"和"纽带"的作用。

一、集装箱货运站的分类

集装箱货运站主要可分成以下 3 类

1. 设置于集装箱码头内的集装箱货运站

它主要处理各类拼箱货,进行出口货的拼箱作业和进口货的拆箱作业。货主托运的拼箱货,凡是出口的,均先在码头集装箱货运站集货,在货运站拼箱后,转往出口堆箱场,准备装船;凡是进口的,均于卸船后,运至码头集装箱货运站拆箱,然后向收货人送货,或由收货人提货。一般的集装箱码头,均设有集装箱货运站。

2. 设置于集装箱码头附近的集装箱货运站

这类集装箱货运站设在码头附近,独立设置,不隶属于集装箱码头。之所以这样设置,一般有两种原因。

(1)缓解码头的场地紧张,作为集装箱码头的一个缓冲地带。有的集装箱码头业务繁忙,自身集装箱货运站规模有限,或堆场紧张。有些拼、拆箱作业就拉到码头外集装箱货运站进行。有些拼箱货卸船后,直接拉到码头外集装箱货运站,可提高码头堆场的利用率。我国的上海与香港由于码头狭小,经常有这类集装箱货运站。

(2)集装箱码头内不设集装箱货运站,在集装箱码头外设独立的货运站。我国台湾省的一些集装箱码头,存在这样的集装箱货运站。

3. 内陆集装箱货运站

这类集装箱货运站设于内陆,既从事拼箱货的拆箱、装箱作业,也从事整箱货的拆箱、装箱作业。有的还办理空箱的发放和回收工作，代理船公司和租箱公司，作为空箱的固定回收点。内陆的拼箱货或整箱货，可先在这类集装箱货运站集货、装货，然后通过铁路和公路运输，送往集装箱码头的堆场，准备装船。从口岸卸下的进口箱，经铁路和公路运输，到内陆集装箱货运站拆箱，然后送到收货人处。

集装箱铁路基地站或办理站，有的要从事一些拆箱和拼箱的业务，所以通常兼有集装箱货运站的性质。集装箱公路中转站一般都要进行拼箱货的拆装箱，所以，同时都是集装箱货运站。

二、集装箱货运站的设备和设施

1. 带装货月台的仓库

集装箱货运站一般均要配备有一定面积的仓库，用以集货与暂时储存拆箱后等待提取的货物，仓库除了储存区，一般还应有装、拆箱区。同时，仓库应配备装、拆箱月台，便于不卸车直接进行装箱和拆箱。

2. 堆箱场地

集装箱码头内的集装箱货运站，不一定要单独拥有自己的堆箱场地。集装箱码头附近的集装箱货运站及内陆集装箱货运站，则必须拥有一定面积的集装箱堆场。一方面可以暂时堆存已装好或中转的重箱，同时也可以作为集装箱码头集中到达或卸船箱子的疏运地点。作为船公司或租箱公司收箱点的集装箱货运站，还应有较大的场地，用以堆放回收或周转的空箱。

3. 拆装箱机械与堆场机械

用于拆、装箱的机械主要是小型叉车；用于堆场的机械主要是集装箱叉车、汽车吊等；规模较大的集装箱货运站，可以配备集装箱正面吊，用于堆场和装车、卸车。

4. 辅助设施

（1）洗箱场地用于某些集装箱装货前的清洗。

（2）修箱部门有条件的集装箱货运站可设置修箱部门，开展修箱业务。

（3）集装箱卡车停车场和加油站集装箱货运重箱和空箱，以及货物的运进、运出，一般都使用集装箱卡车进行，所以通常应备一定面积的集装箱卡车停车场和加油站。

（4）修理车间用于修理集装箱货运站装拆箱机械和堆场机械。

（5）管理与生活后勤设施包括集装箱货运站业务管理建筑和生活建筑。

三、集装箱货运站的主要作用和任务

1. 集装箱货运站的主要作用

（1）设置于集装箱码头内的集装箱货运站，它的作用主要是拼箱货的拆箱和装箱，同时要负责出口拼箱货的集货和进口拼箱货拆箱后的暂时储存工作。

（2）设置于集装箱码头附近的集装箱货运站，它的作用除与设在码头内的集装箱货运站相同外，通常还可能有以下作用：

① 作为集装箱码头的缓冲堆箱场，在出口箱大量到达与进口箱集中卸船、码头堆场难以应付的时候，作为码头的第二堆场；

② 代理船公司与租箱公司，作为空箱提箱与交箱的场所。

（3）内陆集装箱货运站：除进行集装箱拼箱货的装箱与拆箱外，还充当联系经济腹地的纽带和桥梁，作为某一地区的集装箱集散点，进行一些箱务管理业务和空箱调度业务，加速箱子周转，提高整个地区集装箱多式联运的效率。

2. 集装箱货运站的主要任务

（1）集装箱货物的承运、验收、保管和交付；
（2）拼箱货的装箱和拆箱作业；
（3）整箱货的中转；
（4）重箱和空箱的堆存和保管；
（5）货运单的处理，运费、堆存费的结算；
（6）集装箱及集装箱车辆的维修、保养。

四、集装箱货运站业务流程

集装箱货运站的业务流程，可以分成进口业务流程和出口业务流程两大部分。

（一）进口业务流程

1. 取得进口箱相关信息

集装箱货运站在船舶到港前几天，从船公司或其代理人处取到以下单证：
（1）提单副本或场站收据副本；
（2）货物舱单；
（3）集装箱装箱单；
（4）装船货物残损报告；
（5）特殊货物表。
货运站根据以上单据作好拆箱交货准备工作。

2. 发出交货通知

货运站根据船舶进港时间及卸船计划等情况，联系码头堆场决定提取拼箱集装箱的时间，制订拆箱交货计划，并对收货人发出交货日期的通知。

3. 从码头堆场领取重箱

货运站经与码头堆场联系后，即可以从码头堆场领取重箱，双方应在集装箱单上签字，对出堆场的集装箱应办理设备交接手续。

4. 拆箱交货

货运站从堆场取回重箱后，即开始拆箱作业，拆箱后，应将空箱退回码头堆场。收货人前来提货时，货运站应要求收货人出具船公司签发的提货单，经单货核对无误后，即可交货，双方应在交货记录上签字。如发现货物有异常，则应将这种情况记入交货记录的备注栏内。

5. 收取有关费用

集装箱货运站在交付货物时，应检查保管费及有无再次搬运费，如已发生有关费用，则应收取费用后再交付货物。

6. 制作报告

制作交货报告或未交货报告交送船公司，以便船公司据此处理有关事宜。

（二）出口业务流程

（1）出口拼箱货的集货与配货，为拼箱做好各种前期准备工作。

（2）拼箱货装箱应根据货物的积载因数和集装箱的箱容系数，尽可能充分利用集装箱的容积，并确保箱内货物安全无损。

（3）制作装箱单。货运站在进行货物装箱时，应制作集装箱装箱单。制单应准确无误。

（4）将拼装的集装箱运至码头堆场。货运站在装箱完毕后，在海关监管下，对集装箱加海关封志，并签发场站收据。同时，应尽快联系码头堆场，将拼装的集装箱运至码头堆场。

五、集装箱货物的装箱与拆箱

（一）集装箱的选择

根据内装货物的品种、理化性能、去向、运输所摇时间、多式联运换装的次数与运输工具等，集装箱货运站应首先认真综合考虑，选用合适的集装箱。

1. 货物物理、化学特性的影响

货物的物理特性主要是外形尺寸与重量。有时一些货物的外形高度，从表面看低于集装箱内高，装载应没有问题。但由于集装箱的角件有突出部分在箱内，所以其四角的某些部分的净空高度小于名义高度，装箱时会发生困难。在运输过程中如所经地区温差大，货物容易"结露"和"出汗"，对怕湿的货物，应考虑采用通风集装箱。有时货物运输路线较长，要通过高温、高湿地区（如通过巴拿马运河），如货物对温差敏感，应考虑选用隔热的集装箱；如运输时间很长，货物可能变质，应选用特殊箱型。

2. 运输所采用多式联运方式的影响

货物在多式联运中，可能要在船、火车、卡车之间进行多次换装，选用集装箱时应考虑所选用箱型能否在各种运输工具之间顺利换装；会不会超过某段公路的负荷限制、涵洞的高度限制等。有些国家在集装箱公路运输中，对车辆容许长度、重量、净空高度有不同的限制，这些问题在箱型选择时均应充分予以考虑。

3. 装卸作业的影响

在箱子选择时，还应充分考虑箱子未来交货与拆箱地点的条件，如采用什么样的机械，有无拆箱月台，有无特殊的规定和要求等。在有些集装箱铁路办理站或公路中转站，缺乏处理 40ft 集装箱的能力。在装箱到这类地区去时，就应避免选用 40ft 集装箱。有些货物在装箱时须用木材来固定货物，这时就应避免用玻璃钢集装箱和箱底无木制底板的金属底集装箱，以免箱体被钉子破坏，影响箱子的水密性。有些重货不用机械无法装卸，如果拆箱地点无叉车和卸货月台，就应考虑用敞顶箱，使货物能用吊车卸下。

4. 各国特有法令、法规的影响

有些国家对进入本国或过境运输的集装箱有些特殊规定，如不符合这些规定，或集装箱上缺乏某些标识，入境或过境时就会发生麻烦。如澳大利亚和新西兰就规定：入境集装箱上所使用木材必须经过防虫处理，带有相关的铭牌，如图 8-10 所示。

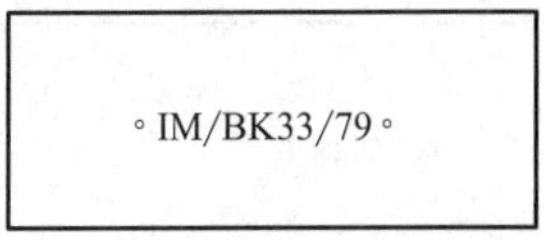

· IM/BK33/79 ·

图 8-10 集装箱防虫处理标识
IM—表示已经防虫处理；
BK33—药名缩写；79—处理年份

所以运箱货物到澳大利亚和新西兰，必须选用带有这一铭牌的集装箱。凡经欧洲铁路运输的集装箱，必须符合《国际铁路运输货物公约》的规定，满足一定的技术条件。所以，凡在多式联运过程中要经过欧洲铁路的集装箱，必须选用带有相应标记的。

5. 货流条件影响

有些运输线路来回货流不平衡或货种不平衡，这时应考虑更多选用通用集装箱，而不是专用集装箱，使集装箱的回空运输尽可能减少。

（二）集装箱的检查

集装箱装箱前，集装箱货运站对待装的空箱应进行仔细检查，确保不存在任何可能对集装箱形成损害的问题。

（1）外部检查主要检查集装箱外表是否有损坏、变形、凹痕、擦伤等异样情况。

（2）内部检查主要检查集装箱内部表面，注意是否漏光、漏水，有无污点、水迹等。

（3）箱门检查主要检查箱门能否顺利关闭，关闭后是否水密，门锁是否完整并能完全锁上等。

（4）清洁检查主要检查集装箱内有无残留物、污染、锈蚀、异味、水湿等，不符合要求，要进行清洁处理，直到达到要求方能装箱。

（5）属件、附件检查主要检查固定货物用的系环、孔眼附件安装状态是否良好，板架式集装箱的立柱状态、开顶集装箱上部延伸用加强结构的状态是否完好，通风集装箱上的通风口能否关闭等。

（三）箱内货物配载

1. 箱内货物配载的原则

（1）货物的安全与质量第一。有禁忌的货物，彼此间绝不能混装。

（2）集装箱装载货物后，其总重量不能超过限重。各种尺寸集装箱最大总重见表 8-4。

表 8-4 各种尺寸集装箱最大总重

集装箱种类	自重		最大载货重量		集装箱种类	自重		最大载货重量	
	kg	lb	kg	lb		kg	lb	kg	lb
20ft 杂货集装箱	2210	4873	21790	48047	20ft 敞顶集装箱	2520	5557	21480	47363
40ft 杂货集装箱	3850	8489	27630	60924	20ft 台架集装箱	2770	6108	21230	46812

（3）尽可能使集装箱的负荷与容积均被充分利用。一般将货物密度大于集装箱单位容重的货，称为"重货"；小于单位容重的货物，称为"轻货"。重货与轻货适当搭配，可以充分利用集装箱的负荷与容积，使之在两个方面都得到充分利用。集装箱内容积表见表 8-5。

表 8-5 集装箱内容积表

集装箱种类	最大载货重量		集装箱容积		箱容利用率为 100% 时的单位容重		箱容利用率为 80% 时的单位容重	
	kg	lb	m³	ft³	kg/m³	lb/ft³	kg/m³	lb/ft³
20ft 杂货集装箱	21790	48047	33.2	1172	656.3	41.0	820.4	51.3
40ft 杂货集装箱	27630	60924	67.8	2426	407.5	25.1	509.4	31.4
20ft 敞顶集装箱	21480	47363	28.4	1005	756.3	47.1	945.4	58.9
20ft 台架集装箱	21230	46812	28.5	1007	744.9	46.5	931.0	58.1

2. 箱内货物配载数量的确定

一般情况下，适箱货均为"轻泡货"。这时，最合理的装载量，是使集装箱内的空余容积为最小的装载量。为合理配载，应充分考虑货物尺寸与集装箱内部尺寸的最佳配合。

具体的例子参见职业技能训练中的任务详情与任务实施思路。

（四）集装箱装拆箱工艺

（1）叉车装卸工艺。即采用小型低门架叉车或电瓶叉车，直接通过搭板，进入集装箱内进行装箱作业。这是比较常用的装箱工艺。采用叉车装箱工艺的前提是待装箱货物均已用托盘进行了成组化。如果未进行托盘成组化的货物，也可在叉车的叉齿上叉一个托盘，进行与人工配合的作业。有些大型货物，本身带有叉槽的，则可直接用叉车作业。

（2）人工装卸工艺。即完全使用人力搬运，或人力加人力拖车搬运的方式，在集装箱内进行货物堆码作业。这种作业方式劳动强度较大。但我国的一些集装箱货运站仍采用较多。

（3）输送带式装卸工艺。即用专门的皮带箱送机伸入箱内，配合人力进行装箱或卸箱作业，如图 8-11 所示。

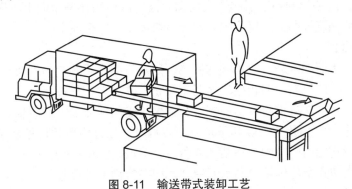

图 8-11　输送带式装卸工艺

（五）集装箱装拆箱时应注意的事项

（1）装载时要使箱底板上的负荷均匀，避免因集中负荷而使箱底脱落、底梁弯曲。

（2）严禁负荷重心偏向一边，否则在起吊集装箱时，集装箱会产生倾斜，影响安全。

（3）装箱时要注意货物有无"不可倒置""平放""竖放"等装卸指示标志；货物装载要紧密整齐堆放，货物之间不应留有空隙。

（4）应使用清洁和干燥的衬垫、胶合板、席子等作缓冲材料和分隔材料，装载重货时，箱底应铺设木板等衬垫材料，要注意不能使用湿木材，以防止湿损、发霉、污损等货损事故。对于货物之间和货物与集装箱侧壁之间的空隙，也应加隔缓冲材料，以避免相互擦伤、受潮、污损等。

拼箱货在不同品种的包装货物混装时，应注意以下事项：

① 轻货要放在重货上面；

② 包装强度弱的要放在包装强度大的货物上面；

③ 不同形状、不用包装的货物尽可能不装在一起；

④ 液体货物和不清洁货物要尽量装在其他货物的下面；

⑤ 从包装中能渗漏出灰尘、液体、潮气、臭气等的货物，最好不要与其他货物装在一起，如不得不混装时，要用帆布、塑料薄膜或其他衬垫材料完全隔开；

⑥ 有尖角或其他突出物的货物，要把尖角或突出物保护起来，不使其损坏其他货物。

（六）典型包装货物的装箱

1. 箱装货装载

普通木箱、框架木箱装入集装箱时，一般均为从下往上堆装。小型木箱可装入密闭式集装箱内；具有一定重量的大型木箱，为便于使用吊车吊装，可选用敞顶集装箱。除了货物性质特殊，或包装脆弱的木箱外，一般在货物之间都不需要插入衬垫。

2. 纸箱货装载

集装箱内如装的是同一尺寸的小型纸板箱，则箱内能无空隙地紧密堆放，不需要进行货物固定；如装的是同一尺寸大型纸箱，则会产生很大空间，需根据具体情况加以固定；如是不同尺寸的混装，应设法使大小纸箱搭配。

波纹纸板箱因大部分压力是由纸箱的周边支承的，因此堆装时要把箱子对齐。在码垛时尽可能不要"对齐码装"，而要"砌墙码装"或"交叉码装"。如采用"对齐码装"，各箱之间若没有码齐，或有一箱强度较弱，上面的箱子就会向那个方向倾斜，引起箱子倒塌。"砌墙码装"和"交叉码装"则不会引起这类问题。波纹纸板箱在整个面上承受负荷强度较大，部分面上承受负荷强度较弱，应正确装载，使负荷承受在整个面上。

3. 袋装货装载

对于装砂糖、水泥的纸袋，装粮谷的麻袋，装粉货的布袋等货物的装载，在装箱前箱底应铺设聚氯乙烯薄膜或帆布，防止破袋而漏出货物，并可防止集装箱污损。装载时，可从下往上交叉码装。这种方法可使集装箱的侧壁和端壁承受的压力最小，而且与箱底的表面有一定的摩擦，不易塌货。袋装货一般都是重货，装货时要注意不要超过集装箱的负荷载重量，同时还要注意重量在箱内的分配。在装卸袋货时，一般均禁用手钩。同时，袋装货防潮和防湿的能力较差。为防止货物因箱顶滴水而受潮，应在货物上进行遮盖。

4. 捆包货装载

捆包货具有足够的强度，承受负荷压力较大，其装载可与箱装货的装载方法相同。一般捆包货用通用集装箱装载，采用叉车装箱。捆包货如遇火星、火花，包装会受损害，因此应使用电动叉车。

5. 桶装货和卷盘货装载

桶装货是圆形的，装箱前应先对集装箱箱壁进行衬垫。装载时要盖子向上进行竖装。堆装时要插入衬垫，以使负荷均匀，鼓桶稳定。上层的鼓桶要用绳索或铁箍把几个桶捆在一起，以防止移动。

卷盘货水平装载时，要铺满整个箱底。同时要制作若干个坚固的空心木座，插在货物和墙壁之间，牢固地靠在侧壁上；垂直装载时，货物要紧紧地靠在端壁和侧壁上，以防止货物在箱内移动。

装载这些货物时，要充分保护好集装箱的端壁和箱门。

6. 托盘货装载

装入集装箱的托盘货，本身应先用布带、钢带、网罩或有收缩性的塑料等固定。如果用国际标准尺寸的托盘（1200mm×1000mm 或 1100mm×1100mm），则应按规定的方法在集装箱积载。

在进行托盘货装载时，还应注意托盘上货物对托盘底面积的利用情况。如果托盘上的货物不能充分利用托盘的底面积，那么即使托盘充分利用了集装箱的底面积，货物之间也会产生大量空隙，要注意托盘之间的衬垫，防止在运输中托盘上的货物移动。

根据托盘和成组货的尺寸，如在集装箱的横向只能放置一件时，则这一件货物必须放在集装箱的中央；如托盘和成组货的尺寸在集装箱的横向可放置两件时，则各件成组货应紧靠在集装箱的两侧壁上，中间用木框架填塞加以固定，防止货物移动。

7. 长件货物装载

长件货物在长度方向容易移动，因此，对端壁和箱门要特别注意。长件货物一般都装载在板架集装箱和开顶集装箱内，通常利用吊车进行装卸。

（七）货物在集装箱内的系固

为了使货物在运输过程中在集装箱内不发生移动，避免货物因移动而损坏，或因移动而导致在箱门附近的货物倒塌而无法打开箱门，集装箱内货物装载后，必须用一定方式进行系固。系固的方法通常有以下几种。

（1）支撑。用木条、木板等作支柱与框架，使货物在箱内固定。

（2）塞紧。用方木等对货物之间、货物与集装箱侧壁之间的水平方向加以固定。或插入填塞物、缓冲垫、楔子等防止货物移动。

（3）捆绑系紧。用绳索、带子或网罩等索具把货物与集装箱的环、孔系紧。

职业技能训练

【训练内容】

若适箱货均为"轻泡货"。如何确定最合理的装载量，使集装箱内的空余容积为最小的装载量。为合理配载，应充分考虑货物尺寸与集装箱内部尺寸的最佳配合。

【任务详情】

已知 20ft 集装箱其内部尺寸为 226cm（高）×235cm（宽）×593cm（长），现要装运纸箱货，其尺寸为 50cm（高）×30cm（宽）×45cm（长），要求集装箱富裕量为 1.5%，试确定按该箱实际载重量，能装多少纸箱（纸箱上无倒置标志）？

【任务实施思路】

（1）集装箱内部高度为 226cm，确定纸箱哪边为高度；

如以 50cm 为高，则（226 cm/1.015）÷50cm=4 层余 23cm

如以 30cm 为高，则（226cm/1.015）÷30cm=7 层余 12.8cm

如以 45cm 为高，则（226cm/1.015）÷45cm=4 层余 43.3cm

在高度方向余量最小的是以 30cm 为高的一边，因而确定以 30cm 边为高，堆 7 层。

（2）集装箱内部宽度为 235cm，确定纸箱哪边为宽度；

如以 50cm 为宽，则（235cm/1.015）÷50cm=4 列余 32cm

如以 45cm 为宽，则（235cm/1.015）÷45cm=5 列余 6.87cm

因为在宽度方向余量最小的是 45cm 为宽的一边，因而确定以 45cm 边为宽，堆 5 列。

（3）余下 50cm 的一边为长度，集装箱内部长度为 593 cm，则可堆：

（592cm/1.015）/50cm=11 列余 40.75cm

（4）确定装载件数。

集装箱可装载件数为：11×5×7=385（件）

（5）如纸箱重量为 40kg/件，则集装箱装载量为 385 件 ×40kg/件 =15.4t。

【实务点评】

这一例子的设计比较绝对，因为货物在装箱时不可能没有任何方向上的禁忌，但可以在一定程度上说明货物在集装箱内配载时的一般思路。

同步测试

一、单项选择题

1. 交通运输部门是货物运输工作中的（　　）。
   A. 托运人　　　　B. 收货人　　　　C. 中间人　　　　D. 承运人
2. 国际贸易中最重要的运输方式是（　　）。
   A. 国际公路运输　　　　　　　　　B. 国际海洋运输
   C. 国际管道运输　　　　　　　　　D. 国际铁路运输
3. 货运代理人是货物运输工作中的（　　）。
   A. 托运人　　　　B. 承运人　　　　C. 中间人　　　　D. 收货人
4. 以船舶为商业活动对象而进行船舶租赁业务的人为（　　）。
   A. 咨询代理　　　B. 货运代理　　　C. 船务代理　　　D. 租船代理
5. 按照国际惯例，支付租船代理佣金的是（　　）。
   A. 托运人　　　　B. 出口方　　　　C. 船东　　　　　D. 收货人

二、多项选择题

1. 国际货物运输的特点是（　　）。
   A. 线长面广　　　B. 中间环节多　　C. 情况复杂多变
   D. 风险大　　　　E. 风险小
2. 在实际业务中，我们应根据（　　）审慎选用合理的运输方式。
   A. 货物特征　　　B. 运量大小　　　C. 距离远近
   D. 运费高低　　　E. 风险程度
3. 国际货物运输组织有以下当事人：（　　）。
   A. 交通运输部门　B. 进出口商　　　C. 海关
   D. 货运代理人　　E. 商务部
4. 按照代理业务的性质和范围不同，代理行为主要包括（　　）。
   A. 租船代理　　　B. 船务代理人　　C. 货运代理
   D. 咨询代理　　　E. 航空代理
5. 船务代理的业务范围包括（　　）。
   A. 船舶进港业务　B. 货运业务　　　C. 淡水、物料供应
   D. 船员登岸手续　E. 报关、报检

项目九

集装箱铁路运输实务

【开章语】

铁路具有全天候、运量大、运距长、运价低的优势,在现代物流和国际集装箱多式联运体系中地位重要,作用不可替代,有效的集装箱铁路运输组织是十分必要的。

【知识目标】

1. 掌握集装箱铁路运输组织的基本理论;
2. 掌握集装箱铁路办理站组织的基本结构;
3. 掌握集装箱铁路装卸工艺。

【能力目标】

1. 能进行集装箱铁路运输的基本单证处理;
2. 能进行集装箱铁路办理站一般管理。

【内容架构】

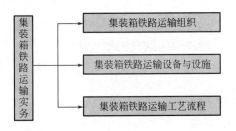

【项目引例】

H 铁路局应不应该赔偿铁路运费?

中国 M 货代公司诉称:2017 年 8 月 31 日,俄罗斯 Y 公司在俄罗斯铁路 X 站为中国 M 货代公司托运毛巾被和床单,中国 M 货代公司未收到。要求 H 铁路局(中国)赔偿货款 5187000 瑞士法郎,利息 13832 瑞士法郎,负担全部案件受理费。

H 铁路局辩称:中国 M 货代公司所诉属实,同意赔偿中国 M 货代公司的货款及利息,负担全部案件受理费。因俄罗斯 Y 公司向中国 M 货代公司托运货物的铁路运费,并不是中国 M 货代公司向铁路支付,不同意赔偿铁路运费。

H 铁路运输中级人民法院受理此案,认为:①中国 M 货代公司的货物应视为全部灭失;②俄罗斯铁路是货物灭失的责任路;③H 铁路局应赔偿灭失货物的损失。

在查明事实的基础上,H 铁路运输中级人民法院于 2017 年 10 月 25 日作出判决。①H 铁路局赔偿中国 M 货代公司货款灭失 5187000 瑞士法郎,利息 13832 瑞士法郎,按偿付日中国银行瑞士法郎的买入价折合成人民币偿付。此款于判决生效后 10 日内给付。②驳回中国 M 货代公司的其他诉讼请求。案件受理费 35500 元,由 H 铁路局负担。

任务一　集装箱铁路运输组织

一、集装箱铁路运输概述

集装箱运输最早起源于铁路，时间可追溯到19世纪中叶。当时使用的是"铁路集装箱"，规格比目前的国际标准集装箱小得多。由于当时的铁路集装箱运输不能和其他运输方式相配合，所以始终只能在很小的范围内使用。直到20世纪60年代集装箱运输迈出了陆海联运的关键一步，才又反过来促进了铁路集装箱运输的发展，并使集装箱的铁—公—水联运得以形成和发展，走上了现代多式联运的发展道路。目前在发达国家已开办了集装箱的定期直达专列，使铁路能定点、定线、有计划地运送集装箱货物，从而促进了铁路集装箱运输的发展。近年来发展起来的陆桥运输，使铁路集装箱运输的地位更为上升，成为美国西海岸与中西部集装箱运输的主要方式。

二、铁路集装箱运输货源组织形式

铁路集装箱运输货源组织形式主要有以下4种。

（一）整列的集装箱货源

整列的集装箱货源是指由铁路编排的整列的、到达同一终点站的集装箱货源，通常属于集装箱直达列车运输的对象。这类货源一般在水—铁联运中形成。当铁路在集装箱码头联运从船上卸下的大批集装箱时，就能编组这样的整列集装箱货源。内陆铁路集装箱办理站很难编列这样的整列货源。这类货源通常在大的集装箱港口形成，由铁路集装箱中心站编列。

（二）整车的集装箱货源

整车的集装箱货源是指形成一节车皮的集装箱货源。铁路集装箱专用车长度通常为60ft，最长的达90ft。所以一节整车可装载3～4个20ft集装箱。对铁路来说，形成整车的集装箱货源，在编排时总是占一节车皮，所以比较有利。因此为了鼓励托运人"整车"托运，规定一节集装箱车皮，不管是否装满，均按整车计费。托运人为减少每个集装箱分摊的费用，会尽量配齐一节整车货源。

（三）整箱的集装箱货源

整箱的集装箱货源是指一个20ft集装箱的货源，不够装一节车皮。有些国家的铁路部门为方便这些货主托运集装箱，吸引这类货源，允许整箱货主托运时按箱计费，不按整车计费。

（四）拼箱的集装箱货源

拼箱的集装箱货源是由铁路集装箱办理站把普通零担托运货物中适合集装箱运输的货物拼装成一个集装箱。即"一个箱子、几个货主"的货物。

三、铁路集装箱运输方式

铁路集装箱运输方式主要有集装箱定期直达列车、集装箱专运列车、快运货物列车与普通货运列车等四种。

（一）集装箱定期直达列车

集装箱定期直达列车主要用于处理整列的集装箱货源。集装箱定期直达列车起源于英国，后在美国与欧洲一些国家广泛采用。集装箱直达列车一般定点、定线、定期运行，发货人需预约箱位，准时发到箱子；集装箱直达列车通常固定车皮的编排，卸货后，循环装货，不轻易拆开重新编组。列车编组一般不长，多以20辆专用车为一列。集装箱定期直达列车的终端站，一般用一台龙门吊，下设两三股铁路线和一条集装箱卡车通道，进行铁—公换装。大的集装箱办理站有2～3台龙门吊，下面有6股铁路线。龙门吊一侧悬臂下为集装箱堆场，另一侧为集装箱卡车通道，以此完成换装工作。每次列车通常在到达几分钟后就开始装卸，在大的中转办理站，一次列车从卸货到装货启程返回，一般不超过2小时。为了加速与简化列车到发作业，铁路集装箱办理站一般拥有联络线、机车调头设备及其他有关作业设备。

在英国，每一个集装箱办理站对发出的集装箱列车考虑留有空位，以使下面的办理站可以补充装箱。办理站在列车发出前一星期开始受理货主预订，在前一天14点截止预订；已预订的集装箱必须在列车发车1小时前到达办理站装车。列车发出前30分钟，每个办理站向下一办理站发出预报，预报内容包括车列情况、技术要求、集装箱资料、在下一办理站换装作业情况、换装后集装箱送达地点等。

（二）集装箱专运列车

集装箱专运列车也是用于处理整列的集装箱货源。它与集装箱定期直达列车的区别：第一，不是定期发车；第二，一般运程较长，主要用于处理货源不均衡与船期不稳定的问题。它与集装箱定期直达列车相同之处是两者通常均列入铁路运行图。

（三）普通的快运货物列车

对于整车的集装箱货源，通常难以编入定期直达列车或专运列车，一般可在集装箱办理站装车皮后，在铁路编组站编入普通的快运货物列车。这类快运列车的车速一般可达100km/h以上。

（四）普通的货运列车

对于整箱的集装箱货源与拼箱的集装箱货源，通常编入普通的货运列车装运。它的装运的速度与到站后的装卸效率，远不如直达列车与专运列车。

四、铁路集装箱办理站

（一）铁路集装箱办理站

铁路集装箱办理站是专门处理铁路集装箱运输的铁路站点。铁路集装箱办理站分为以下两种。

1. 基地站

基地站是指定期直达列车始发端到终点端的办理站，一般规模较大，处理集装箱运量较多，装卸集装箱与处理集装箱的设施较齐全。

2. 办理站

办理站是指仅办理集装箱运输业务且运量较少的车站口。

（二）铁路集装箱办理站必须具备的条件

铁路集装箱办理站必须有一定数量且稳定的集装箱货源；有装卸、搬运集装箱的机械设备；有一定面积且经过处理、能堆放集装箱的堆场；有办理集装箱业务的专业人员；有与其他运输方式相衔接的条件。上述条件中，集装箱货源是基础，也是开展铁路集装箱运输的先决条件。货源不稳定或不足，即使开办了集装箱运输业务，也会因运量少或运量不均衡而亏损。装卸、搬运机械以及硬化场地是开办集装箱办理站的物质条件，没有硬化场地，集装箱直接放在地面上，会把场地压坏。一定数量的专业人员，才能提高工作效率、保证装卸质量。

（三）铁路集装箱办理站的职能

1. 铁路集装箱办理站的商务职能

（1）受理集装箱货物的托运申请；
（2）办理装卸箱业务；
（3）编制用车计划；
（4）向到达站发出到达预报通知；
（5）编制有关单证；
（6）核收有关费用；
（7）装箱、拆箱以及加封等。

2. 铁路集装箱办理站的技术职能

（1）提供适合装货、运输的集装箱（空箱）；
（2）安排集装箱装卸、搬运等机械；
（3）联系其他运输方式；
（4）联系铁路之间的联运等。

五、我国铁路集装箱运输的条件

目前，我国铁路集装箱运输有两种情况：一是水—铁联运集装箱，即在大型集装箱码头从船上卸下大量集装箱，通过集装箱直达列车和专运列车运输；二是普通零担货物中适合用集装箱运输的货物，组织使用集装箱。对于后一种情况，其运输条件如下。

（一）必须在铁路集装箱办理站办理运输

因为只有铁路集装箱办理站，才拥有能处理集装箱的场地、装卸机械、专业人员等。在其他车站没有进行相关处理的设备与人员。

（二）必须是适合集装箱运输的货物

所谓"适箱货"，通常是指价值较高、运费承担能力较强的货物。如家用电器、日用品、易碎货物等。

（三）必须符合一批办理的手续

所谓按一批办理，是指每批货物必须是同一吨位的集装箱；每批货物至少在一箱以上。

（四）由发货人装箱、收货人拆箱

铁路运输的集装箱，由发货人装箱、加封；铁路凭铅封为发货人办理收箱、运输；货运到后，铁路凭发货人的铅封向收货人办理交付，由收货人启封、拆箱。

（五）由发货人确定重量

由于大多数铁路车站不具备衡量集装箱货物重量的条件，所以，集装箱运输的货物只能根据发货人的申报确定，发货人对自己申报和确定的货物重量负有责任，承担由于货物超重而造成的一切损害。

任务二　集装箱铁路运输设备与设施

一、集装箱铁路运输车辆

（一）铁路集装箱专用车辆的沿革

最早的时候，由于铁路集装箱运输数量不多，所运的是小型的非标准集装箱，所以铁路没有专用车辆，以普通铁路货车代用。随着铁路集装箱运输的发展，尤其是采用国际标准集装箱，箱子形体增大以后，普通货车已无法代用，因此，产生了集装箱专用车辆。

铁路集装箱专用车辆的发展大约经过了三个阶段。

第一阶段：利用普通平车改造成集装箱专用车。这样处理费用较低，能应付急用。但缺陷是集装箱的固定较困难，作业效率低；数量仍然有限。

第二阶段：大量新造集装箱专用车。20世纪60年代开始，集装箱国际标准化的推进和运量的大幅增加，对铁路集装箱运输提出了越来越大的需求，这促使欧洲各国设计与制造了集装箱专用车。这些专用车与国际标准集装箱配套，装卸与固定便捷，作业效率高，能很好地体现集装箱运输的优越性。

第三阶段：不断创新，改进集装箱专用车的结构。围绕降低能耗、提高车速、简化结构、加长尺寸等，欧美各国进行了大量的研究与试验，对集装箱专用车进行了很多创新，出现了集装箱双层运输专用车等高效率的专用车结构。

（二）铁路集装箱专用车类型

铁路集装箱专用车，按车辆组织划分，可分为编挂于定期直达列车的专用车辆和随普通货物列车零星挂运的专用车辆两种。

1. 编挂于定期直达列车的专用车辆

这类集装箱专用车结构比较简单，大部分车采用骨架式，底架有旋锁加固装置，用以固定集装箱。由于这类车辆都以固定形式编组，定期往返于两个办理站之间，无需经过调车作业，所以车辆不必有缓冲装置，各种用于脱挂钩、编组的设施都可简化。美国南太平洋铁路公司研制的双层集装箱专用车辆，采用凹底平车，全长19.2m，可放两个40ft的集装箱。这类集装箱专用车，由于连接部分采用特殊装置，整车的结构简单，所以，一方面重量轻于普通平车，另一方面运行中空气阻力小，停车、启动和行驶中振动很小。

2. 随普通货物列车零星挂运的专用车辆

这类专用车辆需要编挂到普通货物列车中运行。由于要进行调车作业，所以必须像普通铁路车皮一样装有缓冲装置，结构比前一种专用车复杂。

我国铁路部门已研制了 X6B 集装箱专用车，载重量 60t，可装载 1 个 40ft 集装箱，或 2 个 20ft 集装箱，或 1 个 45ft 集装箱，或 6 个 10ft 集装箱。全长 16388mm，最大宽度 3170mm，空车装载面高度为 1166mm，构造速度 120km/h，自重 22t，已能满足对铁路集装箱专用车辆的需求。

（三）集装箱在铁路专用车辆上的固定

集装箱在铁路专用车辆上的固定，与在卡车上固定的方法相同，即利用四个底角件加以固定。集装箱在铁路车辆上一般采用锥体固定件来固定。

铁路货车上锥体固定件有两种形式：一种是固定件直接安装在货车底板上，如图 9-1 所示；另一种是把固定件安装在一块活动翻板上，如图 9-2 所示。当货车上不装载集装箱时，翻板通过铰链可翻倒在货车的两侧，如图 9-3 所示，这样在装载其他货物时，既不会影响货物的装载，也可避免固定件的损坏。

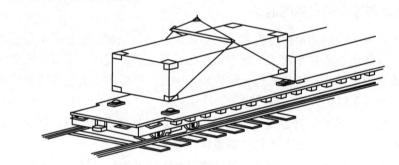

图 9-1　固定件直接安装在货车底板上

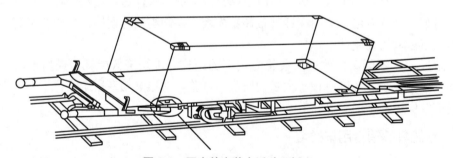

图 9-2　固定件安装在活动翻板上

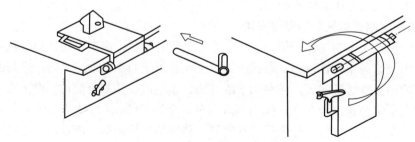

图 9-3　翻板可翻倒在货车两侧

为了确保铁路运输作业的安全，集装箱在铁路专用车辆上的固定应做到：
（1）栓固装置的位置必须明显易见；
（2）所有的中介装置应能拆除或移开；
（3）在车辆起动之前，须检查集装箱的栓固装车情况；
（4）在起吊集装箱之前，应松掉栓固件。

二、集装箱铁路办理站设备与设施

集装箱铁路办理站的设备及设施，通常包括装卸线及轨道式龙门吊、堆箱场地、辅助设施等。

1. 装卸线及轨道式龙门吊

集装箱铁路办理站必须拥有一股或数股集装箱装卸线，用于集装箱列车出发前的装车、到达后的卸车以及中途的换装。装卸线的股数和长度，与办理站的地位（是基地站还是一般办理站）和集装箱通过量及办理站的业务特点有关。

（1）集装箱通过量小的办理站必须有一股装卸线，装卸线应不短于相当于 10 节列车的长度，以一节集装箱专用车长 14m 来计算，装卸线长度应不短于 140m。装卸量比较大的办理站，装卸线长度应相应延长到相当于 20 节列车的长度，即 280m。

如果是中转量较大（指从一列火车转到另一列火车）的办理站，装卸线应并列放置两股，便于从一列货车上将集装箱直接换装到另一列火车。

（2）集装箱铁路基地站装卸线一般应有两股到三股，长度通常应该是一列 50 节专用车长度的一半，即 350m 以上。

（3）轨道式龙门吊铁路集装箱办理站通常以轨道式龙门吊作为装卸线上的基本装卸机械，以集装箱正面吊和集装箱叉车为辅助机型。轨道式龙门吊在装卸线上布置方式通常有以下三种。

① 装卸线在轨道式龙门吊跨度内行走轨道旁（简称跨内一侧）。这样的布置方式，集装箱堆场可放在另一侧，这样堆场的面积可以比较集中，利用率较高。而且龙门吊在装卸集装箱时，装卸小车单向从箱区向列车方向移动，不跨越列车，安全性较高。卡车通道可以放在任意一端悬臂下，另一端悬臂下还可设堆场。选择跨内一侧布置方式，各种操作最协调，平面使用也比较经济，只要办理站的地形条件允许，大多数办理场均采用"跨内一侧"布置方式。

② 装卸线在轨道式龙门吊跨度中间（简称跨中）。采用这样的布置方式，集装箱堆场只能放在装卸线的两侧，面积被分割，对于场地利用与管理均不利。龙门吊的装卸小车在装卸集装箱时，不断地在集装箱列车上方跨越，容易发生事故。相对"跨内一侧"布置，"跨中"布置的缺点较多，除非办理站的地形条件等受到很大限制，一般很少采用这种布置方法。

③ 装卸线在轨道式龙门吊跨度外两端悬臂下（简称悬臂下）。这种布置大多是利用原铁路线作办理站的装卸线，在铁路线一侧建堆箱场地与龙门吊行走轨道，将装卸线置于龙门吊一侧的悬臂下。这种布置方式对于在原有基础上改、扩建集装箱办理站的情况较适宜，可以有效减少投资，同时堆箱场地可以利用全部龙门吊跨度位置，堆箱量更大。这种方法的缺点是龙门吊装卸小车在装卸集装箱时，移动的距离较长，降低了作业效率，而且卡车道只能置于龙门吊的另一端悬臂下，当将集装箱在火车与卡车之间换装时，龙门吊的装卸小车所走路

线更长。

2. 作业区堆箱场

根据铁路集装箱办理站的集装箱运量，场内存放的空、重箱数量，及办理站每日作业量、作业方式、保管期限、集装箱堆放层数等因素的不同，每个铁路集装箱办理站必须有几个大小不等的堆箱场，堆箱场应划分为若干作业箱区。

（1）到达和发送箱区。这里的"到达箱"，是指由火车运输到达，等待由集装箱拖挂车、半挂车送往货主处的集装箱；"发送箱"是指货主托运的集装箱，已由拖挂车等送到集装箱办理站，等待装车发送的集装箱。这类箱区的安排，应贯彻既有利于铁路车辆，又有利于公路车辆的原则。

通常"到达箱区"应设在靠近集装箱拖挂车场地的位置；"发送箱区"应设在靠近铁路装卸线的位置。一般国际标准集装箱与国内标准铁路箱应设不同的堆放箱区。如果办理站受场地面积限制，两类箱子在同一箱区堆放，一般大型国际标准集装箱应设在堆场的尽头处，这样可使箱区划分清晰，便于管理，不同吨位的机械也可分别停放。大小箱区的地面强度也可按不同要求铺设，能有效减少投资。

（2）中转箱区。中转量小的办理站，不一定单独设中转箱区，中转箱可堆放在发送箱区。中转量大的办理站，应专设中转箱区。如有两条装卸线的办理站，中转箱区可设在两条装卸线之间，这样便于在两列集装箱列车之间换装。中转时间长的集装箱，则应移到较远的箱区堆放。

（3）拆装箱区。需在办理站内拆箱与拼箱的集装箱，应设专区堆放。这一箱区应选择在离轨道式龙门吊较远的地方，场地应较为开阔；也可设置在装卸场地之外。铁路集装箱办理站应尽可能少承担拆、装箱业务。

（4）备用箱区。一般设置在装卸机械作业范围之外，主要用于堆存到达后未能及时提取的集装箱。设置备用箱区，可提高"到达和发送箱区"箱位的利用率。备用箱区一般设置在轨道式龙门吊的悬臂范围之外。

（5）维修箱区。有维修集装箱能力的铁路集装箱办理站，应单独设置维修箱区。

3. 辅助设施

（1）停车场。集装箱送达办理站，或从办理站提货，一般都采用集装箱拖挂车或半挂车，因此集装箱办理站会有许多集装箱拖挂车与半挂车进出。由于等待等原因，有些车可能需要在办理站停留一定的时间。所以根据业务量的大小、疏运能力的优劣，铁路集装箱办理站均应设置大小不等的停车场。

（2）维修部门。既需要维修、保养办理站的各种集装箱装卸设备、设施，也需要维修损坏的集装箱。一般国内标准的小型铁路集装箱修理要求较低，可由办理站的维修部门修理。大型国际标准集装箱，办理站通常不具备维修的条件。

（3）营业与办公部门。集装箱办理站的办公房屋，一般放置在大门入口处，便于对进出的集装箱卡车进行登记、检查，办理各类承运交付业务手续。

有些集装箱码头，铁路线一直铺设到码头前沿，这时铁路集装箱办理站与集装箱港口实际已融为一体。铁路集装箱办理站的装卸线甚至会直接延伸到码头集装箱装卸桥的下面，集装箱办理站的概念已完全变化。这样的集装箱水—铁联运，效率是最高的。

任务三　集装箱铁路运输工艺流程

一、铁路集装箱运输的一般工艺流程

铁路集装箱运输的工艺流程大致有三种。

1. 多式联运中的水—铁联运工艺流程

（1）班轮将集装箱从水路运至港口，港口的岸边集装箱桥吊将集装箱卸至码头前沿；

（2）集装箱平车将集装箱拖运至集装箱堆场，再由集装箱卡车"短驳"至铁路集装箱办理站；

（3）集装箱办理站的轨道式龙门吊将集装箱装到集装箱专用车上，编组后运往目的地的集装箱办理站；

（4）目的地铁路集装箱办理站接车后卸车，通知货主提货，或负责将货送至货主处。

集装箱水—铁联运工艺流程如下：

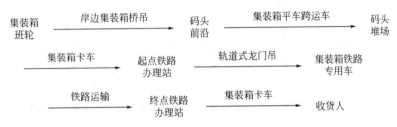

2. 集装箱定期直达列车工艺流程

（1）发货人到启运点铁路集装箱办理站（A）办理预约箱位手续，将集装箱提前运至办理站的发送箱区。

（2）启运点办理站按计划用轨道式龙门吊在办理站的装卸线上，将集装箱装入固定编组的定期直达列车。

（3）定期直达列车按时间表驶至目的地集装箱办理站（B）。为使运行较为灵活，英国铁路允许固定编排的定期直达列车中途成组甩挂，以五个专用车厢为一组，"甩"和"挂"均以一组为单位，既可灵活运用运力，又不影响直达的速度和准时性。

（4）目的地办理站用轨道式龙门吊在装卸线上将集装箱卸到到达箱区，同时从发送箱区取箱装车，原车再按计划返回办理站（A）。如有中转箱，则可以在两股并行的装卸线上同时进行两列车的中转。

（5）由于定期直达列车按预定时间表行驶，所以可事先通知收货人按时提箱。有时收货人的集装箱卡车可直接到轨道式龙门吊悬臂下的集装箱卡车车道直接装箱。

集装箱定期直达列车工艺流程为：

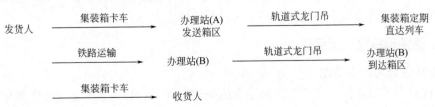

3. 集装箱专运列车或普通货运列车

集装箱专运列车或普通货运列车编挂集装箱专用车厢，在运输流程上，虽然也总是表现为从集装箱铁路办理站（甲），运往集装箱铁路办理站（乙），但与定期直达列车有所区别。主要区别如下。

（1）由于专运列车或普通货运列车编挂的集装箱专用车厢为非定期运输，所以通常无法事先通知收货人提货，有时由办理站将箱子送至收货人。

（2）普通货运列车编挂的集装箱有可能是"拼箱集装箱货源"，还需要在集装箱铁路办理站先行集货拼箱或到达拆箱。

集装箱专运列车或普通货运列车编挂集装箱专用车厢的工艺流程见图9-4。

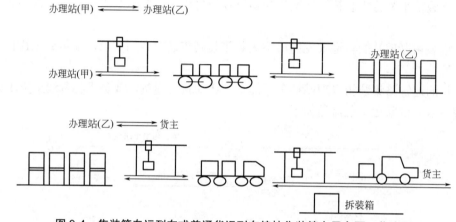

图9-4　集装箱专运列车或普通货运列车编挂集装箱专用车厢工艺流程

二、我国铁路专用集装箱货运程序

我国国家标准中还有5D和10D铁路专用集装箱。下面介绍这类铁路专用集装箱从货物接受装车、运送至卸车、交付的整个工作程序。

（一）确定集装箱承运日期表

集装箱铁路承运日期表由铁路集装箱办理站制定，目的是使发货人明确装往某一方向的集装箱列车的装箱时间，以便发货人准备好短途运输手段，按时送货装箱。通过承运日期表，能使内外紧密配合，搞好集装箱货物的计划运输。

集装箱承运日期表的编制应注意以下问题。

（1）根据先集装箱后普通零担、先方案后一般的原则，对货源进行分析，结合箱流规律确定装箱计划；

（2）根据货源和集装箱的装载量，以组织整装直达为原则；

（3）一般来说，旬内间隔以5天为宜，最大间隔期不超过7天；

（4）有利于保证集装箱运输方案的组织兑现和车站取、送车作业；

（5）在货流、箱流发生变化时，要及时对承运日期表进行调整。

（二）集装箱货物托运受理

1. 由货运公司集中受理

这是目前大多数铁路集装箱办理站采用的受理方式。这种方式的处理程序是由货运公司接受发货人托运，然后由货运公司审批运单。审批的方法通常有以下几种。

（1）货运公司受理托运，按承运日期表规定的日期，在货物运单上批注进箱（货）日期，将运单退还发货人。

（2）随时受理，集中审批：货运公司的受理货运员接受发货人的货物运单，按去向、到站分别登记，凑够一车集中一次审批，再由发货人取回运单，备货送货。

2. 驻在受理

铁路集装箱办理站在货源比较稳定的企业设受理室，直接受理托运货物业务。货运受理员受理货物运单后，一种做法是直接批注，在货物运单上批准进箱（货）日期；另一种做法是集中交铁路集装箱办理站货运室，由货运室统一平衡，集中审批。

3. 电话受理

由发货人直接通过电话向铁路集装箱办理站的货运室托运货物。受理货运员根据电话登记托运的货物，统一集配、审批，然后电话通知发货人进箱（货）日期。发货人在进箱（货）的同时，向铁路集装箱办理站的货运室递交货物运单，审核后加盖进货日期戳记。

铁路集装箱办理站的货运员在接到货物运单后，必须按规定逐项详细审核托运的货物能否装载集装箱运输；所到站能否受理该吨位、种类、规格的集装箱；应注明的事项是否准确、完整；有关货物重量、件数、尺码等是否按规定填写。

（三）空箱发放和装箱

受理货运员在受理发货人的货物运单后，将批注后的货物运单交发送货运员，由发送货运员按货物运单向发货人发放铁路专用集装箱空箱。在发放空箱时，双方要明确交接责任，共同检查集装箱外表状况，判断是否会影响货物运输安全，避免事后的责任纠纷。发送货运员在发放空箱时，应注意以下事项。

（1）发送货运员在接到运单后，应核实批准进箱日期，审核运单填写是否准确，并根据货物数量核对需要发放的空箱数，有不符时应立即向受理货运员核实。

（2）对实行"门—门"运输的货物，应开具集装箱门到门运输作业单交发货人，填写集装箱门到门运输登记簿。

（3）会同发货人共同检查空箱箱体状况，发货人在集装箱门到门运输作业单上签字后，领取箱。应注意的是，如认为所领取的空箱不能保障货物安全运输时，铁路办理站的发送货运员应予以更换；如无空箱更换时，发货人有权拒绝使用；如使用后发生货损行为，应由车站负责，除非空箱存在的缺陷是以一般手段无法从外表检查发现的。

（4）发送货运员有义务向发货人介绍箱子的内部尺寸、容积和货物积载法，这样不仅能充分利用箱容、载重量，而且能使货物牢固安全。

空箱由发货人领回，一般在发货人处装箱。装箱后，由发货人关闭箱门，在规定的位置悬挂标签，加上铅封，并将封志环节插入封盘落锁。铁路办理站不参与封箱的任何事宜。

（四）铁路专用集装箱货物的接受和承运

发货人将铅封后的集装箱送铁路集装箱办理站的发送箱区。办理站发送货运员应逐箱检查，检查时应做到以下几点。

（1）逐批、按箱检查门是否已关好，锁舌是否落槽，合格后在运单上批注货位号码。对"门—门"运输的集装箱货物，还要核对是否卸入指定货位，然后在集装箱门到门运输作业单上签字，返还给发货人一份。

（2）以运单为依据，检查标签是否与运单记载一致，集装箱号码是否与运单记载相符，铅封号码是否正确。

（3）铅封的加封是否符合技术要求。

（4）检查箱体是否受损，如有损坏，应编制集装箱破损记录，如损坏系由于发货人过失所致，则要求发货人在破损记录上签章，以划分责任。检查时，如发现铅印失效、丢失、无法辨认站名、未按加封技术要求进行铅封，均应由发货人负责恢复至正常状态。

发送货运员在检查确认无误后，在货物运单上加盖站名、日期戳记，表明铁路办理站的承运责任由此开始发生。承运是指发货人将托运人的集装箱货物交铁路办理站，到目的地铁路办理站将集装箱货物交给收货人为止的全部过程。发货人持盖章后的货物运单，到财务部门交款。对进行"门—门"运输的集装箱，还应补填集装箱门到门运输登记簿。

（五）装车

在始发铁路集装箱办理站，装车货运员按照配装计划确定装车顺序，然后在装卸线上装车。

（1）装车前检查车体、车门、车窗等；注册是否过了检查期。列车有无运行限制，是否清洁。

（2）装车时装车货运员要做好监装工作，检查待装的箱子和货运依据是否相符、齐全、准确，并对箱体、铅封状态进行检查。

（3）装车后检查集装箱的装载情况是否满足安全运送的要求，如使用篷车装载，要对篷车车门加封。装车完毕后，要填写货车装载清单、货运票据，应在装载清单上注明箱号，在货运票据上填写箱数总和及包括货重和箱体自重的总重量。

（六）卸车

集装箱列车经铁路运输，到达目的地铁路办理站装卸线，即行卸车。

（1）卸车前，要将货运票据、装载清单等与货系核对，看是否一致。核对后，确定卸货地点、到达箱区的箱位。同时应做好货运检查工作，检查集装箱外表状况是否良好，铅封是否完整。

（2）开始卸车前，对篷车进行启封，做好监卸和卸货报告。如在卸车过程中发生破损应作出记录，以便划分责任。

（3）做好复查登记工作，要以货票对照标签、箱号、封号在运单上注明箱子停放的货位号码，根据货票填写集装箱到达登记簿和卸货卡片。

（七）集装箱货物交付

目的地铁路集装箱办理站在卸箱后，交箱货运员接到转来的卸货卡片和有关单据，应认真核对车号、集装箱铅封号和标签，然后通知交货。在交货时，交箱货运员应向收货人当面点交。收货人在收到箱子，核对铅封后，在有关单据上签章交回，然后交箱货运员在运单上盖"付讫"章。对"门—门"运输的集装箱，应由交箱货运员填写门到门运输作业单，由装卸工组送箱到收货人处，并由收货人签收。收货人卸货后，应将空箱送回铁路办理站。铁路办理站收到空箱时，应由交箱货运员检查箱体状况，然后在"门—门"运输作业单上签章。

三、铁路专用集装箱货物交接责任

铁路专用集装箱货物交接责任，是指铁路集装箱办理站与发货人、收货人在接受和交付集装箱货物两个作业环节时的责任交接与划分。铁路集装箱的交接，均在铁路集装箱办理站的堆场进行。铁路集装箱办理站只接受已加封的集装箱与交付铅封未启封的集装箱，不负责对箱内货物的清点和交接。

1. 铁路集装箱办理站与收货人、发货人的交接责任

铁路集装箱办理站与收货人、发货人在办理集装箱交接时，遇有下列情况，应根据实际情况进行处理和划分责任。

（1）铁路在接受承运时发现发货人所托运的集装箱铅封已失效、丢失、站名无法辨认，或未按加封的技术要求进行施封，则应由发货人重新整理后方能接受。

（2）铁路在接受承运时，如发现发货人所托运的集装箱箱体业已破坏，则应由发货人更换集装箱。如使用的是铁路集装箱，则由铁路提供空箱进行更换后才能接受，如箱子的损坏由发货人行为所致，则应由发货人赔偿。

（3）由于发货人装箱过失或疏忽、造成超重引起箱子的损坏，或由此而造成箱内货物的损害，该损坏和损害均由发货人负责。

（4）由于发货人谎报货名、货物重量、尺码，致使铁路或对第三者造成损害时，发货人对此负有赔偿责任。

（5）铁路向收货人交付重箱时，如铅封完整，对货物的责任即告终止，即使箱内货物发生短少，铁路也不负责任。

（6）铁路向收货人交付重箱时，如铅封完整，而箱内货物发生破损，铁路也不负责任，除非能证明由于铁路过失所致。

（7）集装箱货物在运输途中如发生货损事故，则由发货人自行负责，除非能证明货物的货损系由于铁路集装箱的技术状态不良所致。

（8）铁路向收货人交付重箱时，如发现箱体损坏，并且危及货物安全，铁路应会同收货人对集装箱货物进行检查。如货物业已造成损害，根据货物的实际损害情况，由责任方负责赔偿。

（9）铁路接收后的集装箱在承运前发生灭失、损害时，如系在铁路货场内造成，由铁路负责赔偿。

（10）铁路对货主自有箱在运输中由于铁路方面的过失发生损坏，由铁路负责赔偿。

2. 铁路专用集装箱破损的责任划分与记录编制

集装箱的破损大致有两种情况：一是箱子损坏；二是箱子破损。后者是指某一单位或个人的责任造成集装箱的部分破损，而前者通常指箱子全损或报废。上述两种损害按其责任可分为：

（1）属于发货人、收货人的过失责任；

（2）属于承运人的过失责任；

（3）属于第三者的过失责任；

（4）由于不可抗力、意外原因、自然灾害。

凡属于上述责任造成的损坏箱、破损箱，以及货主自己的集装箱在铁路运输过程中发生的破损，都由货运员按箱编制集装箱破损记录，所记载的内容必须准确、明确、肯定、完整。

3. 铁路集装箱办理站货运员之间的交接

铁路集装箱办理站的不同班次同工种货运员和不同工种货运员在交接时，交接双方均应到现场实现对口交接。交接者与接收者应采取以票对箱或以票对票的方法，按批逐箱进行检查。交接后双方在交接簿上签章，以分清责任。在交接过程中，如发现集装箱与货物运单记载的发站、到站、箱数、货名、发货人和收货人不符，以及铅封失效、丢失、箱体损坏危及货物安全等情况时，应按《铁路货运事故处理规则》的有关规定进行处理。

4. 我国铁路国际标准集装箱的有关规定

我国铁路国际标准集装箱的运输，迄今为止运量还比较低。国际标准集装箱水—铁联运的专线虽然已经开辟了一些，但运量有限，运输并不正常。但随着我国国际标准集装箱多式联运的发展及陆桥运输的形成和逐渐发展，我国铁路国际标准集装箱运输必定会有快速发展。同时，我国铁路专用集装箱运输的长期实践，已积累了一套成熟的程序和方法，形成了一些规范的铁路集装箱办理站，培养了一批熟练的专业人员，这些都为铁路国际标准集装箱运输的发展奠定了良好的基础。

为了满足和适应国际标准箱运输的发展，铁道部（现已更名为"中国铁路总公司"）与交通部（现已更名为"交通运输部"）先后颁布了有关铁路《大型集装箱运输货物暂行规定》《铁路集装箱联运协议》等。有关国际标准集装箱的运输条件和规定主要有：

（1）国际标准箱在铁路运输中只限用 20ft、40ft 两种；

（2）由货主自备的上述两种货箱，限在专用路线办理，但 20ft 箱范围可放宽；

（3）使用国际标准箱运输货物，由发货人加铅封，铁路与发货人、收货人之间的交接凭封印办理；

（4）国际联运的国际标准箱，按国际铁路货物联运协定及其细则的有关规定办理；

（5）运输国际标准箱，应使用敞车或平车装运，装载时箱门应相对，间距不超过 200mm，使用平车时应捆绑加固；

办理国际标准集装箱运箱的车站，应按月向铁路分局、铁路局填报"集装箱运输情况月报"。

职业技能训练

【训练目标】

通过让学生模拟操作办理国际铁路货物联运出口业务，使学生掌握国际铁路货物联运出口业务的基本流程、步骤及与步骤相关的角色。

【情景描述】

2018 年 10 月，广州美丽人外贸有限公司（单位代码：440195××××）经理李夏平准备出口一批共 10 箱（木箱外包装尺寸 85cm×85cm×80cm）布料，货价 FOB500 瑞士法郎，总毛重 1600kg，目的地朝鲜平壤，收货人金泽洙。欲委托广州羊城国际货运代理有限公司（单位代码：440195××××）办理国际铁路货物联运出口报关报检等一揽子手续。

【工作流程】

【操作步骤】

向客户报价—填写单证—单证流转—货物到站。

【注意事项】

本实训主要需要学生注意铁路货物运输单证的正确填写以及单证的流转，把正确填写的单证交给相关的方面，如铁路、发货人、收货人等。

【实训成果】

要求在计算机上完成交互式实训，并且提交总结性报告。

同步测试

一、单项选择题

1. 国际铁路联运货物运输的费用是按（   ）计算。
   A.《统一货价》
   B.《铁路客运运价规则》和《国际铁路货物联运统一过境运价规程》
   C. 我国境内按中铁《铁路客运运价规则》，境外按当地国家铁路运费
   D.《INCOTERMS 2000 规则》
2. 国际铁路联运凭运单副本第（   ）向银行办理结汇或结算。
   A. 一联   B. 二联   C. 三联   D. 四联
3. 铁路货物的运到逾期，是指货物的（   ）超过规定的运到期限。
   A. 实际运到天数   B. 实际运行时间折合成天数
   C. 实际运行里程/250   D. 货物装车日至卸车日的日期
4. 国际货物协运单正本中哪一张是给发货人的？（   ）
   A. 第1张——运单正本   B. 第2张——运行报单
   C. 第3张——运单副本   D. 第4张——货物交付单
5. 在短距离的运输中，哪种运输方式具有灵活、快捷、方便的绝对优势？（   ）
   A. 公路运输   B. 水路运输   C. 铁路运输   D. 航空运输
6. 下列情况承运人可不负赔偿责任的是（   ）。
   A. 不可抗力   B. 灭失   C. 短少   D. 变质
7. 中国铁路集装箱运输起源于（   ）。
   A. 20世纪70年代   B. 20世纪60年代
   C. 20世纪80年代   D. 20世纪50年代
8. 铁路运输中，按月签订货物合同的合同文件，可以用（   ）代替。
   A. 铁路货物运单   B. 交货单

C. 月度要车计划表 D. 提单

9. （   ）不是我国与邻国间进入国际铁路联运的路线。
A. 图晖线 B. 滨绥线
C. 湘贵线 D. 北疆线

10. 我国铁路国境口岸车站对应境外铁路的规矩是米轨的是（   ）。
A. 满洲里 B. 河口
C. 集安 D. 凭祥

二、多项选择题

1. 下列关于国际铁路货物联运的表述正确的是（   ）。
A. 在由一国铁路向另一国铁路移交货物时需要发货人与收货人参与
B. 由铁路部门负责从托运人交货到向收货人交货的全过程运输
C. 经过两个或两个以上国家的铁路
D. 在整个联运过程中使用一份国际联运运单

2. 国际铁路联运的办理种类包括（   ）。
A. 整车运输 B. 零担运输
C. 散货运输 D. 大吨位集装箱运输

3. 铁路对由于以下（   ）原因造成的货物损失免除责任。
A. 由于铁路不能预防和不能消除的情况而造成的后果
B. 由于货物在发站承运时质量不符合要求或由于货物的特殊自然性质，以致引起自燃、损坏、生锈、内部腐坏和类似的后果
C. 由于发货人或收货人装车或卸车的原因而造成的后果
D. 由于发送路规章允许使用敞车类货车运送货物而造成的后果

4. 公路运输的局限性有（   ）。
A. 载重量小 B. 不适宜走长途运输
C. 易造成货损货差事故 D. 灵活方便

5. 危险货物托运时，托运单上要填写危险货物品名、包装方法、（   ）、收发货人详细地址及运输过程中注意事项。
A. 规格 B. 件重 C. 件数 D. 起运日期

参考文献

[1] 罗娟娟. 集装箱运输管理 [M]. 北京：电子工业出版社，2016.
[2] 李勤昌. 国际货物运输 [M]. 大连：东北财经大学出版社，2016.
[3] 夏洪山. 现代航空运输管理 [M]. 北京：科学出版社，2015.
[4] 张松尧. 铁路运输安全管理 [M]. 北京：人民交通出版社，2015.
[5] 吕靖. 国际航运经济学 [M]. 北京：人民交通出版社，2015.
[6] 张旭凤. 物流运输管理 [M]. 第 5 版. 北京：北京大学出版社，2014.
[7] 梁金萍. 运输管理 [M]. 第 2 版. 北京：机械工业出版社，2015.
[8] 朱新民. 物流运输管理 [M]. 大连：东北财经大学出版社，2014.
[9] 李佑珍. 运输管理实务 [M]. 北京：高等教育出版社，2016.
[10] 赵宁. 港口集装箱运营管理与实践案例 [M]. 北京：中国人民大学出版社，2015.
[11] 杨茅甄. 集装箱运输实务 [M]. 第 2 版. 北京：高等教育出版社，2011.
[12] 季永青，江建达. 物流运输管理—理论、实务、案例、实训 [M]. 第 2 版. 大连：东北财经大学出版社，2015.
[13] 左瑛. 铁路货运组织 [M]. 第 2 版. 成都：西南交通大学出版社，2015.
[14] 孙家庆. 集装箱多式联运 [M]. 第 2 版. 北京：中国人民大学出版社，2013.
[15] 井颖，季永青. 运输管理实务 [M]. 第 3 版. 北京：高等教育出版社，2014.
[16] 李海军. 铁路运输设备 [M]. 成都：西南交通出版社，2012.
[17] 李佑珍，颜文华. 运输管理实务 [M]. 北京：北京师范大学出版社，2011.
[18] 刘娜，施丽华，韩杨. 国际货运代理 [M]. 北京：清华大学出版社，2014.
[19] 计国君等. 运输管理 [M]. 厦门：厦门大学出版社，2012.
[20] 凌天清. 道路工程 [M]. 第 3 版. 北京：人民交通出版社，2016.
[21] 杨茅甄. 运输（含集装箱）管理实务 [M]. 北京：清华大学出版社，2009.
[22] 刘丽艳. 物流运输管理实务 [M]. 北京：清华大学出版社，2012.
[23] 徐建闽. 智能运输系统 [M]. 北京：人民交通出版社，2014.
[24] 汤银英. 运输商务管理 [M]. 北京：科学出版社，2014.
[25] 韩畅，刘娜. 物流运输管理实务 [M]. 第 2 版. 北京：清华大学出版社，2014.
[26] 李晔. 交通管理与控制 [M]. 第 5 版. 北京：人民交通出版社，2015.